北方村庄压煤山丘区
土地综合整治管理机制研究

BEIFANG CUNZHUANG YAMEI SHANQIUQU TUDI ZONGHE ZHENGZHI GUANLI JIZHI YANJIU

马耘秀 钱铭杰 师学义 著

中国地质大学出版社
ZHONGGUO DIZHI DAXUE CHUBANSHE

图书在版编目(CIP)数据

北方村庄压煤山丘区土地综合整治管理机制研究/马耘秀,钱铭杰,师学义著.—武汉:中国地质大学出版社,2019.4

ISBN 978-7-5625-4574-3

Ⅰ.①北…
Ⅱ.①马…②钱…③师…
Ⅲ.①山区-土地整理-研究-中国
Ⅳ.①F321.1

中国版本图书馆 CIP 数据核字(2019)第 115671 号

北方村庄压煤山丘区土地综合整治管理机制研究		马耘秀 钱铭杰 师学义 著
责任编辑:张 林	选题策划:张 林	责任校对:张咏梅
出版发行:中国地质大学出版社(武汉市洪山区鲁磨路388号)		邮政编码:430074
电　　话:(027)67883511	传真:67883580	E-mail:cbb@cug.edu.cn
经　　销:全国新华书店		http://cugp.cug.edu.cn
开本:787毫米×1 092毫米 1/16	字数:372千字	印张:14.5
版次:2019年4月第1版		印次:2019年4月第1次印刷
印刷:武汉市籍缘印刷厂		
ISBN 978-7-5625-4574-3		定价:58.00元

如有印装质量问题请与印刷厂联系调换

前言

北方村庄压煤山丘区是指位于我国北方低山丘陵地区,煤炭资源丰富,农业生产条件相对较好,居民点密集且人口聚居,煤炭开采、农业生产、农民生活空间高度重合,煤粮复合生产的区域。同时,也是我国重要的煤炭生产基地。改革开放以来,随着对煤炭资源高强度、大面积的开采,煤炭资源面临枯竭,开采难度越来越大,采煤引发的地表塌陷等地质灾害频发,水资源破坏、植被退化、环境污染加剧,水土流失日趋严重,这一系列生态环境问题,严重破坏了该区域人民的生产、生活及生态空间,影响了人民的生活质量,甚至威胁到人民生命财产安全,制约区域社会经济的可持续发展,造成采煤企业与当地农民之间的矛盾,出现了较为严重的社会问题。针对该区域存在的问题,2014年国土资源部批准开展了"北方村庄压煤山丘区土地综合整治技术研究"公益性行业科研专项项目,提出了煤、地、水协调利用的区域土地综合整治的概念。该研究就是以该区域存在的生态环境、社会经济问题为导向,从区域资源环境管理的角度研究区域土地综合整治的管理机制问题。

本书从该区域资源环境管理、农业生产管理、利益分配管理的角度研究区域土地综合整治的管理机制,其目的是以科学分析区域土地资源、生态环境问题为基础,强化土地整治中的资源环境管理,促进区域煤、地、水的协调利用;为有效缓解该区域土地综合整治中地方政府—煤炭企业—农民之间的利益冲突提供理论基础。全书共有十章,可划分六个部分:第一部分为北方村庄压煤山丘区土地综合整治管理的基础理论研究;第二部分为北方村庄压煤山丘区土地综合整治中的资源环境管理研究;第三部分为北方村庄压煤山丘区土地综合整治中农地适度规模经营研究;第四部分为我国农村土地制度变迁分析;第五部分为北方村庄压煤山丘区土地综合整治中的利益均衡研究;第六部分为结论与建议。

第一部分包括四章,从分析北方村庄压煤山丘区土地资源的基本特征以及该区域存在的生态环境问题入手,对国内外土地承载力、农田适度规模经营、土地整治中的利益均衡以及制度变迁研究进行梳理与评述,探讨北方村庄压煤山丘区土地综合整治管理机制的理论基础。第一章为引言,主要论述了北方村庄压煤山丘区土地综合整治管理机制的研究背景、科学问题、研究内容与基本思路;第二章为该区域土地整治中相关问题的研究进展,在回顾国内外土地整治的发展过程以及相关问题研究的基础上,分析总结北方村庄压煤山丘区土地综合整治管理机制研究的理论与方法,并进行简要评述;第三章为北方村庄压煤山丘区土地综合整治管理机制研究的理论基础,在对相关概念分析界定的基础上,将系统控制理论、人地协调理论、资源最优配置理论、规模经营与生产效率理论、成本收益理论、利益相关者理论、制度变迁理论引入本书中,并对北方村庄压煤山丘区土地综合整治管理机制研究中的指导作用进行阐述;第四章为研究区域概况,以山西省晋城市长河流域为研究对象,阐明北方村庄压煤山丘区土地资源的基本特征以及该区域存在的生态环境问题。

第二部分是第五章,研究了北方村庄压煤山丘区土地综合整治的资源环境管理问题。首先,对研究区土地资源、水资源和矿产资源的承载力进行定量分析,计算基于粮食生产和土地经济关系的土地人口承载力和基于水量承载指数的水资源承载力,并对矿产资源人口承载力和经济承载力进行计算。其次,运用生态足迹法计算研究区土地生态承载力。然后,运用综合评价法对研究区环境承载力现状进行评价。最后,采用 A 值法分析研究区大气环境容量,通过实地监测对水环境容量进行分析。计算结果表明,研究区土地资源、矿产资源承载力较强,水资源承载力略有欠缺;研究区土地生态承载力呈现"生态赤字"状态;大气环境质量不佳;长河流域水质较差,但地下水质量尚好。

第三部分是第六章,对北方村庄压煤山丘区土地综合整治的农业生产管理问题,即农地适度规模经营问题进行了研究。通过实地访谈和问卷调查了解研究区农业生产基本情况后,运用劳均下限分析法、生产函数法、综合平衡法、生活成本法分别计算研究区农地适度经营规模的"度",并对多种方法及其结果进行比较分析。之后,在对国外农地规模经营模式分析的基础上,因地制宜地提出当地农地规模经营模式,并进一步分析当地土地规模经营的影响因素,提出其实现路径,为区域土地综合整治的农业生产管理机制确定提供理论依据和决策参考。分析结果表明:运用生活成本法计算的农地适度规模,更符合我国发展现代农业的目标和要求,研究区农地适度经营规模为 40.58 亩(1 亩 $=666.67 \text{m}^2$),适合的农业经营模式是小农场模式。研究区自然条件、社会经济条件较好,农民也有较强的土地流转和规模经营意愿,但由于受土地流转机制不健全、农业现代化水平较低、粮食作物商品化率低、生产者素质不高等因素的限制,当地土地规模经营的实践较少,未来要实现经营规模的扩大,需完善农地流转机制、规范农地流转程序,加强农民素质教育,促进农村剩余劳动力转移,建立健全配套的社会保障制度,大力推进农村社会化服务体系。

第四部分是第七章,对我国农村土地制度变迁过程和路径分阶段进行了分析。分别对国民经济恢复时期、社会主义改造和探索时期、停滞徘徊期、改革开放初期、城乡土地统管时期、土地制度深化改革时期等不同时期的制度变迁背景、过程进行研究后,分析其制度变迁路径,并对制度绩效与缺陷作了评价,以期为北方村庄压煤山丘区土地综合整治管理机制的构建提供历史借鉴,促进科学有效的管理机制的建立。

第五部分是第八章,对北方村庄压煤山丘区土地综合整治中的利益分配问题进行了研究。鉴于研究区目前存在的严重局面,加之综合采煤设备的广泛应用,煤矿区的村庄搬迁已成为亟待解决的问题之一。在村庄搬迁过程中涉及多方利益主体,本书在村庄搬迁过程中利益相关者界定的基础上,把利益主体确定为地方政府、煤炭企业和被搬迁农民三类,对各利益主体的行为及利益诉求进行分析,应用博弈理论构建三方利益博弈模型,求解其利益均衡实现的条件。通过博弈模型分析,地方政府、煤炭企业和被搬迁农民利益分配的最优解为:{6.5%,70.6%,22.9%}。最后以川底乡车郭庄村为例进行了实证研究。

第六部分包括第九章和第十章。第九章针对北方村庄压煤山丘区土地综合整治中的问题提出政策建议。第十章是结论与讨论。

本书第一章由师学义编写,第五章由钱铭杰编写,其他章节由马耘秀编写。

本书对北方村庄压煤山丘区土地综合整治管理机制进行了系统分析,提出了区域土地综合整治多角度、全方位统筹规划的全新理念,揭示了类型区域土地综合整治过程中利益关系治理的规律性,构建了包括资源环境管理、农业生产管理、利益分配管理、制度体系构建等内容的较完整的区域土地综合整治管理机制和体系。由于作者能力有限,未能提出区域土地综合整治利益均衡的实现机制,也没有构建具体的制度体系,在今后的研究中需进一步探讨。

著 者
2017 年 1 月

目 录

第一章 引 言 … (1)

第一节 研究背景、意义 … (1)
一、研究背景 … (1)
二、研究意义 … (7)

第二节 研究目的 … (8)
一、探求北方村庄压煤山丘区土地综合整治管理的规律性 … (8)
二、为北方村庄压煤山丘区现实问题的解决提供理论参考 … (8)

第三节 研究内容 … (9)
一、北方村庄压煤山丘区资源环境管理研究 … (9)
二、北方村庄压煤山丘区农地适度规模经营研究 … (9)
三、我国农村土地制度变迁研究 … (9)
四、北方村庄压煤山丘区土地综合整治中的利益均衡研究 … (9)

第四节 研究方法 … (10)
一、系统分析的方法 … (10)
二、定性与定量研究相结合 … (10)
三、实地调查与文献研究相结合 … (10)
四、规范分析与实证研究相结合 … (10)

第五节 技术路线 … (10)

第六节 研究的创新 … (12)

第二章 国内外研究进展 … (13)

第一节 国外研究进展 … (13)
一、土地承载力的国外研究进展 … (13)
二、土地规模经营的国外研究进展 … (15)
三、利益相关者的国外研究进展 … (16)
四、利益均衡的国外研究进展 … (19)

五、制度变迁的国外研究进展 ………………………………………… (20)

　第二节　国内研究进展 ……………………………………………………… (22)

　　一、土地承载力的国内研究进展 ………………………………………… (22)

　　二、土地规模经营的国内研究进展 ……………………………………… (26)

　　三、利益相关者的国内研究进展 ………………………………………… (29)

　　四、利益均衡的国内研究进展 …………………………………………… (31)

　　五、制度变迁的国内研究进展 …………………………………………… (33)

第三章　理论基础 ……………………………………………………………… (35)

　第一节　相关概念界定 ……………………………………………………… (35)

　　一、压煤村庄 ……………………………………………………………… (35)

　　二、村庄压煤山丘区 ……………………………………………………… (35)

　　三、土地综合整治 ………………………………………………………… (35)

　　四、土地适度规模经营 …………………………………………………… (36)

　第二节　系统控制理论 ……………………………………………………… (36)

　第三节　人地协调理论 ……………………………………………………… (37)

　第四节　资源最优配置理论 ………………………………………………… (38)

　第五节　规模经营与生产效率理论 ………………………………………… (38)

　第六节　成本收益理论 ……………………………………………………… (40)

　第七节　利益相关者理论 …………………………………………………… (40)

　第八节　制度变迁理论 ……………………………………………………… (41)

　　一、制度的定义及分类 …………………………………………………… (41)

　　二、制度变迁 ……………………………………………………………… (43)

　第九节　产权理论 …………………………………………………………… (45)

　　一、产权的定义 …………………………………………………………… (45)

　　二、产权的属性与功能 …………………………………………………… (45)

　　三、土地产权 ……………………………………………………………… (46)

第四章　泽州县长河流域概况 ………………………………………………… (47)

　第一节　自然概况 …………………………………………………………… (47)

　　一、地理位置 ……………………………………………………………… (47)

　　二、地形地貌 ……………………………………………………………… (47)

　　三、气候 …………………………………………………………………… (47)

　　四、水资源 ………………………………………………………………… (48)

五、地质 ………………………………………………………………… (48)

　　六、土壤 ………………………………………………………………… (49)

　　七、植被 ………………………………………………………………… (49)

　　八、矿产资源 …………………………………………………………… (49)

　第二节　社会经济概况 ………………………………………………… (50)

　第三节　土地利用现状 ………………………………………………… (51)

　第四节　土地资源特点及利用中存在的问题 ………………………… (53)

　　一、土地资源特点 ……………………………………………………… (53)

　　二、土地利用中存在的问题 …………………………………………… (53)

第五章　泽州县长河流域土地综合整治中的资源环境管理研究 ……… (55)

　第一节　研究区资源承载力分析 ……………………………………… (55)

　　一、土地资源人口承载力分析 ………………………………………… (56)

　　二、水资源承载力分析 ………………………………………………… (63)

　　三、矿产资源承载力分析 ……………………………………………… (66)

　第二节　研究区土地生态承载力研究 ………………………………… (69)

　　一、生态足迹概念及基本原理 ………………………………………… (69)

　　二、生态足迹模型分析的思路 ………………………………………… (70)

　　三、计算公式 …………………………………………………………… (71)

　　四、北方压煤山丘区生态足迹和生态承载力的计算与分析 ………… (72)

　第三节　研究区环境承载力现状评价 ………………………………… (76)

　　一、环境承载力的定义 ………………………………………………… (76)

　　二、环境承载力的特点 ………………………………………………… (76)

　　三、环境承载力评价方法 ……………………………………………… (77)

　　四、研究区环境承载力现状评价 ……………………………………… (77)

　第四节　北方压煤山丘区大气环境容量分析 ………………………… (84)

　　一、基本概念 …………………………………………………………… (84)

　　二、分析方法 …………………………………………………………… (85)

　　三、北方压煤山丘区大气环境容量分析 ……………………………… (87)

　第五节　北方压煤山丘区水环境质量分析 …………………………… (89)

　　一、地表水环境质量分析 ……………………………………………… (89)

　　二、地表水环境容量分析 ……………………………………………… (92)

　　三、地下水环境质量分析 ……………………………………………… (94)

第六章 北方村庄压煤山丘区农地适度规模经营研究 (101)

第一节 研究区农业生产基本情况分析 (102)
一、农户基本情况 (102)
二、人口情况 (102)
三、农户收入情况 (103)
四、农地经营情况 (105)
五、投入情况 (106)
六、土地流转情况 (107)

第二节 研究区农地经营适度规模确定 (107)
一、劳均下限分析法 (108)
二、生产函数分析法 (110)
三、综合平衡法 (114)
四、基于生活成本的适度经营规模确定 (116)
五、研究区农业经营适度规模结果比较 (119)

第三节 研究区农地规模经营模式 (119)
一、国外家庭农场发展特点 (119)
二、国外农业发展模式对我国的启示 (123)
三、研究区农地规模经营模式分析 (126)

第四节 研究区土地规模经营的影响因素分析 (126)
一、促进因素分析 (126)
二、制约因素分析 (128)

第五节 土地规模经营的实现路径 (135)
一、完善农地流转机制规范农地流转程序 (135)
二、加强农民素质教育 (137)
三、促进农村剩余劳动力转移 (137)
四、建立健全配套的社会保障制度 (138)
五、大力发展农村社会化服务体系 (139)

第七章 我国农村土地制度变迁研究 (141)

第一节 国民经济恢复时期 (141)
一、制度变迁背景 (141)
二、制度变迁内容 (142)
三、制度变迁逻辑分析 (142)

四、制度绩效与缺陷 ………………………………………………………… (144)
第二节　社会主义改造和探索时期 ………………………………………………… (144)
　　一、制度变迁背景 …………………………………………………………… (144)
　　二、制度变迁过程 …………………………………………………………… (145)
　　三、制度变迁逻辑分析 ……………………………………………………… (147)
　　四、制度绩效与缺陷 ………………………………………………………… (149)
第三节　停滞徘徊期 ………………………………………………………………… (150)
第四节　改革开放初期 ……………………………………………………………… (150)
　　一、制度变迁背景 …………………………………………………………… (150)
　　二、制度变迁过程 …………………………………………………………… (150)
　　三、制度变迁逻辑分析 ……………………………………………………… (151)
　　四、制度绩效与缺陷 ………………………………………………………… (152)
第五节　城乡土地统管时期 ………………………………………………………… (153)
　　一、制度变迁背景 …………………………………………………………… (153)
　　二、制度变迁过程 …………………………………………………………… (153)
　　三、制度变迁分析 …………………………………………………………… (156)
　　四、制度绩效与缺陷 ………………………………………………………… (157)
第六节　土地制度深化改革时期 …………………………………………………… (159)
　　一、制度变迁背景 …………………………………………………………… (159)
　　二、制度变迁过程 …………………………………………………………… (159)
　　三、制度变迁分析 …………………………………………………………… (160)
　　四、制度绩效与缺陷 ………………………………………………………… (161)

第八章　北方村庄压煤山丘区土地综合整治利益均衡分析 ……………… (164)

第一节　利益相关者界定 …………………………………………………………… (165)
　　一、利益相关者的概念 ……………………………………………………… (165)
　　二、利益相关者的范围 ……………………………………………………… (165)
　　三、利益主体的确定 ………………………………………………………… (168)
第二节　不同利益主体行为及其利益识别 ………………………………………… (168)
　　一、当地政府行为及其利益诉求 …………………………………………… (168)
　　二、煤炭企业行为及其利益诉求 …………………………………………… (169)
　　三、被搬迁农民行为及其利益诉求 ………………………………………… (169)
第三节　土地综合整治中的博弈模型 ……………………………………………… (170)

一、前提假设 ………………………………………………………… (170)
　　二、各利益主体的成本收益分析 …………………………………… (172)
　　三、博弈模型分析 …………………………………………………… (174)
　　四、博弈模型求解 …………………………………………………… (178)
　第四节　案例分析 ……………………………………………………… (179)
　　一、川底乡车郭庄村概况 …………………………………………… (179)
　　二、利益主体确定 …………………………………………………… (180)
　　三、非合作博弈模型计算 …………………………………………… (181)
　　四、结果分析 ………………………………………………………… (182)

第九章　政策建议 ………………………………………………………… (184)

第十章　结论与讨论 ……………………………………………………… (188)
　第一节　结　论 ………………………………………………………… (188)
　第二节　讨　论 ………………………………………………………… (189)

附件1　农村家庭土地承包经营权流转研究农户意愿调查问卷 ……… (190)

附件2　土地综合整治项目已搬迁村庄情况调查问卷 ………………… (194)

附件3　土地综合整治项目拟搬迁村庄情况调查问卷 ………………… (198)

附件4　土地综合整治项目不搬迁村庄情况调查问卷 ………………… (201)

附件5　土地综合整治项目研究区居民支出情况调查问卷 …………… (203)

主要参考文献 ……………………………………………………………… (205)

后　记 ……………………………………………………………………… (219)

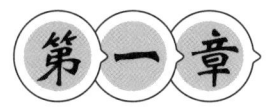

引　言

根据国家发展和改革委员会的预测,在相当长的时间内煤炭资源仍将在我国的能源中起主导作用。但是,目前我国大量煤炭开采潜力处于"三下"压煤①状态,其中建筑物下压煤量居首位。本章对建筑物压煤带来的生产、生活、生态问题进行分析,提出本书的研究方案。

第一节　研究背景、意义

一、研究背景

中华人民共和国成立初期,我国就对经济建设的重点作了全面部署,提出了实现工业化的目标,制定了工业化发展战略,并且做出了优先发展重工业的战略选择,提出集中力量优先发展以能源、原材料、机械工业等基础工业为主的重工业。1955年第一届全国人民代表大会第二次会议正式通过"第一个五年计划"(以下简称"一五"计划),确定计划的基本任务是:集中主要力量进行以苏联帮助中国设计的156个建设单位为中心的、由限额以上694个建设单位组成的工业建设,建立中国社会主义工业化的初步基础。"156项工程"中几乎全部是重工业,包括25项煤炭工业项目、25项电力工业、24项机械工业、43项军事工业项目等,主要分布在我国东北、华北等地。在694个限额以上的工业建设单位中,包括煤矿工业194个、机械工业157个等。在投资结构上,优先发展重工业,工业部门投资额度占投资总额的58.2%。

20世纪50年代,在国家"一五"计划的指导下,我国重工业蓬勃发展,抚顺、鞍山、阜新、大连、包头、石家庄、吉林、哈尔滨、沈阳、西安、太原等一批重工业城市先后建成,这些城市的重点产业主要是煤、石油、钢铁等能源采掘或制造业。

社会经济不断发展,能源资源越来越成为重要的战略性资源,而我国能源资源的特点是富煤、贫油、少气。与石油和天然气比较而言,我国煤炭资源较为丰富,煤炭资源分布面

---

① "三下"压煤指的是铁路、水体和建筑物下压煤。

积约 60 多万 km²,占国土面积的 6%,大多集中在我国北方地区。全国煤炭资源预测与评价(第三次全国煤田预测)结果显示,全国煤炭资源总量接近 $6×10^4$ 亿 t($5.9×10^4$ 亿 t),煤炭资源可开发利用潜力巨大,煤炭资源总量居世界第一。已探明储量达到 10 202 亿 t,占世界总储量的 11%,而石油仅占 2.4%,天然气仅占 1.2%。这就决定了煤炭资源在我国一次能源中的重要地位。2009 年我国一次能源生产总量达到 28.6 亿 t 标准煤,已成为世界第一能源生产大国。其中原煤产量 22 亿 t 标准煤,居世界第一位。从消费结构来看,中华人民共和国成立以来,煤炭在全国一次能源的消费比例中长期占 70% 以上。2009 年,我国煤炭在一次能源消费结构中的比重为 69.7%,略有下降;2015 年,我国共消费能源资源 30.14 亿 t 标准煤,其中煤炭资源占 63.7%。尽管比例有所下降,但煤炭资源开采量、消费量不断增加,我国经济随之也不断增长。有研究表明,一个单位煤炭生产量的提高带动国内生产总值 1.79 倍的增长,一个单位煤炭消费量的提高带动国内生产总值 1.75 倍的增长(周琦等,2011)。可以看出,煤炭资源的生产量与消费量为我国国民经济增长做出了卓越贡献。

根据国家发展和改革委员会能源研究所对中国能源需求和构成的预测,2050 年基准情景一次能源需求量将达到 66.57 亿 t 标准煤,其中煤炭占 44%;2050 年低碳情景一次能源需求量将达到 52.50 亿 t 标准煤,其中煤炭占 37.8%(姜克隽等,2009)。可见,直到 2050 年我国能源需求结构中,传统化石能源仍居绝对优势,煤炭现在以至将来(直到 2050 年或更晚)在我国能源中仍将起到主导作用(倪维斗等,2008)。

但随着历史上对煤炭资源的大量开采,我国北方煤炭资源开采难度不断增加。"三下"压煤在未开采煤炭资源中占很大比重。相关资料显示,目前全国"三下"压煤量约有 140 亿 t,占全国煤炭储量的 12%,其中建筑物下压煤约有 90 亿 t,在"三下"压煤中居首位。而在建筑物压煤中,村庄压煤达到建筑物压煤总量的一半以上。村庄下压煤最多的省份是河北、山西、山东,其中山西省村庄下压煤量近 8 亿 t。据《煤炭工业发展"十二五"规划重大课题研究》预测,到 2020 年我国煤炭导向性需求量约 40 亿 t。为满足未来我国对煤炭资源的需求,开采村庄下压覆煤炭资源成为释放煤炭潜力的重要途径。

山西省是全国煤炭资源大省,在全国煤炭经济发展中具有举足轻重的地位。2007 年山西省原煤产量 6.8 亿 t,居全国之首。山西省煤炭资源分布较集中,在晋城、大同、阳泉等地有丰富的蕴藏量。由于中华人民共和国成立以来长期对这些煤炭资源进行大量开采,造成当地生态环境破坏也比较集中,而且破坏时间长,破坏强度大。全省范围内,采掘煤炭已形成 1 300 余平方千米地下采空区,约 520 km² 塌陷区。采煤造成地下水水位下降、贮存量减少,导致泉水流量下降甚至断流,已涉及 18 个县市 240 个村庄,造成 23 万人吃水困难,30 万亩(1 亩≈666.67 m³)水浇地变为旱地。

另外,由于村庄压煤炭资源的开采和农业生产、农民生活在空间上高度重合,严重影响了当地农村生产条件和农民生活质量,带来一系列生态环境问题乃至社会问题。煤炭开采引起的地表土地沉陷,使部分农田被毁,无法耕种,而除此以外的大部分农田地表都出现了不同程度的塌陷和裂缝,影响农业生产。煤炭开采引起的地表土地沉陷,对地面的建筑物、道路、铁路、桥梁和输电线造成不同程度的破坏,使得农民的房屋墙体出现裂缝甚至坍塌,威胁农民生命财产安全;农村道路、桥梁、输电线等基础设施损毁,严重影响农民生活。煤炭开采引起的地表土地沉陷,带来地表移动变形,容易引起泥石流、山体滑坡等自然灾害,严重破坏矿区土地资源,对生态环境产生严重影响(白中科等,2001)。采煤还破坏了含水层位,打破了地下水原有的补、径、排条件,使得大量地表水、地下水变成矿坑水,严重影响了水资源的总量与水质,大量矿井水和矿区污水导致地表水体和农田被污染,不仅严重影响了农村生产、生活用水,而且破坏了水资源的动态平衡,甚至带来严重的环境污染问题。此外,矿产资源的开发和利用不可避免地破坏自然生态环境,包括地表开裂、大气和水污染超标、土地大量占用、水土流失、生态系统脆弱、生物多样性基本丧失、景观受到破坏、农作物减产,并威胁到人体健康,同时也制约了经济的进一步发展(姚国征等,2006),造成煤炭开采企业与采煤区农民之间深刻的矛盾,产生了较大的社会问题。

因此,如何实现村庄压煤的开采,改善农民生产生活条件,保护与恢复矿区生态环境,从而实现区域城镇化与生态文明建设,成为矿山企业、当地农民、各级政府共同关注的焦点,而解决该区域"生产、生活、生态"协调发展问题的核心是如何实现土地资源的合理、有效、可持续利用。

北方村庄压煤山丘区社会经济发展过程中存在的一系列问题可以通过区域土地综合整治来缓解及解决。

土地综合整治是指在一定区域范围内,按照土地利用总体规划确定的土地用途,以城乡建设用地增减挂钩为平台,通过土地整理、复垦、开发、配套设施建设等措施,对农村田、水、路、林、村进行综合整治,改善农业生产条件,提高农民生活质量,改善农村生态环境,以促进农村人口集中居住、农业产业集聚发展和规模经营,从而促进新型城镇化建设,推进城乡一体化进程,最终实现土地利用总体规划的目标。其实质是通过农业生产要素包括土地、劳动、资本、技术等的优化配置以及产业发展、技术进步等其他社会经济要素的综合统筹,提高农业生产效率和土地利用效率,从而促进农村剩余劳动力主动通过土地、资本、技术的结合,对人(农民)、产业以及社会经济进行综合的统筹,使农民从被动城市化到主动城市化,实现在一样的土地过上不一样的生活(叶剑平,2010)。

本书的土地综合整治以北方村庄压煤山丘区为研究对象,具有空间上的区域性。从整治对象来看,既包括广义的土地,也包括资本、劳动、技术、产业、社会经济等生产要素,形成相对复杂的一个系统,其中包含土地利用、规划、开发、治理、保护、法规、管理等诸多要素,涉及"煤炭开采—村庄搬迁—新型城镇化—生态文明协调建设"等过程,具有很强的综合性。对压煤村庄实施搬迁能在一定程度上提高煤炭的开采效率,减少国有矿产资源开采带来的农民生存环境压力。通过搬迁,能够扩大矿井生产规模,提高矿产资源回收率,在保护的同时进行合理开发,进一步改善农村社会经济条件,改善煤炭采矿区的自然生态问题。《国务院关于解决矿区村庄压煤和搬迁工作的通知》(国发〔1980〕176号文件)①于1980年7月4日发布,拉开了压煤村庄搬迁的大幕。几十年来,压煤村庄的搬迁工作内容不断完善,从最初的单纯解决当地村庄的移民问题向多方面、全方位地解决当地生产、生活、生态问题转变。既包括对搬迁后的村庄进行合理规划、科学布局,从而提高农民生活质量,改善农村生态环境,促进社会主义新农村建设,也包括对搬迁后的原村址进行整体规划、复垦整治与再利用。压煤村庄搬迁与当地的群众利益、企业生产和区域经济发展紧密关联,是土地综合整治中的重要环节。

土地综合整治涉及以土地资源为主要对象的多种资源要素,具体包括土地资源、水资源、煤炭资源等不同类型资源的合理利用及其协调。整治过程中涉及人口、产业、设施、生态环境等问题,更涉及矿山企业、农村村民、各级政府之间的利益协调等问题。

土地综合整治是一项综合性的复杂系统工程。早在20世纪80年代《国务院关于解决矿区村庄压煤和搬迁工作的通知》(国发〔1980〕176号)指出,农村建筑物压煤的情况较多,对压煤村庄实施搬迁是一项政策性强、关系复杂的工作,事关农村社会经济与煤炭合理开发的协调发展。1983年,国务院又一次发布《国务院关于加速解决矿区村庄压煤和迁村问题的通知》(国发〔1983〕10号),要求各省、市、自治区人民政府立即对压煤村庄搬迁情况进行一次检查,并采取果断措施,限期解决,确保按时搬迁。

1978年11月,安徽省凤阳县小岗村率先推行农村家庭联产承包责任制,拉开了我国改革开放的大幕,开启了农村经济转型之先河。12月中国共产党第十一届中央委员会第三次全体会议确定了我国开始实行对内改革、对外开放的政策,高度集中的计划经济体制开始向社会主义市场经济体制转型。1995年9月中国共产党第十四届中央委员会第五次全体会议制定了我国"九五"计划,提出经济转型问题。经济转型指的是经济增长方式的转变,可以通过资源优化配置予以实现,其内容主要包含经济增长模式、生产要素组合比例、经济发展路径等的转变。对于我国资源型地区来讲,多年来,地区经济增长以资源开采为重要支撑,长期的资源开采导致资源大量消耗,环境受到污染和破坏,而且随着资源开采量的增加,剩余可采资源对经济的支撑作用不容乐观,同时环境问题的加剧也不允许持续对资源进行粗放式的开采。因此,资源型地区经济转型更为迫切,要从资源型经济向技术型经济转换,不断增加资源开发利用过程中的技术投入,减少资源投入,减少生产过程中废弃物的产生,以较少的资源投入、较低的环境成本实现经济的增长。《国民经济和社会发展第十二个五年规划纲要》于2010年10月由中国共产党第十七届中央委员会第五次全体会议审议通过,提出了意识形态、经济结构、文化形态和价值取向等方面的社会转型问题。就农村而言,社会经济转型就是要解决农业增长和农民增收、农村剩余劳动力转移、农村生产生活环境改善等"三农"问题。

2012年11月,中国共产党第十八次全国代表大会提出中华民族生态文明发展模式,

---

①2016年6月25日,《国务院关于宣布失效一批国务院文件的通知》(国发〔2016〕38号)宣布该文件自2016年6月25日失效。

要求大力推进生态文明建设。大会指出,在资源、环境、生态问题日趋严峻的形势下,必须珍惜每一寸国土,全力推进资源节约,加强自然生态和环境保护力度,加大生态文明制度建设强度。建设生态文明,必须通过改变生产方式、生活方式,以实现人与自然的和谐相处,是关系人民群众福祉,关乎民族发展的长远大计。

1992年,我国正式实行城镇化体制改革。2003年10月,中国共产党第十六次全国代表大会首次提出走中国特色城镇化道路。2012年11月,中国共产党第十八次全国代表大会明确提出了"新型城镇化"概念,新型城镇化就是在坚持以人为本的前提下,以新型工业化和统筹兼顾为动力和原则,推进城市现代化、生态化、集群化和农村城镇化,全方位提高城镇化的质量和水平,实现科学、集约、高效、完善、友好、和谐的个性鲜明、城乡一体、大中小城市和小城镇协调发展的城镇化建设目标。

2005年10月,《中共中央关于制定国民经济和社会发展第十一个五年规划的建议》由中国共产党第十六届中央委员会第五次全体会议审议通过,从村容、村貌、经济、政治、文化和管理等方面提出了具体要求,全面推进社会主义新农村建设。

实施压煤村庄搬迁工程,对区域进行土地综合整治,不仅可以最大限度地释放被压覆煤炭资源,实现煤炭资源的供给,更是实现农村社会经济转型、推进国家生态文明建设、促进新型城镇化建设、建设社会主义新农村的重要举措。

2006年底中央农村工作会议首次确定发展现代农业为新农村建设的首要任务。2007年中央一号文件《中共中央国务院关于加快发展现代农业 进一步增强农村发展活力的若干意见》再次对现代农业的发展进行了详细阐述,要求将现代农业作为政治任务做好做实,全面融入新农村建设和现代化全过程。2012年胡锦涛在党的十八大报告中对推动城市与乡村协调发展进行了布置,要求加快农业现代化发展速度。2013年中央一号文件对发展现代农业给予了重点关注。

2016年7月国务院发布《"十三五"国家科技创新规划》,提出通过提高国际竞争力的现代产业技术体系建设,全面发展现代农业技术。

区域土地综合整治是一项复杂且影响深远的工程。首先,整个过程涉及多个主体,包括采煤企业、当地农民和政府。其次,各主体利益诉求不同。采煤企业是压煤村庄搬迁的发起方,其目的是通过村庄搬迁,实现地下煤炭资源的开采。当地农民是压煤村庄搬迁、土地综合整治的实施主体,处于被动地位。他们一方面期待通过村庄搬迁、土地综合整治,提高土地质量及其生产能力,改善生产条件,最终提高生活质量;但另一方面,他们又面临远离甚至失去赖以生存的土地的危机,而且要承受远离故土的痛苦。政府作为整个项目的宏观管理者,既关心煤炭企业经济增长所带来的政府利益,也关心村庄搬迁后农民生产、生活问题,更关心煤炭开采带来的生态环境问题,同时要维护社会稳定,解决农民、农业、农村问题,树立有公信力的良好形象。可见,采煤企业、当地农民、政府各主体的利益诉求有较大冲突。如何在村庄搬迁、土地综合整治过程中对各方利益进行协调,最大限度地满足各利益主体的要求,实现"共赢",是迫切需要解决的现实问题。

北方村庄压煤山丘区土地综合整治具有区域性特征,不仅包括传统土地整治的内容,更包括村庄搬迁、土地权属调整、产业规划与布局等多方面内容,涉及的利益主体更加多元化,增加了管理过程中的困难性和复杂性。北方村庄压煤山丘区土地综合整治的一项重要内容是进行村庄搬迁,实现被压覆煤炭资源的开采。这一项目与当地煤炭企业的进一步发展息息相关,与区域产业结构优化和布局紧密联系,进而将影响到整个社会经济发展。同时,这一项目与当地农村的生产生活息息相关,是解决农民、农村、农业问题的重中之重,因此,也是政府重点关注的问题之一。在管理过程中,面临多方利益主体的利益均衡,面临生态环境、社会、经济效益的协调统一,需要解决很多问题。

首先,要考虑社会经济发展过程中的资源环境约束,保证经济增长在自然客观条件允许范围内。也就是确定资源环境对人口、对经济发展的承载能力。在当前技术经济条件下,资源尤其是能源资源是社会经济发展的重要战略资源,能源资源的大量使用也造成了严重的环境问题,而环境问题反过来又在很大程度上影响了人们的生产生活,限制了社会经济的发展。因此,协调资源开发利用与环境保护的矛盾问题是土地综合整治首先要解决的理论问题,从数量上分析资源环境对社会经济发展的约束,有助于引导经济发展方向,促进经济持续健康稳定发展。

其次,在北方村庄压煤山丘区土地综合整治过程中,随着村庄搬迁,煤炭企业可以投入正常生产实现煤炭资源开采,而农民生产生活条件将出现重大改变,农业生产将如何安排?农业生产模式是否需要改变?农民生活如何保障?这是实现农业持续发展、保持社会稳定需要重点考虑的问题,这些问题的解决需要先从理论上进行分析,研究当地自然社会经济条件,了解当地农民意愿和实际情况,因地制宜地确定农业生产模式,为未来农业发展提供理论依据。

再次,北方村庄压煤山丘区土地综合整治涉及多方利益主体,最大限度地实现各方利益诉求,妥善解决其冲突和矛盾,维持稳定局面是村庄搬迁环节的重要目标。要实现这一目标,需要对其利益均衡机制进行理论分析。

最后,在复杂的土地综合整治管理过程中,无论是土地综合整治的外部环境问题,还是内部冲突问题,都需要规范的政策制度进行约束。制度作为"集体理性对个人理性的约束"具有约束、激励等功能。对我国农村土地制度变迁历史进行理论分析,有助于厘清土地管理中制度变迁的逻辑,为北方村庄压煤山丘区土地综合整治管理机制构建提供有意义的借鉴,为提高管理效率、促进管理工作有序进行提供理论依据。

此外,土地综合整治过程中的土地利用空间配置、土地权属调整、产业结构优化与布局等问题都关系到土地综合整治的成效,也是北方村庄压煤山丘区土地综合整治管理过程中需要认真研究的问题。

基于我们研究能力有限,本书仅对北方村庄压煤山丘区土地综合整治管理过程中的部分问题进行理论探讨,以期解决农民、农村、农业"三农"问题和生产、生活、生态"三生"问题,促进城乡统筹发展,推进社会主义新农村建设。

二、研究意义

北方村庄压煤山丘区地形条件复杂,生态环境脆弱,水土资源短缺,压煤村庄多。对压煤村庄实施土地综合整治可以有效改善压煤村庄农业生产条件,提高农民生活质量,促进矿区生态环境治理,最终实现压煤山丘区土地资源可持续利用。

1. 现实意义

对北方村庄压煤山丘区进行土地综合整治,建立科学的管理机制,合理地进行利益分配,可以有效解决该区域发展过程中的现实问题,有重要的现实意义。

首先,通过压煤村庄搬迁和土地综合整治,可以释放被压覆煤炭资源,延长矿井生产年限,降低采煤成本,促进煤炭企业的转型发展,大幅度提高北方各大型煤炭基地煤炭开采企业经济效益,使煤炭企业取得巨大的经济效益。同时,政府也可以增加税收收入,促进地方经济的发展。

其次,可通过该区域压煤村庄的搬迁和土地综合整治,切实提高当地农民收益,改善农民生活条件,推进矿区新农村建设。长期以来,由于产业结构单一、就业渠道有限、经济收入偏低,造成北方村庄压煤山丘地区农村发展相对滞后,农民生活环境总体较为恶劣,农民在子女上学、就业、住房、成家等方面存在诸多困难,亟待解决。通过压煤村庄搬迁和土地综合整治,可以实现农村人口集中居住,提升建设用地集约利用水平,改善农民生活条件,提高农民生活质量,解决农村集中供水、排水、供热等生活问题,持续提高农村生产生活条件,持续转变农村村容村貌,实现农村发展,促进社会主义新农村建设,推动山丘地区新型城镇化建设和煤炭基地资源型城市转型发展。

再次,通过土地综合整治,对原村庄用地进行整体规划,科学合理地安排用地,对塌陷、裂缝进行整理和恢复,可以减少资源破坏,实现煤炭、土地、水资源的协调利用,从而改善农业生产条件,促进农业机械化作业的推广,促进农业规模经营,有效提高农业生产率;可以有效增加耕地面积,提高耕地质量,满足高标准基本农田建设需要,为北方各煤炭基地发展现代农业创造土地条件,为农民脱贫致富提供物质基础。

然后,通过压煤村庄搬迁和土地综合整治,可以有效治理矿区被破坏土地、水资源等,促进采煤区煤、地、水协调利用,实现矿区生态重建,改善农田生态系统,减少水土流失,提高植被覆盖率,增加水分利用效率,恢复土地生态景观,实现人居环境改善、生态服务价值总量增加,增强煤炭基地生态系统的自平衡能力。

另外,通过实施压煤村庄搬迁和土地综合整治,可以进一步理顺土地整治的利益调节机制,提升北方压煤村庄区域土地综合整治政府与非政府组织合作管理的能力,有效缓解矿粮矛盾、政企矛盾、工农矛盾,促进区域的协调、可持续发展;有利于提高政府公信力和政府形象,对地方经济社会可持续发展具有很大的现实意义。

2. 学术意义和科学价值

对北方村庄压煤山丘区土地综合整治进行研究,还有一定的学术意义和科学价值。

首先,对区域土地综合整治管理机制进行研究,可以揭示在同类型区域内各种利益关系治理的规律性,为同类地区进行决策和管理提供理论依据和参考。本书拟对土地综合整治过程中的重要内容之一——压煤村庄搬迁进行分析,研究在整个决策过程中不同利益主体的利益诉求和博弈过程,运用博弈理论和模型求解不同利益主体实现利益均衡的条件,为土地综合整治项目利益管理的科学决策及其管理机制构建提供依据。

其次,本书把社会经济和环境系统作为一个整体,从资源、环境、社会、经济发展等多方面综合界定区域土地综合整治的概念,提出区域土地综合整治全新的理念,认为区域土地综合整治是一项复杂的系统工程,需综合考虑社会经济和资源环境等方面问题,统筹安排农业生产、农民生活、产业规划和布局等事关农村发展的多项事务。这一综合性概念的提出,丰富了土地综合整治的内涵,在一定程度上发展了土地整治理论。

再次,本书构建了一个较完整的北方村庄压煤山丘区土地综合整治及管理体系和框架,进一步完善了土地综合整治理论。

可见,北方村庄压煤山丘区土地综合整治及其研究具有重要的现实意义和理论意义。煤矿企业在采煤过程中严重干扰了当地农民的生产、生活,破坏了区域生态环境,引发了"政府—企业—农民"之间的社会矛盾问题。对压煤村庄土地综合整治过程中的利益均衡问题进行研究,构建科学的管理机制,有助于减少社会矛盾,缓解企业采煤、村庄搬迁过程中引发的政府—企业—农民之间的冲突,促进地方稳定团结;有助于营造健康安全的社会发展环境,推进和谐矿区的建设,推广新农村建设,以稳步推动新型城镇化建设。对北方村庄压煤山丘区土地综合整治的管理机制进行研究,可以为当地政府、煤炭企业、压煤村庄搬迁和土地综合整治工作制定政策提供依据,为我国同类地区进行村庄搬迁和综合整治提供参考。

第二节 研究目的

一、探求北方村庄压煤山丘区土地综合整治管理的规律性

北方村庄压煤山丘区对北方农村区域经济增长、社会发展意义重大,而区域土地综合整治是解决区域发展过程中土地利用问题的重要手段。基于北方村庄压煤山丘区地形条件的复杂性,多种土地利用方式重叠的特殊性和农民生产生活、农村生态环境、农业发展问题的严重性,对土地综合整治管理进行探讨,发现其规律性,是解决同类型区域相似问题的基础,也是本书进行研究的出发点。

二、为北方村庄压煤山丘区现实问题的解决提供理论参考

北方村庄压煤山丘区煤炭资源丰富,为社会经济增长提供了物质基础,但同时也带来一系列的发展问题,概括地来说就是生产、生活、生态"三生"问题以及农民、农业、农村"三

农"问题。本书对北方村庄压煤山丘区土地综合整治的管理机制进行研究,目的在于为其发展过程中现实问题的解决提供理论依据,为管理决策提供参考。

第三节 研究内容

一、北方村庄压煤山丘区资源环境管理研究

对北方村庄压煤山丘区资源总量及其承载力进行研究,定量分析在现有社会经济发展和技术水平下区域内不同类型资源包括土地资源、水资源和矿产资源的承载力,并进一步对土地生态承载力进行研究;然后,对由不同形态资源构成的整个环境系统的承载力进行评价;对大气、水两种重要的环境要素的质量进行分型,以期了解研究区的资源基础和资源约束,为管理机制的研究奠定基础,为区域土地综合整治确定框架。具体内容包括研究区资源承载力分析、土地生态承载力研究、环境承载力评价、大气环境容量分析和水环境质量分析。

二、北方村庄压煤山丘区农地适度规模经营研究

在分析研究区农地经营现状的基础上,结合实地调查结果,确定北方村庄压煤山丘区农地适度经营规模;分析研究区农地适度规模经营的影响因素;在对比研究国外农地规模经营先进模式的基础上,探讨适合我国北方村庄压煤山丘区农地适度规模经营的实现模式;对实现路径提出有针对性的意见或建议。

三、我国农村土地制度变迁研究

本书对我国农村土地制度变迁的过程分阶段进行梳理和研究。在分析不同阶段土地制度变迁的背景、矛盾问题的基础上,梳理土地制度变迁过程,研究土地制度变迁的逻辑,并对制度变迁的绩效和缺陷进行评价。

四、北方村庄压煤山丘区土地综合整治中的利益均衡研究

压煤村庄搬迁和土地综合整治是一个由多个主体参与的复杂项目,且涉及多方利益关系。首先对整个过程中涉及的全部利益群体,如利益主体和利益相关者进行确定,研究分析他们的行为特征、利益诉求、存在的问题及可能产生的利益冲突,并进行利益识别和分类。在确定利益相关者及其诉求的基础上,通过建立博弈模型,进行利益均衡分析,寻求能满足各方利益,实现多方共赢的最优解。

第四节　研究方法

一、系统分析的方法

压煤村庄土地整治包括压煤村庄搬迁、土地复垦整治等诸多内容，涉及土地调查、评价、规划及权属调整等多个方面，包括自然生态、社会、经济等诸多问题，需要置于整个自然生态系统和社会经济系统中集中考虑，需要对不同因素间的相互影响和相互制约作用进行全面系统分析，以寻找其一般规律和相关运行机制，这是一项复杂的系统工程。

二、定性与定量研究相结合

本书的理论分析以定性分析为主，对压煤村庄搬迁的制度变迁、利益均衡机制等理论和方法进行定性分析；对压煤村庄的资源承载力进行定量研究，通过构建数学模型分析其承载力，使用定量和定性分析相结合的方法，对压煤村庄土地综合整治项目的利益均衡机制等相关问题进行研究。

三、实地调查与文献研究相结合

首先查阅大量关于压煤村庄土地整治、村庄搬迁的中外文献和相关科研成果，梳理相关基础理论、研究方法、操作模式、技术流程、存在问题等，对前人的研究结果进行分析总结。在此基础上展开实地调研，了解研究区概况，掌握土地综合整治现状、实际操作流程，分析实施过程中存在的问题，通过问卷调查、访问等方式收集相关利益主体的资料和数据，为分析研究提供基础资料。

四、规范分析与实证研究相结合

一般来说，规范分析往往是指研究某一类问题的共性。规范分析侧重于研究理论问题，而实证研究通常是把理论运用于实践来解决现实问题，规范分析与实证研究相得益彰。规范分析为实证研究提供思路和方法，实证研究运用规范分析的结论并对其进行验证，是理论发展和创新的前提和基础。本书运用规范分析与实证研究充分结合的方法，一方面能保证研究的科学性和严谨性，增加实证研究的说服力；另一方面理论与实践相结合，能科学地解决现实问题，并提升和完善相关理论。

第五节　技术路线

本书拟对北方村庄压煤山丘区土地制度变迁历史、农地适度规模经营、土地综合整治中的利益均衡等问题进行研究。首先在搞清楚研究背景和意义的基础上，对国内外相关问题的研究进展进行梳理;其次基于对研究区收集的数据和问卷调查结果,分析研究区资源环境承载力,明确土地综合整治的资源环境基础和条件;然后对土地综合整治的管理机制中的部分问题进行研究。农村土地制度变迁研究是了解不同时代背景下的制度变迁路径,分析制度绩效和制度缺陷可为确定农村土地规模经营、土地流转制度、土地综合整治中的利益均衡机制等管理机制的构建提供参考;对农村土地适度规模经营进行研究,分析研究区适宜的规模和模式,分析当地发展规模经营的促进因素、制约因素等,为实现研究区土地综合整治过程中的利益均衡奠定基础,为制度构建提供依据;对土地综合整治过程中的利益均衡进行研究,同样可以为管理机制的构建提供依据。可见,农村土地制度变迁研究、农地适度规模经营研究和土地综合整治过程中的利益均衡研究三者之间互为条件,互相影响,互相支撑,相辅相成,是土地综合整治管理机制研究的重要内容。

技术路线见图 1-1。

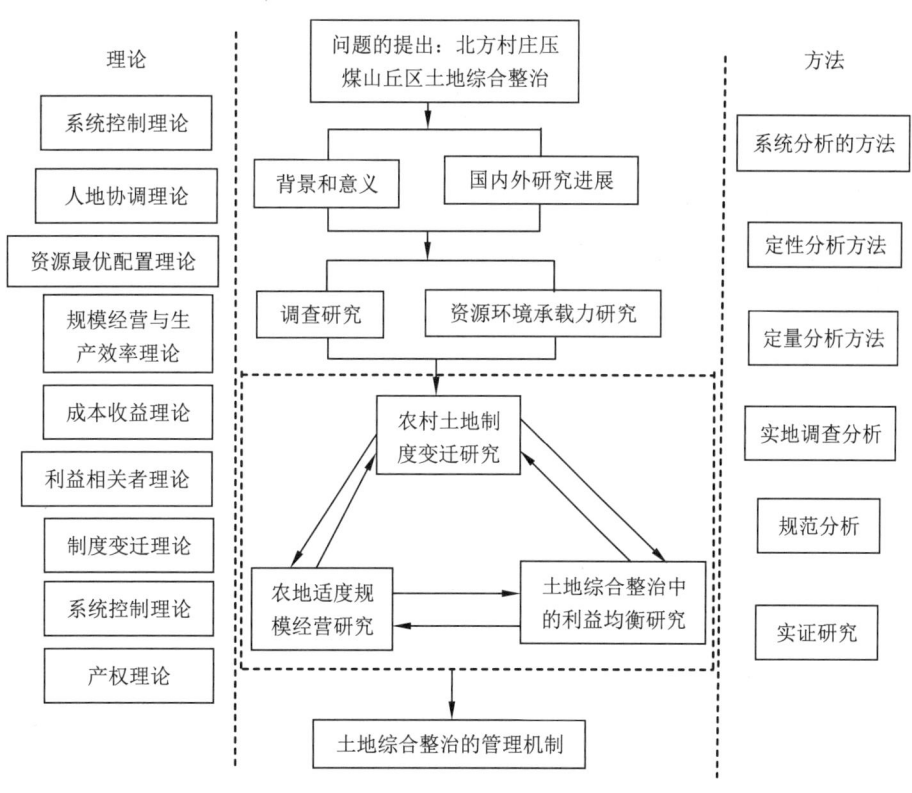

图 1-1 技术路线图

第六节　研究的创新

本书拟对北方村庄压煤山丘区土地综合整治管理机制进行研究,创新内容包括以下几点。

(1)从系统的角度明确界定区域土地综合整治的概念,确定区域土地综合整治的内涵及对象,为不同类型地区进行相关研究提供理论依据。

(2)研究区是我国北方典型的村庄密集型山丘区,地形以低山丘陵为主,是粮食生产基地和煤炭生产基地,有大量人口聚集,农业生产和工业生产功能相互重合,从而为当地居民的生产、生活乃至社会经济发展带来诸多问题。本书拟在分析研究区资源环境基础和社会经济发展条件的基础上,提出我国北方山丘区粮食、煤炭生产,以及人口聚集地区土地多功能相重合的家庭农场适度规模经营及其实现路径。

(3)明确区域土地综合整治的利益相关者,确定利益主体。区域土地综合整治涉及多方主体,利益关系复杂,要实现区域土地综合整治有序管理和顺利实施,最重要的是理顺其利益关系,均衡各方利益。本书拟对区域土地综合整治中错综复杂的利益关系进行分析,找出其中主要的利益相关者,确定利益主体,为区域土地综合整治管理确定管理对象,为均衡各方利益、协调各方矛盾提供基础。

(4)通过对利益主体及其行为、目的进行分析,研究区域土地综合整治过程中不同利益主体间的博弈路径,探讨实现多方利益均衡的可能性。

国内外研究进展

本书涉及资源环境承载力、土地规模经营、制度变迁、利益均衡分析等问题的研究,现将各相关内容的国内外研究进展分别进行综述。

第一节 国外研究进展

一、土地承载力的国外研究进展

以20世纪70年代为界,可以把国外土地资源承载力的研究分为两个阶段。

20世纪70年代之前是第一阶段,是提出与形成土地承载力概念的初始阶段。

1650年瓦伦纽斯的《通论地理》一书出版,第一次提出"人地关系"的概念。随后,孟德斯鸠、马尔萨斯相继提出"地理环境决定论"和"人口论",对人口增长与土地的关系进行探讨,自此,学术界开始关注人地关系问题,并就此展开了激烈的讨论。

自工业革命尤其是第二次世界大战以来,人口、资源、环境问题日益突出,甚至在一定程度上为社会经济发展带来阻碍,人们不得不进一步关注人地关系问题,对其理论和实证研究也进入了一个新的历史阶段,承载力的相关研究相继在经济学、人口学等不同领域展开,从而产生了土地承载力研究。土地承载力主要研究人口、食物(粮食)和资源(土地)之间的关系,探讨人类消费与粮食生产、人类需求与资源供给之间的平衡问题。

1921年伯吉斯(Burgess)等提出了承载力的概念,认为食物是人类生存的基础,一定区域对食物资源的生产能力是限制该区域内人口数量的主要因素,因此,一个区域的人口承载力可以根据该区内的食物资源生产能力来确定。

1948年福格特(Vogt)出版《生存之路》,对土地承载力进行界定,认为土地承载力是在土地受到一定环境阻力的情况下,能为人类提供食物的能力。他提出,这种阻力可以用一个公式表达出来,即:$C=B/E$。其中,C为土地承载力,就是土地能供养的人口数量;B为土地产出可以给人类提供的食物量;E为环境阻力,就是环境对土地生产能力产生的约束和限制。这一公式为土地承载力的计算提供了基本思路,之后,许多学者据此对不同区域的土地承载力进行研究。

1965年英国学者阿伦(Alan)提出了土地承载力的计算模型,根据粮食产量和粮食需求计算区域承载人口的上限。

20世纪70年代以后,土地承载力研究进入深化阶段。

20世纪70年代以来,世界人口尤其是发展中国家人口急剧增长,同时,发达国家的需求也迅速扩张。迅速增加的粮食需求给资源环境的生产能力提出了更高的要求,全球范围内出现了人类需求增加与资源环境供给能力之间深刻的矛盾问题,学者们再度兴起对承载力的研究,这一阶段的承载力研究主要围绕如何协调人地关系的问题展开,其研究对象不再局限于单一的土地资源,而是扩展到了以土地为代表的整个资源领域。在此期间,有三个研究成果在整个学术界产生了巨大的影响力。

(1)以澳大利亚为代表的发达国家土地承载力研究。澳大利亚学者米林顿等(1973)在20世纪70年代初研究了土地资源、水资源、气候资源等不同形态的资源对人口的限制,他们采用多目标共同决策的科学方法,首先设定了几种发展策略和相应的发展前景,在充分考虑资源限制性的基础上,预测了种植业和畜牧业的发展潜力,从而计算了澳大利亚的土地承载力。结果表明,澳大利亚水资源较为稀缺,是社会经济发展的约束条件,而在未来,能源资源将成为限制发展的最主要因素。该研究运用动态的计算方法,为澳大利亚社会经济的稳步发展提供了科学的指导意见和决策依据。

(2)发展中国家的土地承载力研究。1977年联合国粮食及农业组织开始研究发展中国家的土地人口承载力。其研究对象是多个发展中国家,其计算以国家为单位。该研究的具体做法是:首先,把全球气候图与土壤图进行叠加,结合不同国家、不同区域的土地利用方式,利用土地潜力递减法,将每个国家划分为若干个农业生态区(AEZ, Agro-ecological Zones)。其次,以划定的农业生态区为基本单元进行土地生产潜力的评价。然后,根据土地生产潜力评价结果,假设每个国家能在其最优农业生产条件下进行生产,计算发展中国家在其自然地理环境条件约束和限制下,土地潜在的人口支持能力。1982年,联合国粮食及农业组织发表了题为《发展中国家土地的潜在人口支持能力》的报告,公开了这项研究的成果。该研究提出了计算土地农业生产潜力的新方法——AEZ法,即农业生态区域法。AEZ法通过土壤生产潜力与气候生产潜力的结合,更准确、更客观地计算土地农业生产的潜力。同时,这一方法考虑了社会经济条件以及对土地的投入等农业生产条件,更科学地反映了土地用于农业生产时人力和自然力相结合实现的生产潜力。农业生态区域法为土地生产潜力的计算提供了新的思路和方法,为土地承载力的研究提供了更真实可靠的基础理论,被学术界广为接受和应用,各国学者纷纷沿用其技术路线和工作方法对不同区域土地承载力进行研究。

(3)以资源承载力为研究对象的ECCO模型。20世纪80年代初,在联合国教科文组织的资助下,英国科学家提出ECCO(Enhancement of Carrying Capacity Options)模型来计算长远的土地承载力,探讨增加人口承载力的策略模型。该研究采用系统动力学方法,设计了社会经济发展的不同情景,建立了模型流图,对不同社会发展策略下的人口与承载力的协调程度进行动态模拟。该模型结合可持续发展战略对承载力进行研究,既能满足当代人的利益需求,也能满足后代人的长远需求;既能满足经济增长的需要,也能满足政治稳定的需求;既能保证以稳妥的速度开发自然资源,也能保证环境不被破坏、不被污染。可见,该模型在多情景模拟下,使得一个国家或地区在人口变化的情况下仍能保持社会稳定持续发展。它强调社会稳定的长期性和持续性,为区域制订健康稳定发展的切实可行的长期计划提供了指导。之后,该模型被应用于肯尼亚、毛里求斯、赞比亚等多个发展中国家的社会发展研究中。

二、土地规模经营的国外研究进展

国外较早就开始土地规模经营的研究,其研究内容主要涉及以下几个方面。

1. 农地规模经营的优越性

最早进行农地规模经营研究的是法国重农学派的创始人和代表人物魁奈。他在18世纪中叶,研究了法国的土地规模经营问题,认为大农业比小农业更优越。英国古典农业经济学家杨格(Young)在1771年出版《农业经济论》,研究了规模经营,提出资本主义大规模的农业企业能较快地适应变化的制度,而小规模的农业企业在制度变化时调整速度较慢,因此,资本主义大规模的农业企业与小规模的农业企业相比具有无可比拟的优势。同时,他还提出"适度比例说",认为农场内的各种生产经营手段之间与各部门之间如果能保持一个"适当的比例",那么农业经营就能获得较大的经济收益。而这种"适当的比例"一般首先在经营规模较大的农场中实现。奥康纳(O'Connor)等(1991)认为,农户规模越大,利润越高,其原因在于扩大经营规模可以降低单位产品的生产成本,因此,大农户的生产效率高于小农户的生产效率。马克思也认为小农经济是一种比较落后的生产经营方式,具有隔离、分散、封闭等缺陷,大规模经营比小农经济更具优势。

2. 农业适度规模经营的必然性

美国经济学家迈托达罗(1993)在《经济发展与第三世界》中指出,实现农业生产的适度规模是所有专业农场共同追求的目标,寻求规模经济,实现规模经营是今后农业发展的方向。马克思在研究了英国资本主义产生与发展的过程后,认为在农业生产中,只有发展规模经营,才能有效地利用机器、耕作的技术、科学知识等,从而提高农业生产率。他提出应该取消小规模的资本主义农业生产,以大规模的社会主义农业生产取而代之。雷吉(1986)在对亚洲农村经济发展进行研究后提出,亚洲各国今后农业发展的趋势是依靠不断进步的科学技术发展农业规模经营。

3. 农业适度规模经营的实现条件

恰亚诺夫是俄国著名的农业经济学家,他认为农户的农业生产活动是通过对劳动、资本、土地等生产要素的合理配置来实现的(1996)。所谓配置,主要是对各生产要素的数量、质量和比例等进行组合。在一定的社会生产力发展水平下,最佳的农业适度生产规模可以通过各生产要素科学合理的组合来实现,"最佳"的标准是农业生产成本最低而农业产出最高。希克斯(1962)认为扩大耕地面积、应用生物化学技术、增加农业机械的应用等措施可以提高农业生产的规模经济效率。泰勒认为,农业经营规模是在一定的自然、技术和市场条件下,土地、资本和劳动的"组合单元"。随着农业生产经济学的发展,农业经营规模的研究开始应用农业生产函数进行分析。约翰逊等将各生产要素以"比例"和"规模"的形式反映到生产函数中,提出用来反映各农业生产要素的组合的概念——土地经营规模与农业经营集约度,提出短期生产函数、长期生产函数的概念。

4. 对规模经营的反对

对规模经营也有反对意见。1964年,著名的发展经济学家舒尔茨(Schultz)出版《改造传统农业》一书。他对农业生产过程进行分析后提出,在农业生产过程中,有多种生产要素的投入。有的生产要素是可分的,比如土地、劳动、资本、技术等,另外大型机械设备也是可分的;有的生产要素是不可分的,比如农场的管理者,事实上,只有管理者是真正不可分的农业生产要素。在其他各种可分的生产要素投入的比例相同的情况下,农业生产效率高低取决于农场管理者的水平。所以,大农场的效率不一定高于小农场。有的学者认为,随着生产规模的不断扩大,单位面积耕地的农作物产量反而会下降,同样的,单位面积土地的生产附加值也会随之下降。还有学者提出,农业生产率与农业生产规模成反比关系,规模越大,生产率越低,推行大规模的农业生产会严重危害农业的发展。

可见,国外学者对农业规模经营的观点各异。对于农业规模经营,有支持者也有反对者。有的学者认为小农经济落后,大规模农业生产比小农经济有优势,提倡扩大农业生产规模,认为农业发展的趋势必然是发展大规模的农业生产,摒弃小农经济;有的学者却并不认可农业规模经营,认为大规模农业生产并不一定优于小规模的农场。对于农业生产效率与农业规模经营之间的关系,有的学者认为两者成正比例关系,农业生产规模越大,农业生产效率越高;有的学者认为两者成反比例关系,扩大的农业生产规模会导致农业生产率下降;有的学者认为两者没有直接关系。迄今为止,对农业规模经营的研究已经持续了两百多年,尽管各国学者对农业规模经营各持己见,但在研究过程中形成了很多有价值的理论与方法,可为我国农业规模经营的理论研究提供借鉴,为我国农业生产实践提供指导。在借鉴、参考相关理论、方法、思路的过程中,需从我国实际情况出发,具体问题具体分析,寻求适合我国国情的土地规模经营的理论、方法和路径。

三、利益相关者的国外研究进展

"利益相关者"一词最早记载于《牛津词典》(1708年)。在利益相关者理论出现之前,"股东至上"理论一直占据着主流地位,即认为企业属于股东所有,企业运行的目的是实现股东的利润最大化。

1929年通用电器公司的一位经理首次提出"公司应该为利益相关者服务"的观点。1959年彭罗斯(Penrose)出版《企业成长理论》,提出企业既是人力资本的集合,也是人际关系的集合,并以此为基础首次提出了利益相关者理论,因此,彭罗斯被认为是企业利益相关者理论研究的先驱。

在实践中,英、美等国历来奉行股东至上,并据此进行企业治理。到了20世纪60年代,英、美等国经济下滑,而同时,奉行利益相关者理论并依此进行企业管理的德国、日本等国,经济迅速崛起。基于此,"股东至上"治理模式受到实践的挑战和理论界的质疑,人们开始较多地关注利益相关者理论。

20世纪80年代中期,利益相关者理论取得了长足进步,原因是美、英等国的一些公司为了实现股东利益最大化,在公司之间进行恶意收购,这种行为在很大程度上给公司的经理、员工、供应商等相关人员带来严重影响,直接损害了他们的利益。而与此同时,德国和日本的许多公司在管理过程中奉行利益相关者治理模式,取得卓越成效,使公司不断发展壮大,引起了人们广泛的关注和研究。1998年经济合作与发展组织(OECD, Organization for Economic Cooperation and Development)呼吁需制定一套普遍适用于公司治理的标准和指导方针。1999年,经济合作与发展组织出台《OECD公司治理准则》,指出企业应确认利益相关者基本权益的合法性,认为企业应重视利益相关者在企业中的重要作用,通过积极开展合作提高利益相关者的积极性。这一准则逐渐成为各国政策制定者、企业及其利益相关者制定政策、管理企业等的一个国际性的基准。

由于多年来人们都信奉"股东至上"理论,利益相关者理论出现后,许多学者对这一理论提出了质疑,围绕利益相关者是否有必要参与公司治理的问题进行大量研究。学者们关于"利益相关者"的研究内容和范围不断拓宽,其概念界定、分类等问题也被普遍关注和研究。

1. 利益相关者参与治理的基础

学者们在对利益相关者参与治理的必要性进行研究的基础上,逐渐开始接受、认可该理论。国外学者对其必要性的研究论证主要基于3个方面:①资产专用性角度。对资产专用性的研究,主要代表人物是布莱尔(Bliar)。她指出,公司的建立除了由股东出资以外,公司的员工、供应商、债权人和客户等主体也进行了专用性投资,其主要形式是投入人力资本,因此,他们应该拥有公司一定程度的剩余控制权和索取权。②契约的角度。有学者认为,公司与不同的利益相关者之间签订了一系列契约,公司就以多边契约关系为共同准则实现运转。与公司签订多边契约的主体既包括企业内部的所有者、管理者、员工等,也包括企业外部的供应商、客户及社区等。每一个契约参与者都为公司投入了或多或少的个人资源,那么,为了确保契约公平、公正,公司应该最大限度地照顾所有契约参与者的利益。③有学者从产权理论的角度提出,企业是多元个体参与的,涉及多个主体的权利、义务等,因此,需要构建一个多元的产权理论,从权利的角度确定利益相关者对企业的权利和义务。

2. 对利益相关者的界定

1963年,美国上演了一出戏,名叫《股东》,斯坦福研究所的研究人员受此启发,利用

"利益相关者"来表示与企业密切关联的所有人,认为企业的生存离不开利益群体的支持。这一概念提出后,人们开始关注除股东以外的关系到企业生存发展的其他利益群体。

弗里曼(Freeman)1984年出版了其代表作《战略管理:一个利益相关者的方法》,从利益相关者与企业之间关系的角度界定利益相关者的概念,提出利益相关者有影响企业目标实现的能力,反过来,其自身的福利等也会受到企业实现目标的过程的影响,认为利益相关者与企业之间是互相影响的。这一概念界定大大扩展了利益相关者的范畴,基于该定义,利益相关者不仅包括之前狭义定义界定的影响企业生存的个人和群体,还包括在企业发展过程中被影响的个人和群体,如当地社区、政府部门等。但这一概念界定的范围过于宽泛,为利益相关者理论的实证研究和实际操作带来较大的复杂性和局限性。

米切尔(Mitchell)等(1997)对利益相关者所有广义和狭义的概念进行归纳总结,得出30种定义。他们认为,广义的概念范围较大,可以为企业管理者提供一个全面的利益相关者的分析框架或范围;而狭义的概念主要指对企业有直接影响的个人或群体,提出这部分人对企业的至关重要性,企业必须考虑他们的利益和要求。其中,弗里曼与克拉克森的概念界定比较有代表性。弗里曼(1984)认为,凡是可以直接或间接影响企业的生存和发展的人都可以认为是企业的利益相关者,包括股东、债权人、员工、供应商、客户,甚至社区、环境、媒体等。克拉克森(Clarkson)(1991)则强调利益相关者的专用性投资,认为利益相关者以不同形式对企业进行了投资,这些形式可能是实物形式,也可能是人力资本,或者是货币资本等有价值的东西,这些投入或投资是有风险的,因此,这些投资者与企业在一定意义上"风险共担",是企业的利益相关者。该定义排除了政府部门、社会组织及社会团体、社会成员等。米切尔(1997)认为,具备以下条件,才能成为利益相关者:①影响力,即处于能影响企业决策的地位或位置,而且有一定能力和手段影响企业决策;②合法性,即对企业的所有权、决策权等是符合法律规定和道义准则的;③紧迫性,即对企业提出的要求能即刻得到企业管理层的关注。从利益相关者的特征来界定其概念,有十分重要的意义。学者们基于以上3个特征的不同组合对利益相关者划分了不同类型。

3. 对利益相关者分类

20世纪80年代末,大量西方学者开始研究企业利益相关者的分类,并主要采用以下两种分类方法进行分类。

(1)多维细分法。弗里曼、弗雷德雷克(Frederick)、查克汉姆(Charkham)、克拉克森、惠勒(Wheeler)等多位学者按照"多维细分法"对利益相关者进行了分类。

1984年弗里曼提出利益相关者的3个角度的特点:所有权、经济依赖性和社会利益,并根据这些特点对利益相关者进行分类。所有权是指拥有企业的所有权或与企业所有权有关的人员,如持有公司股票的董事、经理等,他们是企业最核心的利益相关者;经济依赖性是指有些利益相关者在经济上对企业有较强的依赖关系,包括在公司供职并取得薪俸的所有工作人员,或与公司有经济往来或合作关系的外部人员,如供应商、企业的管理机构、顾客等;社会利益是指有的利益相关者与公司在社会利益上有关系,如特殊群体、政府领导人和媒体。

1988年弗雷德雷克将利益相关者分为两类：直接利益相关者和间接利益相关者。直接利益相关者与企业经营活动有直接关系，如股东、员工、供应商、零售商、消费者等。间接利益相关者与企业经营活动没有直接关系，却与企业经营活动以外的其他活动有一定关系，如当地政府、相关的社会团体、媒体、公众等。

1992年查克汉姆提出企业利益相关者分类的新标准：与企业的交易性合同关系。按照是否与企业签订交易合同，将利益相关者分为两类：契约型利益相关者和公众型利益相关者。契约型利益相关者是与企业签订了交易性合同的群体，如股东、员工、零售商、供应商等；公众性利益相关者则没有与企业签订合同，如消费者、管理者、政府部门、媒体等。

1994年克拉克森提出按照个人或群体在企业活动中所承担风险的种类和方式对利益相关者进行分类，分为自愿利益相关者和非自愿利益相关者。1995年，他又提出根据个人或群体与企业联系的紧密程度对利益相关者进行分类，分为首要的利益相关者和次要的利益相关者。

1998年惠勒在克拉克森提出的紧密性维度分类标准的基础上，引入社会性维度，通过两个特征的相互交叉对利益相关者进行分类，分为首要的社会性利益相关者、次要的社会性利益相关者、首要的非社会利益相关者、次要的非社会性利益相关者4种。

可见，国外学者运用多维细分法，主要是从利益相关者在不同角度表现出的基本特征对利益相关者进行分类，缺乏统一的依据和标准，使得分类结果五花八门，缺乏系统性。此外，多维细分法对利益相关者分类主要基于主观判断，缺乏可量化的科学依据，缺乏可操作性，制约了在实际中的应用。

（2）评分法。1997年美国学者米切尔等根据利益相关者的3个基本特征即权力性、合法性和紧急性，提出运用评分法对利益相关者进行分类。其过程是：首先对企业利益相关者的每一特征进行评分，对个人或群体是否是企业的利益相关者进行初步判断，如果是，那么进一步判断其属于哪一类利益相关者。根据上述3个特征，运用评分法划分利益相关者，可分为三大类7个小类。评分法使得利益相关者的分类有了可量化的标准，提高了分类工作的可操作性，推动了利益相关者理论在实践中的应用，逐渐为广大学者所接受，成为最常用的较科学的利益相关者的重要分类方法。

在国外，利益相关者理论多应用于企业管理，在这里不做赘述。

四、利益均衡的国外研究进展

在国外，利益均衡理论多用于企业管理。菲利普斯认为，基于公平原则，个体在自愿的基础上达成共识后就负有了公平的义务，企业的商业行为应该负有公平对待利益相关者的道德义务。布伦(2011)提出，完备社会契约理论(ISCT, Integrative Social Contracts Theory)强调的"满意"的理念可以与公平性原则相结合，形成更规范的利益相关者理论。

五、制度变迁的国外研究进展

德姆塞茨（Demsetz）在 1967 年对产权制度进行分析时，提出了"制度变迁"的概念。他认为，产权制度是一种典型的制度安排。产权建立的基础是其内部收益超过其成本，对利润的追求促使经济人建立产权，实现外部性的内部化。舒尔茨（1968）认为制度是经济领域的一个变量，从人力资本的角度来看，制度变迁是为适应人对新制度的引致需求而进行的滞后性的调整。在此基础上，诺斯（North）等（1973）运用制度变迁理论解释西方世界兴起的原因。他们认为，由于人口数量快速增加，给自然、社会等带来各种压力，从而导致生产要素的相对价格发生了变化，使得经济组织产生了重新界定产权的要求，这一需求又导致了界定产权制定的制度首先发生了变迁。1981 年，诺斯在对制度变迁进行分析时引入国家权利的分析，提出了国家权力对制度形成的控制作用，认为在国家权利控制市场竞争和交易成本的情况下，会导致低效制度的形成。1990 年，诺斯进一步提出不完全竞争的市场和报酬递增过程两方面因素决定了制度变迁的方向。在制度变迁开始后，制度的一系列自我强化机制如学习和协调效应、适应性预期等不断影响制度变迁的轨迹，使制度变迁可能出现"路径依赖"和"锁定"两种轨迹。1984 年，如坦（Ruttan）等在诺斯"国家理论"的启发下，进一步研究制度创新过程，指出，制度创新能产生新的收益，对新增收益的追求为制度创新提供了动力，政治家、官僚等可以利用政治资源促进制度变迁，进而实现新增收益的分割。

之后，学者们进一步对制度变迁的分类进行研究。林毅夫（Lin，1989）在总结前人研究成果的基础上，提出制度变迁的分类：诱致性制度变迁和强制性制度变迁。诱致性制度变迁是因获利机会的出现引起的制度变迁，由于可能获得的收益在旧的制度安排下无法实现，因此需要通过制度变迁建立新制度来实现。强制性制度变迁是对现有收入进行再分配而产生的。姚洋（Yao，2004）对诺斯制度变迁的效率假说进行了模型化，提出用博弈模型来实施效率假说，通过研究表明，制度变迁效率理论是否有效、其有效性如何，与新制度的具体内容、制度变迁的政治过程有很大的关系。

2005 年新政治经济学家阿西莫格鲁（Acemoglu）等对制度变迁理论进行了分析，提出政治制度确定了政治权力的分配准则，经济制度确立了经济政策制定的基本框架，社会其他各项政策、制度都是在政治制度和经济制度的共同约束下建立起来的。

在制度演化方面，1988 年奥地利经济学家哈耶克（Hayek）提出，人们在社会交往过程中不断调整、相互适应，从而逐渐形成了社会秩序，社会秩序的形成在经历了一个过程后不断演进、不断扩展，规则本身就是人与人之间进行合作的秩序的扩展。演化博弈论运用数学模型证明文化习俗、习惯等一系列非正式制度是演化稳定博弈中的一种博弈策略。1993 年，杨（Young）进一步用博弈论分析了非正式制度的演化机制，他提出了随机稳定均衡，认为非正式制度如风俗习惯、文化等的演化会受到随机事件的影响，随机事件引起的演化过程可能产生新的惯例，最终新惯例演化为风俗、习惯等取代旧的非正式制度。

由于意识形态是非正式制度中重要的组成部分,也成为一些学者的研究对象之一。1973年诺斯提出意识形态理论,认为个人意识形态的改变是新经验与原有意识形态不一致产生的结果,这种不一致性积累到一定程度就导致个人意识形态发生改变。价值标准的单独变化并不会真正使得一个人的决定或观点发生根本性变化。但是,如果个人原有的意识形态或理义准则多次与新经验矛盾,或旧有的理义准则极大地影响其个人福利,这时,个人意识形态才可能发生改变。

在研究社会制度变迁时,诺斯(2005)强调在两个初始条件相同的社会:其初始制度相同,且面临相同的相对价格变动,但是如果这两个社会的文化传统、价值观念存在一定的差异,那么它们的制度变迁过程会完全不同,从而演化出的制度安排也相距甚远。

1994年格雷夫(Greif)利用历史制度分析法研究制度变迁,结果表明,文化观念不同、信仰不同,会形成不同的社会组织结构,进而演化出不同的制度安排。2001年青木昌彦(Aoki)运用格雷夫的历史制度分析法进一步分析制度变迁过程,他提出在博弈过程中,博弈参与者会不断修改其信念,从而实现制度变迁。当参与者的原有信念支持的预期结果没有发生时,就会出现"信念危机",即参与者对自己原有的信念会产生怀疑、动摇甚至否定原有的信念,博弈均衡就会被打破,从而形成制度变迁。上述过程不断循环,直到出现新的博弈均衡,参与者形成新的信念为止。

20世纪初,美国学者凡勃伦(Veblen)等人把心理学、认知科学、法学等学科的理论应用于对制度演化的研究。1899年,凡勃伦发表其代表作《有闲阶级论》,指出制度实质上就是个人或社会对有关的某些关系或某些作用的一般思想习惯;而生活方式所构成的是在某一时期或社会发展的某一阶段通过的制度的综合,因此,从心理学的方面来说,制度是一种流行的精神态度。1910年米切尔以凡勃伦的理论为基础,进一步分析社会制度演变,认为社会的制度环境迫使人类逐渐形成理性行为,人类的各种理性行为及其一致性演化使得各种文化、习惯等社会制度也随之不断演变。1934年康芒斯(Commons)进一步指出,习惯是个人的,是某个人思想、行为等的一致性,是个人的经验或者预期;而习俗不同,它具有社会性,能促使个人形成某些习惯,习俗是在采取集体行动的个人产生同样的感受、经验和预期并多次重复的情况下逐渐形成的。

关于正式制度与非正式制度之间的耦合关系,早在300多年前,史密斯(Smith)就进行过论述,提出在错综复杂的人类社会,每个人都是独立的个体,都有自己的习惯和行为的规律性,这种规律性与立法者试图施加的规则不同。如果所有个体的行为规律正好符合立法者的规则,两者一致,并按同一个方向作用,那么人类社会就会实现稳定健康发展;但如果两者相互抵触,则会产生激烈的博弈,社会将会处于高度混乱的状态。也就是说,如果正式制度正好符合人们的习惯、风俗等非正式制度,那么社会将会和谐发展;如果正式制度有悖于非正式制度,那么社会将陷于混乱,正式制度与非正式制度进行博弈,直到某一制度实现变迁,两者互相一致为止。

20世纪,德国著名社会学家韦伯(Weber)提出新教伦理观对近代西方资本主义制度的形成起到了关键作用。他认为,尽管社会制度的演进在很大程度上取决于法律、技术和行政管理制度等因素,但它与非正式制度如文化、风俗习惯、传统等存在着内在的、深刻的渊源关系。

2000年比林(Billing)经过分析认为,非正式制度是正式制度形成和变迁的土壤。

2001年罗森巴姆(Rosenbaum)通过模型证明,制度能促进社会资本存量的增加,而非正式制度能不断扩大风俗、习惯、文化等的社会关系网,促成集体行动。非正式制度依附复杂的社会关系网络实现制度变迁。社会制度体系是由正式制度与非正式制度相互交织并耦合在一起而共同缔造出来的。

2004年罗兰(Roland)基于转轨经济学的研究范式对制度分类进行研究,提出将制度分为"渐进式"制度和"急进式"制度。典型的"渐进式"制度包括文化、信念、价值和社会规范等,它对促进经济增长起到极为重要的作用。在不同的文化背景下,由于人们有不尽相同的观念、习惯等,从而对新制度的认可程度、接受程度和学习程度都有明显差异,使得制度移植有较大困难。政治体制可以在很短的时间内实现变更和演替,而文化的演进过程却极为缓慢,且控制性很差。因此,要实现制度变迁,就必须考虑文化因素。为了提高制度变迁绩效,减少制度变迁成本,应尽可能移植与当地文化传统冲突小的制度。

第二节 国内研究进展

一、土地承载力的国内研究进展

我国土地承载力研究主要集中在两个方面:一是土地承载力的概念界定;二是土地承载力的理论和实证研究。

1. 土地承载力的概念界定

"承载力"最初是一个物理学的概念,属于力学的范畴。承载力是指物体在不被破坏的前提下所能承受的最大负荷。它可以通过力学试验得到具体数据,也可以通过力学理论或经验公式计算得出。

"承载力"一词最初被借用在群落生态学的研究中,它是指在一定的食物、空间、环境等条件下,某种生物能同时存活的最大数量。也就是说,这里的承载力指的是外部环境条件对生物种群数量的约束和限制。许多学者研究了多种生物的种群数量动态变化特征,结果表明:种群数量在初期增长缓慢;种群增长率会随着初始规模的扩大和环境的改善而迅速提高,种群数量不断增加,但这种增加不是无限的,当种群数量达到一定规模,超出环境的承载范围时,环境就开始体现出对种群数量增长的限制和约束作用,导致种群大批死亡,种群数量不断下降,一直下降到环境承载力以下,从而实现新的平衡。

承载力理论最初应用于指导畜牧业生产实践活动。在美洲、亚洲某些地区,草原资源丰富，人们以畜牧业为生，但由于草原是共享资源，牧民为了获取个人收益的最大化，忽略了环境效益，出现了过度放牧行为，带来严重的草原退化、水土流失等生态环境问题。为了实现草场资源的持续利用和有效管理，学者们在其管理过程中运用承载力理论，提出"草地承载力""最大载畜量"等概念，进行了大量关于草场资源承载力的研究，取得了较大成效。直到今天，"承载力"的概念仍被用以指导草原畜牧业生产。

随着人口、资源与环境问题日益突出，承载力的概念被引用到人类生态学的研究中。大量学者开始研究资源、环境等对人口的承载力，提出资源承载力、环境承载力、区域人口承载容量、环境容量、环境自净能力、土地负载力、地域容量、地域潜力等概念。随之，有学者提出"土地（资源）承载力"的概念。

土地是人类赖以生存和发展的物质基础。随着人口数量不断增加，人的需求与土地供给能力之间的矛盾越来越尖锐，人类不断加强对土地等各种自然资源的开发利用强度，拓宽资源利用的广度，土地（资源）承载力研究逐渐成为学者们共同关注的热点问题。

学术界对于土地（资源）承载力最早的理解是指土地人口承载力或土地人口承载量，即在不破坏土地的前提下，某区域的土地资源所能持续供养的人口数量。这一概念强调土地尤其是耕地为迅速增加的人口提供食物的能力和数量。土地人口承载力的确定主要关注两个方面：一是土地的生产能力，二是人口的消费水平。土地的生产能力决定了供给，人口的消费决定了需求。自然的供给能力与人类的需求能力之间的比决定土地对人口的供养能力。大量学者都对土地人口承载力的概念进行了研究，其中有典型代表意义的定义有：

1986年中国科学院自然资源综合考察委员提出"土地人口承载力"的概念，认为土地人口承载力是土地资源对于人口的承载限度，这种"限度"主要来自土地资源和人类本身，受到土地资源生产能力和人口生活水平的限制。

1988年陈百明提出，土地资源承载力是指某区域在未来时间，所有区域内的土地资源能持续供养的人口数量，它受到未来社会经济和技术发展水平的影响，同时与人类的物质生活水平有关。

1994年封志明提出，土地承载力一般是指土地人口承载量，即某一地区的土地所能持续供养的人口数量。

在《中国土地资源生产能力及人口承载量研究》项目中，土地资源承载力仍强调土地资源所能持续供养的人口数量，强调社会、经济、技术发展水平和人口物质生活水平的影响。

可见，这一时期，大量学者在土地承载力的概念界定问题上观点较一致，共同认可土地人口承载力，认为土地承载力主要关注土地资源供给能力与人类需求水平，是土地供给对人类需求满足程度的体现。而土地资源供给能力受自然、社会、经济、技术等因素的影响而不断变化，人类需求也会随之变化，体现为不同时期的物质生活水平，所以土地资源人口承载力是一个动态概念。

随着社会经济不断发展,土地利用的目的不再仅包括满足日益增长的人口对粮食的需求,更增加了人类各种社会经济活动对土地资源多种功能的需求。因此,土地(资源)承载力的内涵从土地人口承载力转向土地综合承载力。

2001年王书华提出,土地承载力是指土地资源对人类各种活动承载的能力和范围,同样,这种能力受到社会、经济、技术等条件的约束,在不同时间、不同地域范围显示出差异性。这一概念显然与土地人口承载力的概念有较大区别:它重新界定了土地(资源)承载力的"承载体"和"承载物"。对于承载体土地,不再仅局限于耕地或农用地,更包括各种不同利用类型的广义的土地,如:工矿用地、交通用地、城镇居民点等。在此,土地成为具有多种功能的经济综合体,不仅为人类社会提供基本的养育功能,更提供承载功能、仓储功能等;在承载物或承载对象方面,其对象不再单指人口数量,而是扩展到了人类社会、经济、生态环境等多方面的活动,包括土地所能承载的城市规模、经济规模、污染物净化能力等。也就是说,土地能满足人类需求的范围得以拓宽,不仅要满足人类对粮食的需求,还要满足交通、住房、休闲、购物等多方面的需求,土地综合承载力包含了土地对于人类多种活动的承载功能,是真正的"承载力"。

2008年郭志伟提出,土地承载力是指在一定时间,一定空间区域,一定的社会、经济、生态环境条件下,土地资源所能承载的人类各种活动的规模和强度的限度。自此,土地综合承载力成为土地承载力的主要内涵。

随着人类社会经济活动规模不断增大,对土地资源的干扰越来越频繁,影响范围越来越广,强度也越来越大,空气、水等基础资源遭到严重破坏,生态环境越来越脆弱甚至面临崩溃。基于此,人们开始关注土地、环境对人类生产、生活所产生的废弃物的容纳和吸收能力。于是,土地(资源)承载力的概念扩展到土地生态承载力。

卡顿在1986年提出生态承载力的概念,认为生态承载力是指"在一定区域内不损害区域环境的前提下,所能承载的人类最大负荷量"。

我国学者于20世纪90年代开始研究土地生态承载力。关于生态承载力的概念界定,学者们主要强调维持生态系统的自我平衡。例如,王家骥等(2000)提出生态承载力反映了自然体系维持自我生态平衡的调节能力。高吉喜(2001)认为生态承载力应该包括3个方面:一是生态系统自我调节、保持稳定的能力;二是资源环境对人口的供给能力和对废弃物的消纳能力;三是生态系统对一定生活水平的人口数量和一定强度的社会经济活动的支持能力。姬艳梅等(2001)认为生态承载力是指在一定条件下,生态系统能持续地为人类和各种生物提供生态服务的能力,特别强调资源最大的供给能力与环境最大的容纳能力,认为这是一个区域实现可持续发展的最基本条件。上述概念强调在生态系统保持自我平衡的基础上,对人类社会经济活动的支持能力,即以"生态平衡"为框架的"承载力"。

有的学者从生态足迹的角度来界定生态承载力概念,认为生态承载力指的是某区域能为人类提供的所有生物生产性土地面积(包括水域)的总和。阮小春等(2016)提出,从生态足迹的角度理解,生态承载力是指某个区域为人类提供生物生产性土地面积的能力,这些土地对人类的意义主要包括供给和吸收,一方面为人类供给所需资源,另一方面吸纳人类产生的废弃物。刘静暖等(2014)提出土地原生态承载力的概念,认为土地原生态承载力包括土地原生态粮食承载力、生态承载力与人口承载力,分别是指土地依赖自然地力所支撑的粮食生产能力、对污染物的吸纳能力以及可供养的人口数量,分别反映了土地的自然生产力、生态力与社会力3个维度。顾康康等(2012)也对土地生态承载力概念进行了界定。

2. 土地承载力的理论和实证研究

我国学者于20世纪80年代开始进行土地承载力的理论和实证研究。

早期的土地承载力研究主要是土地人口承载力,围绕耕地—粮食生产—人口展开,主要做法是首先确定适应当前生产力水平的消费水平,然后测算区域耕地的生产潜力,通过比较农产品产出量与人均粮食消费量,计算区域土地人口承载力。1986年9月中国科学院自然资源综合考察委员会主持"中国土地资源生产能力及人口承载量研究"项目,产生了较大影响力。该研究从土地粮食生产与人口的相互关系出发,以我国1:100万土地资源图划分的九大土地潜力区为基础,运用信息技术和系统工程方法,分别测算了在不同时期、不同生产力水平下各潜力区生产食物的能力,并计算了各区可承载的人口数量与规模。其研究成果客观准确,为国家进行农业生产的宏观管理,实施农业结构调整;制订社会发展的长期规划,进行土地利用布局、人口布局、生态建设;制定土地、粮食、人口等社会发展制度、管理制度提供了科学依据。

20世纪90年代,我国越来越多的学者开始关注土地承载力的理论和方法问题,出现了大量土地人口承载力的应用研究。从研究尺度来看,既有国家级、省级层面的研究,也有小区域范围的研究。从研究方法来看,主要是借鉴国外相对成熟的农业生态区域模型和系统动力学模型。有些研究在引用的基础上还进行了因地制宜的修正。此外,也有学者运用GM(1,1)模型、线性规划模型、一元回归模型等方法进行区域土地人口承载力的计算。

进入21世纪,随着我国人口数量不断增加,人口的需求也快速增长,而资源环境供给能力有限,人口、资源、环境问题日益突出,土地承载力的研究范围不断扩大,从土地的生产力领域扩展到资源、环境、生态等领域,大量学者开始进行土地综合承载力、土地生态承载力的理论和实证研究。

土地综合承载力主要关注土地资源对人类各种社会、经济活动承载的规模和强度。关于土地综合承载力的研究涉及不同尺度的地域范围。其构成既包括人口规模,也包括各种社会经济活动,如经济规模、城市建设规模等。从研究方法来看,多采用熵值法、系统动力学方法、回归模型等。

土地生态承载力则从生态环境出发,大多采用生态足迹法、碳氧平衡法等研究方法,研究区域人均生态足迹和生态用地之间的供需关系。

可见,我国的土地承载力研究逐渐显现出多目标、多层次、多角度的趋势:研究目标从单一的人口承载量发展为包括经济、生态、社会等在内的社会经济活动承载力;研究内容逐渐多元化,从粮食承载力发展为综合承载力;研究角度包括生产、生活、生态环境等多方面;从最初的静态分析发展到动态预测;研究方法也逐步科学化。

二、土地规模经营的国内研究进展

我国学者对农业规模经济理论的研究基本上是从中华人民共和国成立以后开始的,主要集中在以下几个方面。

1. 农业适度规模经营的内涵

对于农地规模经营,学者们的观点不尽相同。周诚(1995)认为农地规模经营包括两方面:一方面,扩大农民的土地种植规模,使劳动生产率最大化;另一方面,耕地逐渐集中到种田能手手中,最大限度地发挥生产效率高的劳动者的生产能力,从而提高农业单产,增加农产品总供给量。齐城(2008)认为农地适度规模经营的目标是取得最佳的经济效益,通过土地与劳动、资本等其他各农业生产要素的合理配置与有机结合可以实现该目标。杨素群(1998)认为农地规模经营是指合理配置农业生产要素,使各要素的作用得以充分发挥,从而实现经济效益最优。我国要发展农业适度规模经营,但土地规模扩大受到一定限制,因此需适当增加劳动力、资金和技术投入,以提高土地产出率和农业收益。伍崇利(2011)认为,农业适度规模经营的目标是实现农业生产的规模经济,它可以通过土地、劳动力、资本等各种农业生产要素的有效整合和合理配置来实现。农业生产者可以通过规模经营降低生产成本,提高农业收益率,从而增加收入。

而对于土地规模经营的概念,也有较多学者提出各自的见解。齐城(2008)认为,土地规模经营的内涵与农地规模经营类似,但土地规模经营与农地规模经营关注的角度不同,研究范围也有差异。农地规模经营是从农业整体的角度考察规模经营,而土地规模经营从生产要素尤其是土地的角度考察。扩大土地经营规模可以促进农业规模经营的实现,但农业规模经营的范围不仅包括土地规模经营,还包括实现其他生产要素的规模经营。土地规模经营是农业规模经营的重要内容之一。李莉(2007a)指出,土地规模经营是指为了获得最大的经济收益,将土地这一生产要素适当集中并加以利用,即在最适宜的土地规模上的经营。郑少锋(1998)认为,土地规模经营是指在一定的技术经济条件下,经营者扩大土地规模来经营土地,从而获取土地规模效益的一种行为。这个概念强调了农业技术水平对土地规模的限制作用,认为土地规模是与当前技术水平相匹配的,只有适应技术水平的土地经营规模才能实现规模效应。周爱珠(1998)认为土地规模经营是将分散经营的耕地集中到农场或种田能手手中进行集约化经营。土地规模经营有大、中、小3种类型。大型规模经营指每户的耕种面积在300亩以上,中型规模经营指每户耕种面积为50～300亩(一般是100亩左右),小型规模经营指每户耕种面积为10～15亩。韩喜平(2009)对土地规模经营的广义和狭义概念分别进行了界定。他认为,广义的土地规模经营单纯指土地面积的扩大,而狭义的土地规模经营不仅指土地经营规模的扩大,还强调通过扩大规模能够取得规模经济效应。

2. 农业适度规模经营的必然性

20世纪80年代中期,我国开始新一轮家庭联产承包责任制,理论界以此为基础对土地规模经营展开了大量研究,对农业规模经营在中国推行的适宜性展开了激烈的讨论,出现了土地规模质疑论和适度规模经营支持论两派观点。

陈健(1998)认为,在农业生产领域,规模经济并不像在其他产业那样明显,中国农业并不突出地存在规模不经济的问题。普罗斯特曼等(1996)对中国等十几个发展中国家进行实证研究,结果表明,粮食生产过程中存在的规模经济是十分有限的。王诚德(1989)认为,扩大农地经营规模不能成为促进中国农业经济增长的现实选择。蔡基宏(2005)通过模型研究农业经营过程中土地规模与土地产出率的相互关系,发现二者存在负相关关系。万广华等(1996)通过实证研究,认为中国粮食生产中几乎不存在显著的规模经济。刘凤芹(2006)认为大规模土地经营与小规模家庭农户相比并没有表现出明显的全要素节约优势或单位产量优势,因此为实现粮食产量推进大规模土地经营是不可取的。

但有更多学者持支持适度规模经营论观点,并从不同角度论述了发展适度规模经营的必然性。伍业兵(2005)认为农业实现适度规模经营是我国农村经济社会发展的必然趋势。杨雍哲(1995)认为,规模经济是解决中国农业困境的重要途径之一。韩俊(1998)认为要采取一切可能措施,从小规模均田制格局向适度规模经营进行转变,这样才可以避免农业萎缩,避免工农业严重失调。梅建明(2002)认为对高度分散经营规模的中国农业来说,土地规模经营是实现农业现代化和国际化的客观要求及必然趋势。黄季焜等(2000)也指出中国要提高农产品在国际市场上的竞争力,必须扩大土地经营规模,实行适度规模经营。庄荣盛(2012)认为发展后现代农业是适应中国国情的农业发展之路。伍业兵等(2007)认为农地适度规模经营是农业产业结构调整的一项重要内容,是当今社会各国实现农业现代化的必然要求,也是农业实现现代化的基本标志,是推进社会主义新农村建设的重要途径。朱海雄(2006)认为农业适度规模经营是解决"三农"问题重要的路径。黄祖辉等(1998)、宋伟等(2007)分别经过实证分析,发现适度扩大农户经营耕地规模可以显著提高单产,在劳动生产率、农民收入、商品率和农户投入等方面获得明显的效率。

3. 适度规模经营的目标与评价标准

关于适度规模经营的目标与评价标准,国内理论界进行了大量研究,出现了较多分歧。郭剑雄(1996)认为农地规模经营的目标是提高农业机械化程度,提高农户粮食生产商品化率,从而增加农业收入。阮文彪(1992)、杨雍哲(1995)认为土地适度规模经营的基本目标是提高土地产出率。阮文彪(1992)认为土地产出率、劳动力生产率和资金生产率是三个最重要的衡量农业规模经营优劣的主要指标,并据此提出土地—劳力—资金比综合衡量指标。林善浪(2005)认为,在某些情况下,难以同时兼顾土地、劳动、资金各生产要素的生产率,适度规模经营应至少保证不降低土地生产率。黎均湛(1998)认为,对规模经营的效益进行衡量时,应以产出增加为标准。杨素群(1998)认为,土地的种植面积不是衡量农地经营规模的唯一标准和要素,流动资本和固定资本的投入量、劳动力数量与质量、科技水平及其成果应用等因素都应该成为衡量适度规模的重要标准。

4. 农地规模经营的前提条件研究

任治君(1995)认为农业技术的推广和应用是我国农业规模经营发展的决定性因素。屈茂辉(1998)提出实现农地规模经营需要具备3个条件,分别是:大量农村剩余劳动力转移到非农产业、较发达的非农产业及较完整的农业生产服务体系。柴高潮(2004)指出劳动力转移和农业机械化是农业土地规模经营的两个重要条件。刘凤芹(2006)认为要实现农地规模经营,需要具备两个条件:一是土地的流转速度和集中程度,二是农村劳动力的转移速度和数量。潘朝辉等(2007)认为对二元经济结构进行改革是我国农业适度规模经营的关键。

5. 农地规模经营的影响因素研究

张兰等(2015)认为村庄经济发展、村庄整体非农就业水平、村干部"年轻化"对农地规模经营具有显著的推动作用。蔡月祥(2003)认为要实现农地规模经营,需要政府做好一系列基础工作,包括建立农业生产法人制度;设置土地流转中介机构,降低交易成本;加强农业生产的农田水利设施建设,优化农业生产条件;促进农村剩余劳动力的转移;健全和完善农村社会服务体系等。刘传江等(2002)认为决定农业生产经营规模的因素既有宏观因素也有微观因素,包括政府关于土地经营的政策和制度、市场经济的完善程度、人地比例关系、耕地资源条件、生产工具的类型和科技水平、劳动者的文化素质和管理水平等。贾伟强(2011)认为劳动力流转、农地流转、农地自然条件是农地规模经营的主要影响因素。

6. 实现农业适度规模经营的路径研究

朱海雄(2006)认为可以通过两种方法实现农业适度规模经营:一是政府通过对农户的土地等生产要素进行合理配置,实现农业生产经营的专业化;二是把进行专业化农业生产的农户纳入到社会化分工与协作的大体系之中。伍崇利(2011)认为可以通过两种模式来实现农业适度规模经营:一是促进土地流转实现耕地集中经营;二是推进农业产业化或成立农业专业合作社,从而扩大农业生产经营规模。徐宏峰(2007)认为我国农地规模经营可通过土地集中式和合作服务式两种模式实现。张红宇(1996)认为我国农业适度规模经营模式有3种类型:种植大户、家庭农场、"区域种植,统种分管"。叶琪等(2005)比较分析了实现农业规模经营的政府主导型模式、市场主导型模式、政府与市场主导型模式,认为现阶段我国应以市场为主导促进土地规模经营。郭晓鸣(2010)以成都市为例,对政府主导土地规模经营和"政府引导、企业为主"两种模式进行了实证分析。石霞(2003)认为我国农业适度规模经营的有效方式是土地合作社。廖洪乐(1998)提出"反租倒包""两田制"、专业合作社、社区土地股份合作制、土地银行、土地流转服务中心等发展农业适度规模经营的方式。

可见,国内学者对土地规模经营问题研究颇多,也取得了较多成果。关于农地规模经营的概念、必然性、标准、前提等问题,学术界取得了一些较为一致的认识,即农地规模经营主要是指通过农业生产要素的合理配置,增加土地产出,提高农业生产率,增加农民收入。因此,农业规模经营的目标和标准主要是农业生产率的提高。大部分学者认为在我国发展农地适度规模经营,是实现农业现代化的必经之路,是解决"三农"问题的重要举措。学者们对于农地规模经营的实现提出了许多合理的构想,许多学者强调要实现农业适度规模经营,首先应优化农业发展的制度环境,通过政府有效的政策引导逐步实现。这些研究成果对我国发展农业规模经营有一定的指导意义。但研究中也有不足之处:定性描述多而定量分析少;实证研究多而系统分析少;对发达地区研究多而对贫困地区和欠发达地区的研究较少。因此,在今后的研究中,需通过定量分析的方法增加研究的科学性,并加强理论分析。

三、利益相关者的国内研究进展

以1999年为界,我国学者对利益相关者理论的研究可分为两个阶段:1999年以前是引入利益相关者理论并开始研究的初始阶段。这一阶段,从我国学者翻译、转述西方的利益相关者理论开始,是学习阶段,研究成果较少。1999年以后利益相关者理论在我国不断发展,特别是2002年以后,国内学者们对利益相关者理论的研究逐渐深入。

我国学者对利益相关者理论的研究主要集中在概念界定、分类、排序、公司治理、伦理管理、财务管理、绩效评价、生产管理、市场营销等方面,并取得了丰硕的研究成果。下面就其基本理论即概念界定、分类、排序等方面进行综述。

1. 关于利益相关者的概念界定

关于利益相关者的概念界定,我国学者主要从以下几个角度进行界定。

(1)从投资专用性、关联性的角度定义。贾生华等(2002)提出,利益相关者是指对企业进行了一定的专用性投资,并承担一定程度风险的个人和群体,利益相关者与企业是相互影响的关系,其活动能影响企业目标的实现,也受到企业目标实现过程的影响。刘利(2008)也提出了类似的概念。

(2)从参与企业经济活动的角度定义利益相关者。瞿商等(2003)提出,利益相关者是指所有参与公司或企业经济活动的人,包括股东、经理、债权人、员工、客户等。

杨林等(2003)从合约和风险的角度界定利益相关者,认为利益相关者由于与公司或企业签订了合约或合同,因此也需要对企业活动承担一定的风险。利益相关者包括股东、经理、员工、供应商、债权人、消费者、社区等。

2. 利益相关者的分类

学者们按照利益相关者不同角度的特征对其进行了分类研究,主要的分类依据有:杨瑞龙等(2000)、汪雪(2007)从专用性投资的角度对利益相关者进行分类;李心合(2001)根据合作性和威胁性进行分类;陈宏辉等(2004)、邓汉慧(2008)根据主动性、重要性和紧急性进行分类;吴玲等(2005)按照资源基础和资源依赖进行分类;张月峰(2007)根据风险性、契约性、重要性进行分类;许翠娟(2007)按照作用进行分类;刘利(2008)根据投资专用性、互动性及影响力分类。

可以说,我国学者对利益相关者的分类研究较多,多以利益相关者在某一方面或几个方面表现出来的特征进行分类,但由于角度不同、分类标准各异,导致分类结果缺乏统一性和系统性,严重影响了利益相关者理论的科学性。

李东升(2010)指出,由于我国与西方国家有多方面的差别,我国利益主体也不同于西方国家明确承认的利益集团。我国当前利益主体多元化,且在此基础上形成了多种利益关系,目前仍没有十分科学合理的方法将我国现存的利益群体转化为合法存在的利益集团。

3. 利益相关者理论的应用研究

我国对利益相关者理论的应用范围较广,包括公司治理、财务管理、生产管理、伦理管理、绩效评价、市场营销等多方面,本书主要就公司治理等方面的应用研究进行综述。

在公司治理方面,大量学者主要对企业利益相关者共同治理模式的优劣进行分析,主要形成了3种观点:企业利益相关者共同治理模式支持论、反对论和中立论。

孙涛(2005)研究了知识型公司利益相关者共同治理的机制和模式,提出在知识型企业,运用利益相关者理论对企业进行共同治理是最优的选择。邓汉慧等(2006)经过数理分析和实证研究后得出结论,认为股东、管理者、员工是企业的核心利益相关者,构成企业的中坚力量,对企业的生存和发展具有重要意义,三者共同拥有企业控制权并分享企业剩余价值。王唤明等(2007)认为企业应由核心利益相关者来进行管理。刘美玉(2007)认为企业需为所有的利益相关者找到各自最适宜的治理方式,而利益相关者共同治理模式是企业治理的必然选择。邓汉慧等(2007)通过理论分析认为,运用核心利益相关者共同治理的模式和管理策略可以有效提高企业核心利益相关者的X效率。许维利(2007)研究了民营企业治理的问题,认为利益相关者治理模式可以运用于民营企业管理,但由于不同企业背景不同、企业文化不同,应该采用有区别的公司治理观,在现阶段,我国民营企业应主要服务于关键利益相关者。杨瑞龙等(2000)在利益相关者合作逻辑分析的基础上,提出国有企业治理应突破"股东至上",构建有效率的治理模式和治理结构。邓汉慧等(2006)提出,公司治理的主体应该是核心利益相关者,现代企业治理的有效模式应该是"企业核心利益相关者共同治理"。

冯国民(2006)在对利益相关者治理模式进行研究后认为,该模式存在较多缺陷:治理成本高、难以形成确定的企业治理目标、不能有效激励与约束公司员工等,因此,该模式不可能成为公司治理的主导模式。

周鹏等(2002)运用纳什谈判模型研究了利益相关者间的谈判对企业治理结构的影

响,认为企业的治理结构是内生的,不同企业的治理结构不同,每个企业的治理结构都有各自的特殊性。陈宏辉等(2005)对企业中各种利益相关者利益冲突的特性进行了分析研究,提出公司治理可以作为企业利益相关者之间利益冲突的协调机制,但其有效性取决于能否动态地满足多维度的要求并实现平衡。敬嵩等(2006)运用进化博弈模型对利益相关者参与公司管理模式的演化过程进行了研究,研究结果表明,企业管理模式的演化与企业最初始的管理模式中管理者的比例有较大关系,在一定程度上这种管理者比例及其管理模式决定了博弈方收益的大小。

在生产管理方面,孙璐等(2001)在企业生产管理过程中运用利益相关者理论,建立了一套生产绩效综合测评体系。

在财务管理方面,利益相关者理论也有较多应用,主要用于财务治理机制、治理体系构建等方面。

4.利益相关者理论在土地管理中的应用

贺延伟(2010)以利益相关者理论为基础,对采煤塌陷区土地复垦中的利益相关者进行了界定及分类,梳理了当地政府、煤炭企业与当地群众之间复杂的利益链条关系,并从复垦后保障、利益权重及复垦利益协调度等方面提出了利益相关者利益均衡的方法。

李天祥(2011)对房地产业利益相关者进行分类,分为直接利益相关者和间接利益相关者。直接利益相关者包括房地产开发商、购房者、商业银行,间接利益相关者包括中央政府、地方政府及其官员以及其他相关中介组织。同时对各利益相关者行为进行分析,构建其利益均衡机制。

孙华等(2014)分析了城中村改造过程中的利益相关者,提出城市政府、开发商、村集体经济组织和村民是城中村改造过程中的主要利益相关者,并构建模型进行利益均衡研究,提出"政府统筹、村民自愿、开发商参与"是城中村改造的基本模式。

可见,国内关于利益相关者理论的研究实证分析多而规范分析少,其研究主要集中在应用研究上,通过运用该理论分析现实中多方利益冲突。

四、利益均衡的国内研究进展

利益均衡理论最早应用于企业管理。黄建欢等(2011)研究了资产重组中的股东利益均衡问题,赵红(2007)分析了企业利益相关者之间的合作博弈与均衡问题,王治莹等(2013)研究了生态产业链中企业间的动态利益均衡问题。之后,利益均衡理论也逐渐被应用于社会管理、国家治理、旅游管理、体育管理、医疗管理等方面。

在土地资源管理方面,利益均衡理论也有诸多应用,主要用来解决土地征收、土地流转、土地权属管理、土地利用规划、土地整治、房地产开发以及土地可持续利用等方面的问题。

李莉(2007b)对土地征用过程中的利益均衡问题进行了研究,分析了国家、基层组织和农民这3个利益主体在土地征用过程中的相互作用及利益均衡,运用博弈论构建了"国家—基层组织委托代理模型"和"基层组织—农民讨价还价模型"。杨建顺(2013)提出土地征收中的利益均衡论,认为在土地征收过程中,只要做好事先安排、说明理由和补偿工作,注重各方利益的均衡,那么,征收、拆迁等行政目的就能较好地达到,形成双赢甚至多赢的局面。

李建东等(2013)在梳理城中村改造过程中各利益主体利益诉求的基础上,分析了利益主体之间的博弈关系,通过构建多方博弈模型,在政府角色承担、开发强度和廉租群体利益保障等方面提出了相应的解决方法和利益均衡模式。王建民等(2015)以深圳市城中村改造为案例进行了利益均衡模型构建与检验,结果表明:城中村改造并不是各方利益同时增加的过程,而是此消彼长的局面。政府可以通过影响总产出曲线或者降低交易成本,促进城中村改造中新均衡机制的形成。高冉等(2011)运用博弈理论分析了城中村改造过程中各改造主体的博弈关系,提出各改造主体的合理利益,并以保定市城中村改造为例,提出了城中村改造的应对策略。孙华等(2014)探讨了城中村改造中政府、开发商、集体经济组织和农民的利益诉求,通过构建博弈模型分析三者的利益均衡关系,认为经济效益是矛盾的焦点,规划容积率的确定是三方利益均衡的关键因素。要均衡参与改造各方的利益,实现各方的合理利益,需要加快城中村改造进程,制定科学的城中村改造政策及方案,吸引开发商积极参与改造,引导村集体和村民自觉参与改造。

温修春等(2012)利益均衡理论应用于土地流转利益分配问题的解决,他们运用博弈理论对我国农村土地间接流转过程中利益链上的利益相关者之间的利益分配及均衡问题进行了分析。分析结果表明:土地流转利益链的整体收益与其节点上所有成员的合作程度成正相关关系,即成员相互合作(不结盟)时整体收益最小,全部参与人共同合作(结盟)时收益最大;在土地流转链最优状态下,农户分配到的均衡利益最大,中介组织次之,种植企业最小;同时,在合作联盟中,各成员按股权"比例分成",公平合理,更能体现"收益共享,风险共担",但这可能会带来比"固定租金"分配方式更高的交易费用。

陈丽等(2006)把利益均衡理论运用于土地利用规划,从公共经济学的角度探讨土地利用规划中利益均衡问题的产生背景、原因及其理念。他们提出中国现行规划在土地利用主体利益均衡方面存在制度缺陷,难以解决各主体之间的利益均衡问题,这是现行规划实施难的重要原因之一。他们认为土地利用规划的本质是技术支持下的政策制定与执行过程,应树立土地利用主体的利益与责任以及利用中代际之间、人地之间的均衡观,注重土地利用的多目标协调,实现规划代内利益均衡和代际间公平的同时,保障规划的有效实施。

吴九兴等(2012)分析了两村合作过程中基于土地投入、资本投入和收益均分博弈3种模式的投资分担均衡,研究得到博弈的两个纯策略纳什均衡和一个混合策略纳什均衡。

李长健等(2006)认为,基于利益均衡的土地整理策略能实现土地资源社会经济效用优化,要实现土地资源可持续利用关键在于创设土地发展权并对其进行合理配置。

利益均衡是进行利益分配时的一种理想状态,是一种动态平衡,通过各利益主体不断地进行讨价还价来实现。解决好利益分配问题不仅能提高工作效率,节省社会资源,还能缓解甚至避免社会活动中的多重矛盾。因此,如何合理分配利益从而达到利益均衡是国内许多学者研究的重点。在研究过程中,学者们多运用博弈理论构建模型,定量化地分析利益均衡的实现路径,进一步增强了利益均衡理论的科学性。

五、制度变迁的国内研究进展

20世纪90年代以来,中国经济学界开始引入国外新制度经济学的基本原理,对制度变迁理论进行分析,并结合中国的实践经验,对西方的制度变迁理论进行修正,制度变迁理论既被广泛应用于宏观管理制度研究,包括政府行为、政治制度、经济制度等,也为微观管理制度演变提供理论指导。

近年来,国内学者运用制度变迁理论对我国土地制度变迁进行了大量的理论分析。从研究对象上来看,包括城市土地制度和农村土地制度变迁研究。从研究内容来看,主要涉及土地产权制度变迁动因、变迁主体行为、变迁路径、变迁模式等方面。

就土地产权制度变迁的动因,朱有志等(1997)认为人地矛盾是推动农地制度变迁的基本动力。钱忠好(1999)认为我国农村土地制度历史变迁具有典型的路径依赖特性,是利益诱致的结果。刘刚等(2008)、邓大才(2000)从公平与效率的角度对我国农村土地产权制度的历史变迁过程进行了分析。刘守英(2000)认为农地制度变迁主要受到不同层级利益分配的影响和约束,包括国家利益、集体利益以及集体内部对土地权利和义务的公平再分配等。有些学者从农村人口数量和结构变动、农村剩余劳动力转移、中国家庭农场的产生等单变量视角研究农村土地产权制度变迁的动因;有些学者认为,农村中长期约定俗成的各种民间俗例等非正式制度是产权制度变迁的动因。姚洋(2000)认为由于农地产权个人化程度不同,导致农地产权制度变迁并出现差异。陈志刚等(2003)认为,改革开放以来,中国农村的不同地区土地产权制度变迁的特征各不相同,是因为在不同地区人们对农地产权的需求有差异造成的。

就农地产权制度变迁主体的行为,青木昌彦(1997)认为,制度变迁何时发生、能否继续进行等取决于制度变迁涉及的经济当事人之间的成本—收益对比状况。由于不同参与主体的利益结构具有差异性,有不同利益诉求、不同偏好和不同政治力量的制度创新主体就会达成合作关系,组织起来,形成同盟即所谓的利益集团。制度创新的路径和维度就取决于利益集团之间利益的耦合程度及其力量对比。车裕斌等(2004)将中国农地产权制度变迁的利益集团分为政治家和官僚、农村基层管理者、私人产权要求者三类。李亚成等(2008)在分析了我国农地产权制度变迁中农户与村组织的博弈过程后提出,如果农地产权制度安排与农民偏好一致就会产生较高的制度绩效,在农民进行农地产权制度改革时,村组织作为既得利益者会成为主要的阻碍力量。周其仁(2000)分析了国家与农民相互间农地产权制度的博弈互动,指出国家的意志而非农民的选择对土地制度的变迁起决定性作用。薄伟康(1999)的实证研究表明,在政策变迁过程中,农民的要求和需求对政策变迁有极其重要的作用。龚启圣等(1998)对中国农村的实证研究表明,土地调整是农户集体决策的结果。田平(2008)研究了农地产权制度变迁过程中的地方政府行为,结果表明地方政府对特定时期主导利益集团确立的农地产权制度的实现具有明显的推动作用。

就我国土地产权制度变迁路径,王西玉(1998)、覃美英等(2007)分析了我国改革开放后以农村家庭承包经营为主要特征的土地制度变迁过程。兰虹等(2002)、黄晓峰等(2007)指出我国农村家庭联产承包责任制的产生、演进过程及未来演进方向是路径依赖的结果。贾雪池等(2008)认为,我国农地产权制度变迁属于诱致性制度变迁,是自下而上产生的。黄丽萍(2007)认为,在我国农地产权制度变迁的路径依赖作用下,将不断强化农地使用权,促进使用权连片流转。杨德才(2002)在考察分析了中华人民共和国成立以来农地制度变迁历史后指出,我国农村家庭联产承包责任制属于诱致性制度变迁,其绩效明显优于强制性制度变迁。魏倩(2002)认为由于诱致性制度变迁存在一定的局限性,农村土地产权制度的进一步改革必须以新的强制性制度变迁来推动。车明诚(2002)、宁建华(2008)、杜威漩(2009)分析了农地产权制度变迁由均衡到非均衡再到新的均衡的动态过程,从制度内在矛盾运动的角度研究了制度变迁路径。理论界普遍认为,我国农村土地家庭联产承包责任制在历史一定时期内实现了制度均衡,取得了很好的绩效,但随着我国社会经济不断发展,农村土地家庭承包制日益暴露出诸多缺陷,农地产权制度已处于非均衡状态,推进农地产权制度改革是促进农村进一步发展的重要举措,构建权属边界清晰、土地流转规范的农地产权制度势在必行。此外,理论界普遍认为,全面推进城乡一体化改革,加快城乡土地市场一体化进程,实现农民集体土地与城市国有土地"同地、同价、同权"是解决新时期"三农"问题的根本出路。石晓平等(2005)认为,政府提供的制度规则与激励促进了土地市场的发育和繁荣,政府应进一步在明晰土地产权、培育市场竞争主体、维护市场竞争秩序等方面发挥积极的作用。钱忠好等(2007)认为,目前,我国被分割的土地市场结构,暗含着市场效率的损失。为了减少效率损失,需加快法律制度建设,及早改变土地市场的分割状态,进行土地市场整合,实现统一的、规范化的城乡非农建设用地市场。

就我国土地产权制度变迁模式,骆友生等(1995)系统分析了家庭承包责任制后的农地制度创新,包括规模经营、两田制、四荒使用权拍卖和股份合作制等。罗士喜(2008)提出土地承包经营制度的4种创新模式:资产量化模式、私有化、土地74股份制和永佃权模式。周诚(2000)、蒋占峰(2002)、钱忠好等(2006)、张笑寒(2008)等都对土地股份合作制进行了分析,认为股份合作制是继家庭联产承包责任制后农地产权制度最具根本性意义的创新形式。张红宇(2005)提出强化农民的土地承包权益是我国未来农地产权制度变迁的基本方向,要在国家、社区和农民等权利主体之间形成清晰而有保障的产权边界。

可见,我国学者对于土地制度变迁的研究内容较全面,对现阶段我国农村土地产权制度变迁的必要性基本达成了共识,认为强化我国土地承包经营权、建立城乡统一的非农建设用地市场等是我国未来农村土地制度改革的重要内容。

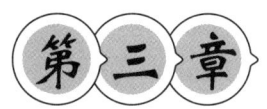

理论基础

本章首先界定了研究中涉及的主要概念,然后对研究中应用到的相关理论进行了阐述,包括系统控制理论、人地协调理论、资源最优配置理论、规模经营与生产效率理论、成本收益理论、利益相关者理论、制度变迁、产权理论等。

第一节 相关概念界定

一、压煤村庄

压煤村庄是指在煤矿井田范围内,在一定的经济技术条件下,农村居住用地下压覆大量煤炭资源,并影响煤炭开采的村庄。

二、村庄压煤山丘区

村庄压煤山丘区的概念源自2014年国土资源部公益性行业科研专项经费项目"北方村庄压煤山丘区土地综合整治技术研究",它是指我国北方部分处于低山丘陵地带的煤炭资源型城市,聚集了大量人口,既是当地重要的粮食产地,又是国家煤炭生产基地,功能上相互重合的在空间上连续分布的多个村庄密集构成的区域。

广义上,村庄压煤山丘区也代表存在于压煤山丘区的农村居民点、城镇、农用地和水域等不同土地利用类型组成的人类经营活动的综合环境。

三、土地综合整治

本书所指的土地综合整治,是以区域土地资源利用为核心,对北方村庄压煤山丘区进行区域性治理,包括山、水、田、林、路、村各要素相互协调的综合性整治。从空间上来看,涉及北方村庄压煤山丘区集中连片的人口密集区,具有很强的区域性;从整治对象来看,既包括广义的土地,也包括资本、劳动、技术等生产要素,涉及产业、社会经济发展、生态环境等重大问题,是一项复杂的系统工程,具有很强的系统性;从内容上来看,村庄压煤山丘区土地综合整治包括土地利用、开发、保护、治理、法规、规划、管理等诸多方面,具有复杂性;从过程上来看,包括煤炭开采—村庄搬迁—新型城镇化—生态文明协调建设等过程,具有很强的综合性。

四、土地适度规模经营

规模经营是经济学理论中的重要概念之一,它属于生产力的范畴,与规模经济、规模报酬(也被称为规模收益)等概念有紧密联系。规模经营指的是各种生产要素以一定规模按一定比例组合后进行的经营。对规模经营的研究主要关注经济活动中各生产要素在不同比例和不同组合方式下获得的经济效益情况,即不同经济活动规模的变化所引致的收益变化情况,这被称为规模报酬。规模报酬的变化有规模经济和规模不经济两种情况。

土地规模经营指在一定的生产力水平下,从以家庭经营为核心的小农经营模式向多种形式的规模经营转变,通过扩大土地经营规模,配套多元化农业社会服务体系,以实现最佳的规模经营效益的相关活动。土地规模经营首先以经营单位投入一定规模的土地数量为前提和基础,然后结合土地规模的大小,集合并配置劳动力、资金和等农业生产要素,在改善生态环境,在促进农村社会发展的基础上达到农业生产的经济效益最大化。土地经营规模由小到大,农产品生产的单位成本曲线呈"U"形轨道变化,先下降,下降到一定程度后,开始上升。土地规模经营强调以最适宜的土地面积进行耕种,也就是说,土地规模经营包含了"适度"的概念,土地经营规模并非越大越好,规模的大小受到农业技术水平和其他各生产要素配合比例等多种因素的限制。对于不同地区,土地规模经营的程度不同,农村生产形式、种植习惯、土地数量也不同。如我国的东北地区地势平坦,农民耕种的土地相对较多,农民家中的土地都是以公顷为单位,最多的可种植几百亩土地。而在西南地区,受地理环境限制,耕地较分散,一些地区土地经营规模仅有几十亩。

本书的土地适度规模经营是指在一定的技术经济条件和农业社会服务体系的情况下,以家庭为单位,专业从事农业生产,为了能获得最大的经济效益以及土地经营最适宜的规模。

第二节 系统控制理论

1924—1928年,著名生物学家、一般系统论创始人贝塔朗菲提出系统论的重要思想。系统论的中心是每一个系统不是孤立的存在,它是一个整体,要统筹全局去分析、研究问题。系统论通过分析客观事物和主观现象之间的区别和联系,向人们揭示了事物的共同本质和固有规律。系统不是一成不变的,不是静止不动的,它时刻都在发生着变化,要从发展的视角去看待系统。

村庄压煤山丘区土地综合整治,不仅涉及土地资源这一自然经济综合体,更包括资本、劳动、技术等生产要素;不仅关注土地资源整治,更强调山、水、田、林、路、村等要素的相互协调,是对整个系统进行全局性的整治。因此,必须从系统的角度出发,对各子系统及其内部要素之间的相互关系进行整体性的和全局性的分析,统筹兼顾,才能科学分析研究区农业生产和工业发展之间的矛盾问题,为合理解决问题提供依据。

第三节 人地协调理论

人地关系是多个学科共同关注的具有综合性的论题之一。不同的学科从不同的角度以不同的科学背景探讨人地关系。哲学上,人地协调的理论很早就被关注,其思想可追溯到古希腊思想家柏拉图提出的理想城邦适度人口论。他认为,由于理想城邦土地具有位置相对固定性及土地面积有限性,土地在一定程度上限制其人口数量,因此必须与土地数量相对应。这一思想为后来的思想家们所接受并传承。在地理学上,人地关系是该学科研究的核心问题之一。西方近代地理学不仅开始关注地理环境演变与分布规律,而且还开始研究人地关系的内在规律,甚至将人地关系与地域系统有机结合起来,作为地理学的研究核心。地理学者们明确提出,人地关系具有广阔而丰富的内涵和意义,地理学所能研究的只是其部分方面的问题和内容。在经济学上,人地关系也是经典命题之一,从重商主义时代的波特罗到古典经济学派,许多经济学专家与学者都对人地关系的相对演变作了系统论述。

同时,人地关系也是土地科学的重要研究对象。土地科学综合应用了多种学科的理论、方法和技术,具有多学科交叉的特性。人地关系既涉及人口增长、资源耗竭、环境恶化、经济发展受阻等人口、资源、环境问题和社会经济可持续发展等宏观社会经济问题,也包含人口数量与土地数量的协调等问题,运用土地科学综合性的理论来研究该课题,具有独特的优越性。

目前,在认识上,关于人地关系这一研究对象可划分为3个层次:一是人与土地层面的人地关系。早期,人们对人与土地关系的认识主要是人与土地的对应关系,其度量指标是人地比例;随着人类认识论的转变,人们对人与土地的关系的认识上升到人要适应土地资源,其度量指标是土地人口承载力。二是人与自然环境层面的人地关系,是对人地关系认识的进一步深化。三是人与自然环境和社会环境层面的人地关系,这一层面的人地关系不仅包括人与土地、人与自然的关系,还包括人与人、人与社会的关系。

在土地科学研究中,人地关系主要研究人类在利用土地和占用土地过程中人与地之间、人与人之间的各种关系产生、运动、发展的规律及关系协调问题,主要包括两层意思:一是人们在对土地这种自然资源进行利用的过程中,根据其自然规律、经济规律,能动地协调土地利用过程中的人地关系,合理组织土地利用,从而实现土地优化利用和可持续利用;二是在社会经济活动中,人们把土地视为资产,在一定的制度下,按照公平与效率的原则,通过对土地这种资产的合理分配,能动地协调土地占有中人与人之间的关系。

在村庄压煤山丘区土地综合整治过程中,土地既是资源,又是资产。对于当地农民来说,农用地是他们重要的、赖以生存的资源,居住用地是他们重要的资产;对于煤炭企业来说,土地是资财的来源。因此,各主体在土地占有和利用中产生了多重人与土地、人与人的复杂的关系,能否理顺这些错综复杂的关系,协调人地关系,是土地综合整治成败的关键问题之一。需要从多个方面研究该区域人与土地的关系,以人地协调理论为依据,以解决土地占有和利用过程中的矛盾与冲突。

第四节 资源最优配置理论

资源配置理论在经济学的相关研究中占有重要位置。资源配置与资源稀缺理论密不可分:由于资源的自然有限性带来经济学上的稀缺性,使得资源配置成为必然;而资源的多用途性为实现资源配置提供了基础。古典经济学家对资源配置理论的研究开始的比较早。亚当·斯密早在1776年就提出通过市场来对稀缺资源进行配置是成效最好的方式,并对其配置方式进行了细致研究。新古典经济学在深入研究资源配置理论的基础上,进一步升级和提升了资源配置理论,认为只有在完全竞争的市场环境下,才能实现资源最优化配置,帕累托进而提出了"帕累托最优"或称"帕累托效率",它是资源配置的一种理想状态,在这种资源配置的状态下,资源效率最优,所有人的福利组合最佳。如果要改变一个人的境况,比如使某个人的福利增加,必然会使得另外一个人的福利减少。由于资源的自然有限性带来稀缺性,资源投入到某一种用途的数量增加必然导致投入到其他用途的数量减少,而资源投入不同则用途效率不同,为了实现效率最优,必须对资源进行优化配置。资源优化配置是解决稀缺资源竞争性使用的关键,并且伴随着人类社会不断发展进步。

土地作为最重要的生产要素,是人类生存与发展必不可少的资源,其稀缺性不断增强,这就要求土地资源的使用必须遵循最优配置的路径。土地资源优化配置,一方面包括在不同产业间的或不同用途上的配置,另一方面包括在不同空间上的配置。

在本书研究区范围内,农业种植、煤炭开采、农民居住等多种土地利用方式高度集中,多种用途之间产生了强烈的争地矛盾。为实现效率最优,需运用资源优化配置理论指导土地资源在不同用途间的配置。研究区土地综合整治的目标不仅包括经济效益目标,还要实现农村剩余劳动力充分就业、搬迁农民安置补偿、采煤破坏土地复垦与生态恢复和重建等一系列社会效益、生态效益目标,所以在土地资源配置过程中,效率最优不仅要考虑经济效益,还要兼顾社会效益与生态效益。

第五节 规模经营与生产效率理论

规模经营是由小规模生产转变为大规模生产,减少人力、物力、财力等涉及产品生产的平均成本,增加经济效益。寻求并实现适度规模经营是规模经营的目标。适度规模经营是在一定社会经济条件和一定环境条件下,通过合理组合土地资源、人力资源、科学技术、管理方式、信息资源等各相关生产要素,通过优化资源配置,全面提高运行效率,取得最佳的经济效益。适度规模经营的研究和发展是以规模经济理论为基础,它强调"适度",也就是说,经营规模并不是越大越好,而是要适合生产力发展水平、适合社会经济条件、适合社会环境。

规模经济是经济学研究的课题之一,在生产和经营的过程中,随着投入的人工、土地等生产要素持续加大,产出的价值也会持续增加并比生产要素的投入要大。它是指当生产经营主体等比例增加所投入的各生产要素时,产出的增加值会大于投入增加值的情况,也就是通过规模化的生产,可不断提高经济效益,体现了生产中各要素的聚集量和产品利润两者的关联。就多数情况而言,规模化与产品利润的提高成正比,但这种随规模扩大实现经济效益的增加是有限的。当生产规模超过一定的限度,经济效益将不再增加,甚至开始逐步下降。在新古典经济学中,一般用边际产出来分析规模经济。边际产出是指每增加一单位的农业生产资源要素所带来的农产品的产出或产量的增加程度。每个生产单位的生产规模有差异,带来的报酬也千差万别。生产规模是有固定规律的,不能将规模生产理解为无界限的投入,规模化生产需要很多因素相互配合,在一定的时期、环境和条件等因素制约下,符合规律的情况下高投入可以带来高产出,但当各生产要素的配合已到极限,再扩大规模不仅不会出现规模报酬递增反而会进入规模报酬递减的阶段,生产经营从规模经济状态转为规模不经济状态。这说明经营规模不是越大越好,而是有一个适度的问题。寻找规模经济和规模不经济之间的规律即适度规模是规模经营的目标。一般来说,规模经济寻求生产成本与经营利益两者差额较大的经营规模。

在农业生产中,适度规模经营相对于小农经济而言,是指通过扩大农业生产规模,增加农业生产过程中对土地、劳动力、资本等生产要素的投入,以减少标准农产品的生产和管理投入,获得较高的经济价值。在市场经济条件下,微观经济主体基于对利润最大化目标的追求,在充分认识到农业生产规模效益时,会通过提高农产品生产和经营的规模,以提升生产效率,同时优化资源配置,带来更多经济利益。农业规模经营是一个较为综合的概念,可分为多要素的集约规模和单要素规模,本书主要研究单要素规模中农业土地经营的规模,它主要指单户农民拥有的土地具体面积。土地规模经营是指通过扩大土地面积,实现农产品平均生产成本下降,提高农业产出。它要求土地经营规模与当地当时的科学技术发展水平以及社会经济发展规模和水平相适应,通过科学配置土地、人力、物力、财力和科技所占比重,实现经济效益、技术效益和劳动效益的最佳结合。

农业生产同其他行业一样,也必须坚持适度规模化生产的原则和方向。《中国大百科全书:农业卷》中对农地适度规模经营的定义为:适度扩大农业经营单位的规模使生产要素的组合趋向优化,以获取较高的经济效益,通过科学合并散乱、分片的土地,加大科技和资金的投入力度,使土地具备相应规模,实现经济效益最大化的目标。

在我国当前社会主义市场经济条件下,在现有的技术水平下,根据生产力规律,农业土地经营规模的适度与否,主要以从事农业生产与从事其他产业人员之间的收益差距来判断。农业土地适度规模所表示的土地经营面积应至少可以保证农业生产者从事农业实现的收入达到当地农村社会人均收入水平。以此为标准,各地的农业适度规模大相径庭。例如,日本的农业经营规模是小型农场,而美国的模式是大农场经营模式。可见,农业适度规模经营的"适度"需因地制宜,需与各地实际情况相结合。在具体规模化农业生产经营活动中,"适度"会随着多种因素而不断地变化,是一个可变性非常强的概念,它受科学技术、气候环境、农民素质等诸多因素的影响。

本书对北方村庄压煤山丘区土地综合整治进行研究,其重要内容之一就是确定符合当地情况的土地适度经营规模并寻求其实现模式和路径,为区域土地综合整治提供理论依据,为实现我国现代农业的发展奠定基础。因此,本书应用规模经营的理论,采取一系列分析方法,通过比较得出适应生产力发展水平、适应当地实际的最佳适度规模,并分析其实现路径。

第六节 成本收益理论

成本收益分析是指对方案或项目需要的所有社会成本和可能得到的收益采用统一的货币单位进行计量,通过对成本和收益量的对比分析,权衡得失。成本收益分析包括成本和收益两方面的指标,成本是指在生产过程中产生的各种费用,收益是指产品销售后的所有收益。可以在固定与非固定的前提和条件下对成本和收益进行分析。

村庄压煤山丘区土地综合整治可以看作是一个经济过程。在此过程中,当地政府、采煤企业、农民等主体都投入了各种成本,以期获得一定的收益。而各主体为了实现其收益,必然展开博弈,其博弈的基础就是对于成本收益的比较,博弈的结果基于满意的成本收益率。因此,利益均衡分析的基础是成本收益分析。只有通过成本收益综合分析,确定项目投入及可能的预期收益,才可能最大限度地发挥投入资金的效益,最终实现效益最大化。

第七节 利益相关者理论

利益相关者理论是在企业平衡各类利益相关者之间冲突的过程中产生的。1984年,弗里曼(Freeman)在《战略管理:一种利益相关者的方法》中对利益相关者进行了明确定义,认为利益相关者是指:"那些能够影响组织目标实现的人,或者自身受组织目标实现所影响的人。"这一定义从利益相关者与组织目标的关系的角度界定利益相关者,具有典型的代表性。此外,他从所有权、社会利益、经济依赖性3个角度对利益相关者进行了分类,极大地推动了利益相关者理论的发展。但这种界定过于宽泛,因此很难运用到现实中。之后,研究者们越来越意识到利益相关者的参与和支持对企业生存发展的重要意义,越来越多的学者开始从不同的角度定义利益相关者。

20世纪90年代以来,国内学者也陆续展开对于利益相关者的研究。杨瑞龙等(1998)从两个层级界定企业的利益相关者:第一层次是供应商、顾客等主体,他们与企业有正式契约关系;第二层级是社会公众、各社会组织等虽没有与企业形成正式契约关系但也会在一定程度上影响企业发展的所有其他利益相关者。李心合(2001a)基于可持续发展理论指出,上述概念仅仅考虑了人类社会的利益相关者,且仅考虑了当代人。事实上,企业的生产活动还会影响到人类以外的其他种群,对客观的生态环境产生影响,而且这种影响可能是长期的,甚至会对后代人产生影响。这一观点从时间和空间上拓宽了利益相关者的定义和研究范畴,是利益相关者的广义解释。20世纪90年代中期以后,人们越来越认识到不同利益相关者对企业的影响程度不同,而不同企业对利益相关者的影响也有差异,于是学者们开始运用多种方法从多个维度区分和界定利益相关者,不断丰富和完善利益相关者理论。多维细分法是其中较为常用的分析方法。

关于利益相关者的理论源于企业管理。随着该理论的不断发展,其应用领域不断拓宽。目前,管理学、法学、社会学等领域也在广泛应用利益相关者理论。利益相关者理论主张通过共同目标的设立,体现各个利益相关者的利益,不仅实现个体利益,而且实现整体利益最大化。

利益相关者理论也适用于压煤村庄土地综合整治利益分配的分析。压煤村庄土地综合整治活动是由政府主导的,在整个过程中,涉及多个利益相关者,其各自的利益诉求和目标各不相同,不同利益诉求之间可能相互冲突,难以协调,需要政府制定相关政策,规范其行为和活动,并对各利益主体进行引导、监督和管理。这些特点与企业对其利益相关者进行管理有很大的类似性。随着利益相关者理论的发展与完善,该理论已逐渐成为关于组织活动管理较成熟的理论,且已广泛运用于政府与公共管理决策等多个领域。运用利益相关者理论,能准确找出各利益主体,并厘清不同参与者相互之间的制约机制,找出主要矛盾和次要矛盾,能更好地分析区域土地综合整治过程中错综复杂的利益关系,确定各主体的利益诉求,然后,在此基础上展开利益均衡分析,有助于各主体达成合作,既好又快地完成土地综合整治工作,释放压煤资源,实现共同利益最大化。

第八节 制度变迁理论

一、制度的定义及分类

制度主要用于规范人与人、人与社会、人与自然等之间关系。制度在经济学领域的定义不尽相同,康芒斯和舒尔茨、诺思等分别代表不同经济学派。康芒斯为制度经济学做出了较大贡献,他认为制度是集体行动控制个体行动。法律制度是集体行动中最为重要的制度。法律制度较经济制度出现的更早,对经济制度的研究和发展起到重要作用。舒尔茨认为制度是行为规则,涉及人与人、人与社会、人与政治、人与环境等诸多行为。

而新制度经济学派的诺思对制度定义进行了进一步的总结和梳理,提出制度是道德伦理规范,它重点体现了约束这一能力。在《制度、制度变迁与经济绩效》一书中,他还将制度解释为游戏规则,是一种制约。

由此可见,制度经济学派和新制度经济学派都认为,制度是一系列规则,是对人们行为的制约。其中,诺思对制度的定义最规范,被学术界广泛认可和接受。

各个学派的学者们按照不同的标准对制度进行了统一分类。戴维思等在《制度变迁的理论:概念与原因》一文中将制度分为制度环境和制度安排:"制度环境,是一系列用来生产、交换与分配基础的基本的政治、社会和法律基础规则";"一项制度安排,是支配经济单位之间可能合作与竞争的方式的一种安排,制度安排可能最接近于'制度'一词的最通常使用的含义了。安排可能是正规的,也可能是非正规的,它可能是暂时性的,也可能是长命的"。同时他还提出了制度包括非正规约束和正规约束及实施机制。戴维思对制度的划分为学界所普遍接受。

从制度的起源来看,制度又可以分为内在制度和外在制度。

诺斯在《制度、制度变迁与经济绩效》一书中认为,内在制度是"人们在长期交往中无意识形成的,具有持久的生命力,并构成代代相传的文化的一部分",也称为内在规则、非正式规则。内在制度是人类社会各种活动有序进行的基础,它决定了经济发展过程中的"路径依赖"。也就是说,一个国家或者一个民族的风俗习惯、文化传统和价值观念等影响甚至决定着其发展模式。简单地说,就是"过去对现在的影响"。

外在制度是人们在社会中通过主观认知建立并通过各种方式确保实施的计划,又称正式规则或正式制度。外在制度可以人为设计也可以自发起源。正式规则是人们集体理性选择的结果,它以制度、规则、法律条文等正式的方式确定。

正式与非正式规则之间有着明确的临界点,其区别主要包括以下几点。第一,表现的形式不同。非正式规则的表现是无形的,它在人们的意识形态之中普遍存在,以风俗习惯、价值观念和道德风尚等方式表现出来,通过舆论、口谕等方式相互传递,世代传承。它无需记载,无需人员和部门等来实施。而正式规则都有固有的形态,并严格按规定实施。第二,实施的机制不同。非正式制度依靠内心的自省和自觉,通过人们的自我心理约束来实施,而正式制度具有外在的强制约束机制,依靠外界的压力来实施。第三,形成及演变的过程不同。非正式规则的形成需要较长时间,个别甚至是历史长期发展所形成,而正式规则一经形成,稳定性较强,其变化和演进则具有相对缓慢的、渐进的特点。建立正式规则需要时间较短,有时一道命令、一个决定就能建立一项正式规则,可以在较短的时间内以激进方式完成的变迁。

通过正式程序产生的正式规则比非正式规则具有更显著的优越性:第一,有明确清晰的表达,因此易于理解,有利于人们节约信息成本;第二,在操作中可避免随意性,能规范人们的行为;第三,防止"搭便车"行为;第四,有利于高效执法;第五,支持合作行动,可化解"囚徒困境"。

二、制度变迁

戴维斯和诺思最早开始系统研究并阐述制度变迁理论后,拉坦、林毅夫和青木昌彦等学者发展了制度变迁理论。诺思引入制度理论对美国经济史进行了研究,在另一视角解释了美国在历史上一些比较令人困惑的经济现象。然后在相应研究中,他通过进一步完善从前的制度研究理论,成就了全面、系统的"制度变迁理论"这一研究成果。

1. 制度变迁的定义与方式

诺思、拉坦和青木昌彦等相继对制度变迁提出了具有代表性的解释。诺思提出,制度从非均衡走向均衡的过程为制度变迁,也是一个以新代旧的过程。拉坦在其发表的《诱致性制度变迁理论》中对这一理论进行了明确的定义。他指出,制度创新或制度发展一词将被用于指:①一种特定组织的行为的变化;②这一组织与其环境之间相互关系的变化;③在一种组织的环境中支配行为与相互关系的规则的变化。按这一概念,制度是包括组织在内的。1998年9月,新制度经济学国际协会(ISNIE)第二届年会在巴黎召开,青木昌彦提交了一篇题为《沿着均衡点演进的制度变迁》的论文,他提出了制度演进的模型并认为制度变迁是制度内生变量博弈的一个过程(图3-1)。

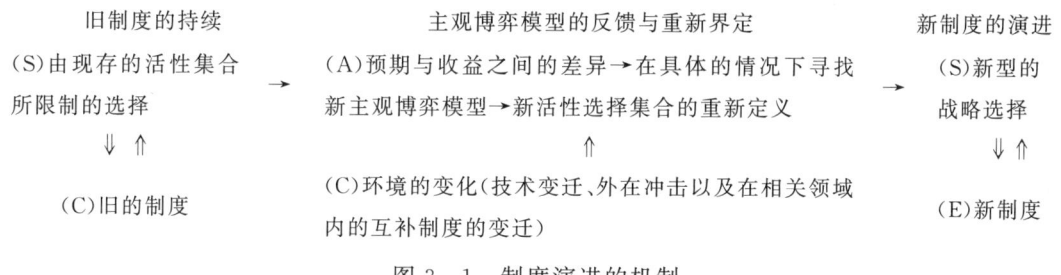

图3-1 制度演进的机制

在《制度变迁的理论:概念与原因》一文中,戴维斯等提出:"安排如果是一种政府形式,它将直接包括政府的强制权力;如果它是一种自愿形式,它可能是现有产权结构的强制权利的基础";"至于制度安排的形式,从纯粹自愿的形式到完全由政府控制和经营的形式都有可能。在两个极端之间存在着广泛的半自愿半政府结构"。文中,详细解释了强制和诱致两种制度性变迁的联系和区别。《诱致性制度变迁理论》一文中拉坦运用制度变迁模型,对诱致性制度的变迁从需求和供给两方面进行了理论探讨和研究。

林毅夫在《关于制度变迁的经济学理论:诱致性变迁与强制性变迁》的研究中,对诱致性变迁和强制性变迁的概念做出了解释,是对戴维斯和诺思理论的进一步发展。林毅夫指出:"诱致性变迁指的是一群(个)人在响应由制度不均衡引致的获利机会时所进行的自发性变迁;强制性变迁指的是由政府法令引起的变迁。"他认为,旧制度中出现了不均衡是诱致性变迁发生的一个重要原因,制度不均衡则有以下方面的原因:制度需要的调整、制度集合的调整、能力的调整、现状及其他方面的调整。其中任何一个或多个因素均会导致诱制性制度变迁的产生。他还提出,制度安排是一种公共物品,可能存在"搭便车"现象。如果制度安排仅能通过诱致性变迁建立,那么制度安排的供给量将会低于社会最优水平,造成供给不足,而强制性变迁作为诱致性变迁的必要补充,能通过国家干预在一定程度上弥补这种不足。

2. 路径依赖分析范式

制度变迁的路径依赖是指一旦制度变迁以某一路径开始,就会像有"惯性"一样,不断沿这一路径演化,产生较强的依赖性,极有可能出现沿着既定方向不断强化的这种强大路径依赖现象。制度变迁中路径依赖发挥着重要的作用,如果制度变迁开端于良好的起点,制度就会在路径依赖力量中向更强、更好的方向持续发展,效率就会不断提升;否则,开端于较差的起点,就会出现效率不断降低直至无效的情况。

美国斯坦福大学教授保罗在1975年出版的著作《技术选择、创新和经济增长》中阐述了路径依赖的概念,受认知因素影响,当时并未引起足够的重视。"蝴蝶效应"(胡雨晗等,2014)由美国气象学家洛伦兹于20世纪70年代提出,主要对我们认识的世界之间的相互联系和依赖进行了理论探索,这一理论同路径依赖有相似相通之处。

美国学者亚瑟(Arthur)(1989)提出,如果在一个动态的经济系统中,不同的历史事件及其发展次序无法以100%的概率实现同一种市场结果,那么这个经济系统就是路径依赖的。用数学语言可以更加精确地表述为:假设动态经济过程中存在两种不同的历史事件$\{t\}$和$\{t'\}$,相应的发展路径为$\{X_n\}$和$\{X'_n\}$,如果当$n\to\infty$的时候,$|\{X'_n\}-\{X_n\}|\to 0$的概率为1,则这个经济过程是遍历性的,反之则是路径依赖的,这一概念引入概率和数学模型对路径依赖进行解释。根据这个定义,路径依赖的制度变迁受到其先天所具备能力的影响,但又不断演变。

诺思在对经济史进行分析时提出,制度变迁受到4种制约:①制度重新创立时的建设成本;②与现存的制度框架和网络外部性以及制度矩阵有关的学习效应;③通过合约与其他组织和政治团体在互补活动中的协调效应;④以制度为基础增加的合约由于持久而减少了不确定性的适应性预期。诺思认为经济史中的路径依赖与发展差距有关:各国经济发展的初始条件不同,其在经济发展中的速度不尽相同,通常情况下,发达国家的发展总是优于欠发达国家,从这个角度看经济发展的历史是路径依赖的。诺思1997年解释了后社会主义国家的经济发展情况,提出其发展的路径依赖是指在制度的框架内,可供其选择的各种发展道路被定型化的情况。

由于在现行的制度安排中会产生个别或诸多既得利益的小团体,从而为制度在进一步演进过程中出现路径依赖提供相应条件。在制度不均衡的情况下,潜在收益的可能性会出现在现行制度安排中,维持现行的制度安排成为既得利益集团维护的目标。而想要打破既得利益的格局,就要求制度创新主体出现,但创新的成本极其高昂。制度创新可以沿着原有的制度变迁路径和既定方向前进,这样可以节约制度创新成本,同时也更容易被接受,保证制度创新的实现。如果强行对原有的一些制度安排进行彻底的、全方位的革新,则守旧派和革新派必定会产生碰撞,这种碰撞必定会影响和制约革新的成果。

本书对北方村庄压煤山丘区土地综合整治管理机制进行研究,包括农地适度规模经营、资源环境管理、制度变迁分析等具体内容,目的是完善土地综合整治管理机制,为我国农村土地制度创新提供依据和参考。应用制度变迁理论对我国农村土地制度的长期演变过程作系统分析,研究不同阶段我国农村土地制度变迁的背景、矛盾问题、制度变迁逻辑,制度变迁绩效和缺陷等,寻找其独特的初始禀赋条件和发展轨迹,为构建具有较低的制度创新成本并能被各方接受的土地制度创新模式奠定了基础。

第九节 产权理论

产权理论的起源存在很多种说法,一般认为,在人类社会发展的过程中,由于剩余物品的出现而导致产权的产生。马克思认为,私有产权是在公有产权的基础上发展起来的,而公有产权是人类社会最早的产权关系,在人类早期就"自然形成"原始公有产权。新制度经济学派的有些学者则认为,产权就是指私有产权,因此他们着重考察私有产权的起源。比较具有代表性的有迪蒙塞尔的交易费用节约说,诺思、托马斯的人口增长说,德姆塞茨(Demsetz)的商业活动增加—资源稀缺说。

诺思在《经济史中的结构与变革》中将制度变迁理论的架构概括为:产权理论、国家理论和意识形态理论。本书之所以将产权理论单列出来进行阐述,是因为本书的研究对象——农地制度归根结底主要是土地的产权制度。在对中国土地产权制度进行历史考察与现实分析时,产权理论是必不可少的理论分析工具。

一、产权的定义

德姆塞茨在《关于产权的理论》中指出:"产权包括一个人或其他人受益或受损的权利";"产权是一种社会工具,其重要性就在于事实上它们能帮助一个人形成他与其他人进行交易时的合理预期"(科斯等,2000)。诺思进一步提出:"产权本质上是一种排他性权利。"

产权表现为一种经济权利关系,是一个权利束,是一组权利的集合体。

二、产权的属性与功能

产权这一命题,主要表述了人与各种因素以资产来衡量的权属关联。它有诸多特有属性如独占性、局限性、往来性、积极性等。产权的属性进一步丰富了产权的定义。

产权的功能是产权的内在属性,它是指产权对经济运行和社会经济关系的作用。在社会经济发展过程中,人们可能会有许多关于经济关系和经济运行的目标,由于不同的产权安排或产权结构会产生不同的功能,因此可以对构成产权的权利束中的一种或多种权利进行调整或重新配置,致使它的功能遵循人类价值体系以达到其要求。制度创新其实是通过调整制度构成以创新和改善制度功能。产权有很多功能,但其重要功能为:①降低选择困难。人们在进行选择时总会面对许多不确定因素,导致决策的不完全理性,设置产权可以减少这种不确定性,从而大幅度降低人们经济交往中的交易费用。②可以将外部性内部化。外部性是单位或个人的福利受其他人所控制的社会经济活动影响的状况。共享资源和公共物品在利用过程中往往出现外部性。由于外部性的存在,导致共享资源开发利用的社会成本超过私人成本,最终带来共享资源被过度使用。解决这一问题的重要途径之一就是进行产权的重新设置或明确界定。建立明晰的产权后,外部性就被内部化,不再出现外部收益或外部成本。③产权具有激励功能。在产权明晰的情况下,经济活动主体的行为就有了效益和价值的预期,就能最大限度地调动其主动性,主动自发地向实现预期收益的方向努力。④产权具有约束功能。产权具有有限性,因此对产权主体起到一定的约束作用。它规范主体的行动方向,防止主体做出违反正确规律的行为。⑤产权具有要素规划配置功能。产权可以在生产、交易过程中进一步对各生产要素、资源要素等进行全面规划并合理配置,从而优化资源配置。

三、土地产权

土地产权是指以土地所有权为基础的一个排他性的完全权利束。马克思在《政治经济学批判》(1857—1858年手稿)中认为原始社会就有产权的意识,但大多为公有产权,以土地为代表,而新经济学派更多关注私有产权。

奥斯特罗姆(1992)指出不同产权制度产生不同土地市场化程度。市场直接左右土地价格。产权制度是土地市场化的前提和基础。

诺思(2008)提出,制度的激励功能可分为生产性激励与非生产性激励。若土地产权正确安排就能刺激农业生产从而产生高效率的生产活动;若土地产权安排为非生产方向,那么就会降低农业生产的效率。土地的稳定、安全就会引导人们从事生产,从而引领农业效率的全面提升。

德姆塞茨在研究产权理论时,特别强调土地私有产权的重要性。张五常也强调土地私有产权的重要性,认为私有产权土地资源能得到更有效的配置(科斯等,2005)。

由于产权制度是资源配置的重要手段,是实现资源优化利用的重要途径,本书在对北方村庄压煤山丘区土地综合整治的管理机制进行研究时,运用产权理论对当地农村集体土地所有权框架下的土地经营承包权、土地使用权等权利的制度安排进行系统研究,寻求适应当地生产力发展水平的产权制度创新的路径,为提高农民生产条件和生活质量,保障农民收益,实现农村集体收益,体现国家利益、社会利益,保证社会生态效益,并在一定程度上解决农民、农村、农业"三农"问题为建设社会主义新农村提供制度保障。

第四章 泽州县长河流域概况

山西省晋城市泽州县长河流域是典型的北方村庄压煤山丘区。本书选择长河流域大东沟镇、川底乡、下村镇3个乡镇47个行政村为研究范围,对研究区自然条件、社会经济状况、土地利用现状等进行分析。

第一节 自然概况

一、地理位置

研究区位于泽州县西北部,距晋城市区23km。北与下村镇相接,南与周村镇相连,西与沁水县相邻,东与南村镇、城区西上庄街道相依。地理坐标处于东经112.40°—112.44°,北纬35.3°—35.7°,全区东西宽约13km,南北长约15km,总面积113km²。

二、地形地貌

研究区地形呈两山夹一沟之势,东部与西部为山地、丘陵区,中间是由长河冲积而成的河川谷地,地势平坦。整个研究区地势西高东低,北高南低,境内地形复杂,沟谷纵横,绵延不断。山梁呈波浪式,山坡为阶梯状,沟底狭窄,多呈"V"形。研究区以低山地貌和丘陵地貌为主。其中山地面积约52.35km²,占全区面积的46.25%,主要分布在研究区的西部与东南角;丘陵面积分布广泛,面积约为60.84km²,占全区总面积的53.75%,主要分布于水系的两侧,由东北向西南方向呈树枝状发育,下切特征明显。全区境内海拔最高1193m,最低575m,平均海拔为884m。研究区DEM分布如图4-1所示。

三、气候

研究区属温带大陆性季风气候区,主要特征是冬长夏短,四季分明,季风强盛,雨热同季。春季多干旱多风,夏季多燥热多雨,秋季温凉气爽,冬季则寒冷干燥。年平均气温10.9℃,年平均气压93.1kPa,年平均相对湿度63%,无霜期为160~170d。从晋城市泽

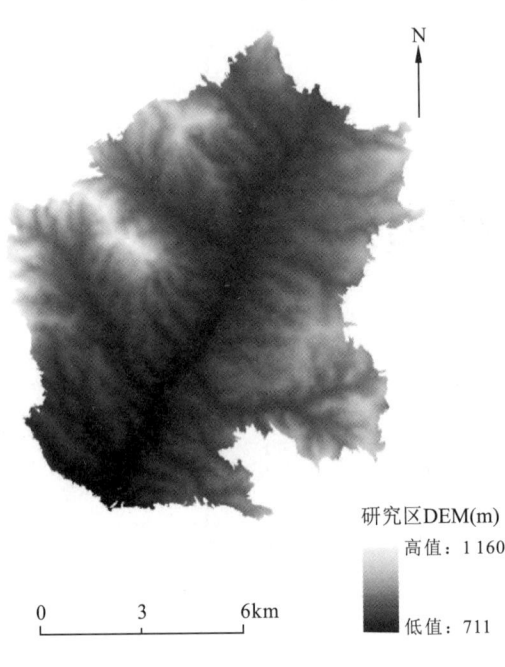

图 4-1 研究区 DEM 空间分布图

州县长河流域气象站近些年的观测记录数据来看,年平均降水量为 628.3mm,年内分配不均匀,降雨主要集中在夏季的 7 月和 8 月,降雨量占总降雨量的 60%;季节性变化显著且年际变化也比较大,其中最少年降雨量约为 295.9mm,最大则约为 1 010.4mm。年平均蒸发量 1 735.9mm,多年平均日照时数为 2 393h,属于长日照区。年平均雾日数 11.9d。年主导风向明显,冬春两季因受西风环流影响,多刮西风、西北风;夏秋两季因受东风环流影响,多吹偏南风,频率为 12%,西北风频率为 10%,静风频率较高,达 35%。

四、水资源

研究区主要地表水为沁河支流——长河,发源于晋城市泽州县下村镇武圣山南麓,由北向南依次流经下村、大东沟、川底、周村、李寨 5 个乡镇,最终汇入沁河。长河全长约 20km,属季节性河流,多年平均流量 0.46m³/s,流域总面积约 113km²。长河流域境内有 8 座中小型水库,分别为常坡水库、刘村水库、沙沟水库、寺河水库、圪套水库、峪南水库、庚能水库、天户水库。

五、地质

研究区内出露地层主要有二叠系(P)和新生界上新统(N_2)、第四系(Q)。二叠系出露于西部长河一带及中低山区,岩性为砂岩、页岩及砂质泥岩,出露厚度 270~370m。上新统出露于大东沟一带边山及丘陵区,岩性为含钙质结核粉质黏土及半胶结砾岩,出露厚度3～15m。第四系出露于近代河谷及其两岸边山、丘陵、山麓地带,岩性为粉土夹粉质黏土、砂卵砾石,出露厚度5～40m。

研究区地质构造十分发育,控制性构造体系主要是新华夏系褶断带、东西向褶断带、丹河小山字型构造和华夏系构造。研究区内岩土体多为薄层夹中厚层状软弱夹坚硬泥页岩、煤层夹砂(灰)岩岩组(C),主要出露于大东沟等地。主要岩性为厚层状灰白色长石石英砂岩、灰色灰岩夹薄层状泥岩、页岩及煤层,底部为铝土岩、山西式铁矿。该岩组中的$3^{\#}$、$9^{\#}$、$15^{\#}$煤是可规模开采的煤层。

研究区内地下水类型有孔隙水、裂隙水和岩溶水。孔隙水主要分布于长河河谷和山间盆地地带,含水层厚度一般2～5m,埋深20～45m。采煤活动改变和破坏了当地的水文地质条件,含水层呈逐渐疏干趋势,一般水量贫乏,涌水量小于$100m^3/d$。裂隙水主要分布于山间盆地、长河谷地及低山丘陵区,标准井涌水量大都在100～1 000m^3/d,局部可达3 000m^3/d。研究区大部分地段均有岩溶水,长河谷地岩溶水井涌水量小于566m^3/d。

六、土壤

根据泽州县土壤调查,研究区土壤隶属褐土地带,土层深厚,土壤熟化度较高,土质偏黏,土壤肥力偏低,土壤有机质氮磷含量中等偏低,钾元素丰富,土壤呈中性到微碱性反应,土壤中锌、铁、锰等微量元素有效性低。

七、植被

研究区地域开阔,生物系统组成成分复杂,动植物资源相对丰富。农业耕作主要包括小麦、玉米、谷子、大豆等粮食作物。自然植被在900m以上多为乔木与灌木杂草类,树种以油松、云杉、白桦、杨、柳为主,灌木主要有酸枣、荆条、杠柳、野豌豆、苦参、远志、白羊草等;900m以下区域白头翁、雀麦、多花胡枝子、蒿类等生长较多,经济林有苹果、梨、桃、杏等。药用植物分布较广,主要有黄芪、党参、柴胡、连翘、山茱萸等。

八、矿产资源

境内矿产资源丰富,以煤炭资源为主,其他依次有铁矿、铝土矿、硫铁矿、石灰岩、水晶、白云岩、萤石及铅锌矿等。煤炭分布广泛,主要分布在长河河岸的西部;铁矿石分布较为零散,主要分布在中街、贺坡等地;石灰石主要分布在长和东部山区的岭头、岭南、马村等地(图4-2)。

图 4-2 泽州县长河流域实地调研照片

第二节 社会经济概况

研究区总面积 113km²,共涉及泽州县 3 个乡镇 47 个行政村,其中包括大东沟镇 23 个行政村、川底乡 17 个行政村以及下村镇 7 个行政村。

根据泽州县统计年鉴,2012 年,研究区总人口为 52 868 人,其中涉及到下村镇 9 459 人,大东沟镇 26 046 人,川底乡 17 363 人;18~60 岁的劳动年龄人口约占 64%。

研究区交通发达,以公路、铁路为主干线的交通路网体系已初步形成。境内(过境)高速公路有二广高速、晋新高速、晋阳高速、晋城环城高速等,共 134km;一级公路 35km、二级公路 97km、三级公路 512km。从公路行政等级来看,境内共有国道 3 条 147km、省道 5 条 156km、县道 10 条 204km、乡道 124 条 986km、村道 533 条 868km。区内 47 个行政村均已实现"村村通"。

2012 年,全区实现年总收入 29.57 亿元,其中,三大产业收入分别占总收入的 8%、50%、42%,第二产业收入占比最高。在第二产业内部,工业收入占较大比例,是建筑业收入的 6 倍,可见工业仍然是长河流域经济发展的重要支柱性产业。

全区有煤矿企业 7 家,分别为天安海天实业有限公司(核定产量 60 万 t/a)、天安润宏煤业有限公司(核定产量 45 万 t/a)、天安盈盛煤业有限公司(核定产量 60 万 t/a)、天安岳圣山煤业有限公司(核定产量 45 万 t/a)、天泰坤达(核定产量 90 万 t/a)、天安晋瑞煤业有限公司(核定产量 90 万 t/a)、天安壁盈煤业有限公司(核定产量 45 万 t/a);地面规模以上工业、建材企业有 10 余家,川底乡主要有弘鑫精工铸业有限公司、国峰工贸有限公司、荣兴发建材有限公司、云和建材有限公司、利晨矿用支护材料有限公司和安泰矿机有限公等;农业龙头企业有 3 家,分别是马坪头小庙岭万头种猪场、晋大农牧产业有限公司和金轩农业有限公司等;规模较大的商贸服务业有 6 家,分别是本乡区域内的豪璟大酒店、金隆玉超市、和村超市,市区有天安润宏煤业有限公司的红满堂超市和小肥羊餐饮、天安盈盛煤业有限公司的盈盛园酒店、天安海天实业有限公司投资 2.5 亿元打造的五星级海天大酒店。大东沟镇地面规模以上工业、建材企业有 6 家:辛壁康盛达水泥厂、西山润达选煤厂、益工新型环保建材厂、瑞泽达新型建材有限公司、泽州县宋昌石灰厂、圣隆石灰岩矿。下村镇煤、铁等矿产资源丰富,国营、县营企业有成庄煤矿、岳南煤矿(核定产量 120 万 t/a)。

第三节 土地利用现状

按实地土地调查数据,研究区总面积 11 318.5hm^2,土地利用现状见表 4-1 和图 4-3。研究区土地利用以耕地最多,所占比例最大,为 46.62%;其次为草地,占 20.29%,但草地质量差,全部是其他草地;再次是城镇村及工矿用地,占 12.87%,其中村庄用地 1 158.67hm^2,占全区土地总面积的 10.24%,人均居住用地 219.16m^2;林地占 7.75%,以有林地居多;其他用地占 7.15%,主要是田坎;交通运输用地占 3.60%,主要是农村道路;园地最少,仅占 0.36%,主要是果园。

表 4-1 研究区土地利用现状

一级地类(代码)	二级地类(代码)	面积(hm^2)	比例(%)
耕地(01)		**5 276.75**	**46.62**
其中	水浇地(012)	420.86	7.98
	旱地(013)	4 855.89	92.02
园地(02)		**40.24**	**0.36**
其中	果园(021)	37.21	92.47
	其他园地(023)	3.03	7.53
林地(03)		**877.06**	**7.75**
其中	有林地(031)	537.72	61.31
	灌木林地(032)	157.83	18.00
	其他林地(033)	181.51	20.70
草地(04)		**2 296.43**	**20.29**

续表 4-1

一级地类(代码)	二级地类(代码)	面积(hm²)	比例(%)
其中	其他草地(043)	2 296.43	100
城镇村及工矿用地(20)		**1 456.52**	**12.87**
其中	建制镇(202)	73.72	5.06
	村庄(203)	1 158.67	79.55
	采矿用地(204)	189.69	13.02
	风景及特殊用地(205)	34.44	2.36
交通运输用地(10)		**408.05**	**3.60**
其中	铁路用地(101)	13.8	3.38
	公路用地(102)	32.06	7.86
	农村道路(104)	362.19	88.76
水域及水利设施用地(11)		**154.33**	**1.36**
其中	河流水面(111)	62.63	40.58
	水库水面(113)	53.5	34.67
	坑塘水面(114)	5.94	3.85
	内陆滩涂(116)	24.75	16.04
	沟渠(117)	2.73	1.77
	水工建筑用地(118)	4.78	3.10
其他用地(12)		**809.12**	**7.15**
其中	设施农用地(122)	28.09	3.47
	田坎(123)	720.04	88.99
	裸地(127)	60.99	7.54
合计		11 318.5	100

研究区是泽州县重要的粮食产区,耕地面积 5 276.75hm²,在各乡镇、村均有分布,其中贾泉、辛壁、北村、庚能、和村、岭头等村耕地面积较大,但受土壤类型、自身条件限制,土地肥力不高,加之采煤造成的塌陷、裂缝等问题,造成当地耕地质量差,产出率不高。

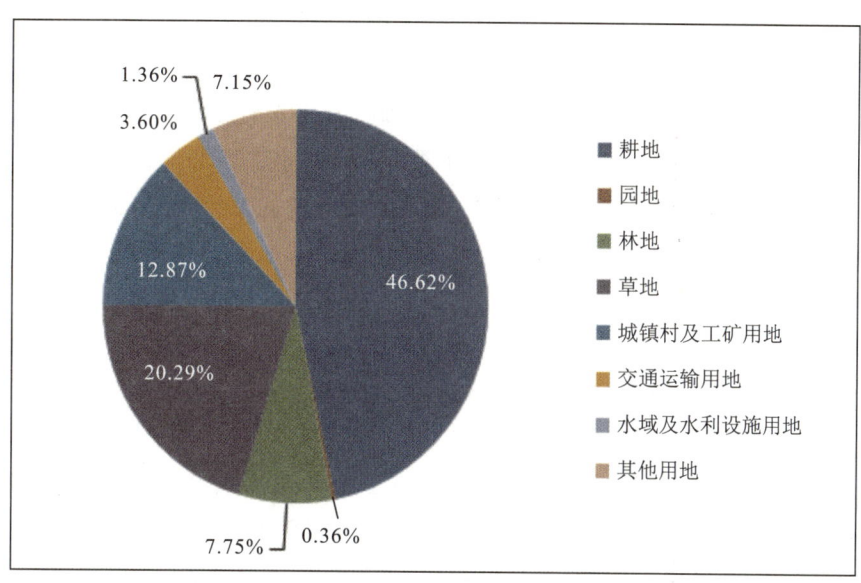

图 4-3　研究区土地利用现状结构图

第四节　土地资源特点及利用中存在的问题

一、土地资源特点

(1) 农业用地面积大,耕地数量多。研究区土地利用以农业用地为主,其中耕地数量最多,草地面积也较大。

(2) 受地形、土壤等因素限制,土壤肥力差,耕地质量不高。由于研究区地形复杂,高差大,加之土壤有机质含量不高,土壤肥力差,水土流失严重,导致耕地质量差,土地产出率不高。

(3) 草地面积大,但质量差。研究区草地面积较大,共有草地 2 296.43 hm^2,占总面积的 20.29%,但全部是其他草地,多分布在山区,质量较差,不能用于畜牧业生产。

(4) 村庄占地面积大,人均居住用地多,超过国家标准。研究区村庄面积 1 158.67 hm^2,人均居住用地面积为 219.16 m^2,超过国家标准 150 m^2,但村庄内部缺乏统一规划,布局混乱,空闲地较多,"空心村"现象严重。

二、土地利用中存在的问题

(1) 土地利用结构不合理,土地利用集约度不高。研究区土地利用结构不合理,农用地占地面积大,但产出较低;居住用地占地面积也较大。研究区地形复杂,高差大,坡度大,土地利用制约因素较多。受自然条件限制,农用地多以粗放经营为主,加之研究区煤化工发展迅速,采煤造成的土地塌陷、裂缝等现象严重,造成耕地大量破坏,带来水土流失,导致土地产出率不高;对于建设用地来说,无论是城镇还是农村,建筑密度和容积率总体较低,工矿企业用地集约利用水平差,土地利用效率也不高。

(2)生产、生活用地高度重叠,煤、地、水不协调,人地矛盾突出。研究区是当地重要的粮食生产基地,也是重要的煤炭生产基地,工业生产、农业生产和人民生活在土地利用上高度重叠,造成严重的土地破坏、水土流失、土壤污染、水资源污染等问题,严重影响人民生活。煤炭资源开采导致土地资源破坏、地下水位下降、水资源污染等,煤、地、水严重不协调,人地矛盾突出。

(3)受气候条件影响,植被覆盖度差。研究区气候干旱,且地形坡度大,在很大程度上限制了自然植被的生长,导致当地大部分地区植被覆盖度差,进一步加剧了水土流失。

(4)土地生态遭到破坏,区域生态环境污染严重。研究区域山地、丘陵面积多,在长期的社会经济发展过程中,农民对未利用土地进行了多种用途的开发,开发行为随意性大,缺乏统一规划,布局零乱,且开发利用方式粗放,导致部分地区水土流失严重,很大程度上破坏了区域土地生态环境。同时,在开发利用过程中,重用轻养,用养失调,导致耕地土壤肥力不断下降,尤其是丘陵区。在农业生产过程中,为提高产量,农民大量使用农药、化肥及覆膜等,使用方法落后,导致大气、水体、土壤甚至农作物中部分化学物质残留,成为农业生态环境污染的重要来源。由于研究区煤炭采掘业发达,在现有技术水平和制度约束条件下,煤炭开采过程中不断排放出大量废水、废气、废渣,严重污染了空气、水,造成当地环境质量差,为社会经济可持续发展带来严重阻碍。

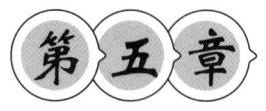

泽州县长河流域土地综合整治中的资源环境管理研究

区域土地综合整治需基于当地资源环境条件。本章对研究区资源环境承载力进行定量化研究,包括土地资源承载力、水资源承载力、矿产资源承载力、环境承载力等内容。

北方村庄压煤山丘区土地综合整治涉及的资源环境是一个自然经济综合体。资源主要是指自然资源,尤其是研究区的矿产资源、土地资源和水资源。环境是指以人类为中心的外部世界,包括环绕在人类周围的一切事物,本书中环境主要指空气环境和水环境。

研究区属于温带大陆性季风气候区,干燥少雨,水资源较少,而当地煤炭产业的发展又消耗了大量的水资源,同时,由于煤炭开采引发的塌陷、地表裂缝等一系列问题,加剧了区域水分的蒸发,而长期的井工开采导致地下岩层形成导水裂隙带,加剧了地下水资源的流失。可见,研究区内的地表水、地下水均在一定程度上受到了破坏,水资源的短缺制约了区域植被群落生长,造成整个区域景观破碎化和生态退化,破坏了区域水土资源平衡状态。在过去的几十年间,当地工业、农业、第三产业都不断发展,为社会经济增长和人民生活质量提高做出了重要贡献。伴随着社会经济进一步发展,三大产业生产需水量和人民生活需水量都逐年增加,但供水量却受到了很大的限制,水资源的问题同样危及到区域社会经济可持续发展。另外,长期的煤炭开采带来土地塌陷、裂缝等问题,给当地农业生产、农民生活造成困扰,因此有必要开展区域土地综合整治工作来改善区域煤、地、水资源协调状况,针对北方村庄压煤山丘区的煤、地、水资源进行资源管理研究成为了土地综合整治的基础性工作。了解区域资源的基本情况,计算资源承载力和生态环境承载力,掌握区域资源基础及其承载力范围,可以为土地综合整治管理机制框架确定,为土地综合整治过程中的土地利用结构调整提供依据,为资源在不同部门、不同空间进行优化配置提供参考,从而为土地综合整治整体效益的实现奠定基础。

第一节 研究区资源承载力分析

资源承载力是指一个国家或者地区内所拥有资源的数量与质量,对该区域范围内所有人口的生存与社会经济发展的支撑能力,是评价可持续发展能力和水平的重要依据。随着我国人口不断增长,资源供给能力和人类需求之间的矛盾日益尖锐,资源短缺越来越严重,并成为制约我国社会经济进一步发展的重要阻碍因素。因此,研究区域资源承载力已经成为评判一个国家或地区的综合发展规模与潜力的关键性因素。

本书所要研究的资源承载力是指在一定的社会水平与技术水平条件下,在考虑区域内资源禀赋、资源开发利用潜力、当地社会经济发展水平与结构以及资源开发和利用的基础上,区域内资源能够维系和支撑的人口总量,也即区域范围内在资源环境的约束下能够支撑的最大承载人口数量。本书对北方村庄压煤山丘区的土地资源、水资源和矿产资源的承载力进行计算,从而确定土地综合整治的资源基础,为管理机制的设计确定框架。

一、土地资源人口承载力分析

根据不同的定义标准,对人口承载力有多种理解,包括最大承载力、最优承载力等。本书所要研究的人口承载力既不是极限值也不是最优值。受技术水平和社会经济发展状况限制,资源开发利用很难全部且完全释放其利用潜力,而且为了实现资源环境的保护,实现可持续发展,也不能对所有资源进行全部且完全的开发,这就决定了资源承载力不是寻找极限承载力。受认知水平、管理水平和技术水平的限制,资源配置难以实现帕累托最优,因此土地资源人口承载力也不是寻求最优值。土地资源人口承载力是在现实资源条件和状况下,假设资源在未来被合理开发的情况下,土地资源的人口承载力。本书基于粮食生产能力和土地经济关系两个角度测算区域土地人口承载力。对土地粮食的人口承载力,可基于传统的土地人口承载力评估模型计算。由于研究区传统产业是农业,且有部分农民有从事农业规模经营的意愿,因此,对研究区的土地粮食人口承载力进行测算,旨在确定未来进行土地综合整治后,当地的农业生产可持续承载的人口规模;由于研究区多年来作为煤炭生产基地,工业较为发达,当地农民生产活动在很大程度上与二三产业有关,因此在土地资源承载力评价中引入土地经济关系,建立不同经济部门与土地利用类型之间的联系,通过不同产业活动与土地人口承载力之间相适应的关系分析来测算土地承载力,可以更真实地反映在现有社会经济发展水平下土地资源对人口规模的实际承载力。

1. 基于土地粮食的人口承载力

基于土地粮食的人口承载力是从土地产出对人类的供给能力与人口需求对比的角度进行土地资源人口承载力评价。其原理是首先测算土地粮食的生产、供给能力,然后对一定生活水平下的人均消费水平进行估算,根据人口对粮食的绝对需求来度量区域粮食产出所能供养的人口数量或规模。计算公式为:

$$\max P_f = \frac{F_a M S_F f}{P_F} \tag{5-1}$$

式中:$\max P_f$——基于土地粮食的人口承载力(人);

F_a——研究区耕地面积(亩);

M——研究区平均复种指数;

S_F——研究区种粮面积比重(%);

f——研究区粮食单产(kg/亩);

P_F——一定消费水平下人均粮食定额(kg/人)。

研究区基于土地粮食的人口承载力相关计算结果见表 5-1。

表 5-1 土地粮食的人口承载力计算表

村名	耕地面积(亩)	平均复种指数	种粮比重(%)	单产(kg/亩)	承载人口数(人)	现状人口(人)
关山村	1 128	1	100.00	430	1 673	893
李山村	855	1	96.61	392	1 079	842
石伏头村	458	1	100.00	408	630	687
史村	842	1	100.00	383	1 088	2 888
史村河村	877	1	100.00	449	1 332	1 626
成庄村	1 151	1	100.00	434	1 711	1 620
刘村	1 072	1	100.84	393	1 416	1 592
东沟村	2 911	1	100.00	184	1 785	1 564
辛壁村	1 179	1	100.00	199	782	2 615
峪南村	1 104	1	100.00	190	699	1 896
南坪村	1 306	1	100.00	186	810	1 079
七干村	1 095	1	100.00	182	664	867
马村村	851	1	100.00	181	513	813
贺坡村	1 388	1	100.00	188	870	1 005
庚能村	2 092	1	100.00	190	1 325	1 461
岭头村	1 851	1	100.00	189	1 166	1 408
岭南村	922	1	100.00	186	572	660
刘河村	552	1	100.00	191	351	378
贾泉村	3 508	1	100.00	197	2 304	2 572
段都村	1 399	1	100.00	199	928	1 706
坪头村	1 409	1	100.00	188	883	1 267
西王庄村	925	1	100.00	185	570	974

续表 5-1

村名	耕地面积(亩)	平均复种指数	种粮比重(%)	单产(kg/亩)	承载人口数(人)	现状人口(人)
沟西村	834	1	100.00	185	514	544
常坡村	1 295	1	100.00	182	786	1 073
北村村	2 363	1	100.00	190	1 497	1 440
黑泉沟村	569	1	100.00	181	343	431
东王庄村	310	1	100.00	185	191	264
双河底村	1 080	1	100.00	188	677	1 090
中街村	549	1	100.00	188	344	355
范庄村	191	1	100.00	184	117	397
和村	3 391	1	97.91	432	4 781	2 988
天户村	1 575	1	91.68	517	2 488	1307
上小河村	780	1	93.08	408	987	602
孟山村	1 086	1	98.07	478	1 697	459
董山村	997	1	97.19	419	1 353	514
小南村	1 281	1	92.51	384	1 517	920
窑头村	1 126	1	91.21	440	1 506	630
川底村	1 931	1	96.22	417	2 583	1 571
焦河村	1 820	1	90.27	430	2 355	1 389
下麓村	1 296	1	87.27	470	1 772	1 056
上麓村	975	1	95.08	404	1 248	854
马坪头村	1 597	1	92.55	433	2 133	1 310
原庄村	937	1	93.49	385	1 124	503
沙沟村	853	1	93.08	368	974	574
王虎山村	828	1	79.47	356	781	384
车郭庄村	507	1	77.51	366	479	231
东烟村	690	1	90.43	418	869	495
合计					56 267	51 794

经计算,研究区基于土地粮食的人口承载力总计为 56 267 人,2012 年,研究区现状人口数是 51 794 人。从分村计算结果来看,大部分村的土地粮食人口承载力超过现状人口数量,这表明,大部分村庄在现有的农业技术及农业生产条件下,其粮食生产能力除了维持现有人口粮食安全外仍有盈余,土地粮食的人口承载力较强,可为未来增长提供一定的物质基础和保障。从总体情况看来,研究区土地粮食的人口承载力超出现状人口数量,表明在不考虑技术进步、土地整治、土地规模经营等因素带来的农业生产率提高的基础上,研究区耕地生产能力足以养活当地人口。尽管有部分村的土地粮食人口承载力不足以支撑现状人口,但从全区来看,完全可以实现粮食供给和需求的平衡,可以通过研究区内部的农村粮食交易市场来满足农民的粮食需求。

基于研究区耕地粮食生产能力对人口承载力进行分析,仅表达了耕地对人口的供养能力,而忽略了其他用地类型对人口的承载力,因此,其计算结果偏小,不能完全表示全部的土地人口承载力。

2. 基于土地经济关系的人口承载力分析

由于第一产业与第二、第三产业利用了土地的不同功能,形成了不同的土地类型,因此本书分产业对土地资源承载力进行计算,即第一产业和第二、第三产业土地资源承载人口拟采用不同的计算方法,然后将结果合成在一起。

(1)第一产业土地资源人口承载力分析。第一产业土地资源人口承载力是指从事第一产业的农民及其所能供养的人口数量。这里要说明的是,在我国现阶段,出现了大量从事第二、第三产业的农民,他们仍然是农民身份,但已不以农业生产为主。在进行第一产业土地人口承载力测算时不包括这部分农民及其所供养的人口数量,这部分承载力将在第二、第三产业土地人口承载力中进行测算。在大量农村兼业的情况下,农村居民人均纯收入既包括农业收入,也包括非农业收入。农业收入指的是大农业收入,即由耕地或以耕地为基础获得的收入。在计算过程中,首先计算整个区域的大农业收入、农村居民经济收入,然后再用区域内各村农民人均纯收入计算区域人口承载力。计算公式如下:

$$\max P_i = \frac{F_a I_F}{S_F I} \quad (5-2)$$

式中:$\max P_i$——基于土地经济收入的人口承载力(人);

F_a——区域耕地面积(亩);

I_F——单位面积耕地获得的大农业收入(元/亩);

S_F——大农业收入占农民人均纯收入的比例(%);

I——农民人均纯收入(元)。

需要指出的是,在计算中,"大农业收入占农民人均纯收入的比例"这一指标根据统计年鉴中的农民收入结构来计算,它定量地描述了农用地的大农业收入(包括农、林、牧、渔等)对农民人均纯收入的贡献程度;各村的"单位面积耕地获得的大农业收入"也根据统计年鉴中的数据进行计算。

(2) 第二产业人口承载力分析。第二产业人口承载力主要是指在研究区工矿业较发达的情况下,根据工矿产业实现的经济总量与其所吸纳劳动力数量之间的函数关系来估算第二产业承载人口数。其具体做法是:关联研究区第二产业产值与泽州县就业人均产值,从而估算出第二产业可承载人口数。研究区共有煤矿企业7家,分别为天安海天实业有限公司(核定产量60万t/a)、天安润宏煤业有限公司(核定产量45万t/a)、天安盈盛煤业有限公司(核定产量60万t/a)和天安岳圣山煤业有限公司(核定产量45万t/a)、天泰坤达、天安晋瑞、天安壁盈;地面规模以上工业、建材企业有10余家,通过查阅统计年鉴可知泽州县总人口495 790人,第二产业总产值1 074 537万元,泽州县人均工业产值约为21 673元。就业人员除了本地区居民之外,也包括外来人员。

(3) 第三产业人口承载力分析。第三产业可承载人口运用日本经济学家宫泽健一对第三产业情况的研究成果之一的第三产业就业人数(或称之为雇佣量)计算公式进行估算。

$$L_S = \frac{q}{1-q}\left(\frac{y_p}{y_s}\right)L_P \tag{5-3}$$

式中:L_S——第三产业就业人数(雇佣量)(人);

q——国民收入中可用于服务支出的比例(%);

y_p——物质资料生产部门的劳动生产率(元/人);

y_s——第三产业的劳动生产率(元/人);

L_P——物质资料生产部门的就业人数(雇佣量)(人)。

研究区第三产业主要包括以家庭为主的批发零售业、小型旅馆餐饮业。根据泽州县2010年统计年鉴,泽州县国民收入中用于服务支出的分配率约为18%,第三产业的劳动生产率约为55 420元,物质资料生产部门劳动生产率约为54 238.8元。据调查,该地区从事零售业等第三产业的人数约占总人数的25%。

目前我国的全员劳动生产率是运用工业企业的工业增加值与同一时期全部从业人员的平均人数的商来计算的。计算公式为:

$$\text{全员劳动生产率} = \text{工业增加值}/\text{全部从业人员平均人数} \tag{5-4}$$

泽州县2010年工业增加值为554 462万元,从业人员年平均人数为246 905人。

第三产业工业增加值为70 548万元,从业人员年平均人数为63 400人。

第三产业的劳动生产率约为11 127元,物质资料生产部门劳动生产率约为22 456元。

综上所述,研究区基于经济人口的资源承载量为63 625人。

本书所研究的资源人口承载力是在现有社会经济技术条件下,当地资源在未来被合理开发利用的情况下,所能持续承载的人口数量。它既不是极限人口承载力,也不是最优人口承载力。因为资源存在不确定性和动态性,未来的技术进步是难以完全预料的,这也为确定全部的资源范围及存量带来困难。随着科技进步,未来将会有更多的物质进入资源范畴而成为资源,而且资源的发展潜力是无限的。同时,从伦理的角度来看,资源也不应为人类全部利用,资源环境的可持续存在是人类可持续发展的重要支撑。退一步来讲,即使资源开发利用可以达到极限,那么彼时人类的生存标准可能会发生极大变化,其承载力水平也很难用现在的标准去评价与衡量。而对于最优人口承载力的评价是基于资源最优利用状态的,但资源最优利用仅在理论上存在,在现实中,由于社会目标、技术水平、最优化标准、决策者素质等多种因素的限制,资源利用只可能不断接近最优利用水平,且其实现需要一个过程,因此,最优人口承载力无从计算。经计算,研究区基于经济人口的资源承载量为 63 625 人,结果见表 5-2。这一结果并不具有单一性,它仅表明在现状条件下可预见的未来人口资源承载力的一般水平。在发展过程中,应结合社会经济、技术等变动情况,通过政策有效引导产业布局与人口变化,促进社会经济的可持续发展。

表 5-2 研究区分产业土地人口承载力计算结果 (单位:人)

村名	所属乡镇	实际人口	第一产业承载力	第二产业承载力	第三产业承载力	资源承载人口
关山村	下村镇	790	715	0	87	802
李山村	下村镇	778	428	9	86	523
石伏头村	下村镇	605	228	0	67	294
史村	下村镇	2 804	1 374	1 924	308	3 606
史村河村	下村镇	541	356	85	60	500
成庄村	下村镇	1 536	1 333	200	169	1 701
刘村	下村镇	1 405	832	205	155	1 191
东沟村	大东沟镇	1 569	492	738	173	1 402
辛壁村	大东沟镇	2 702	1 065	1 737	297	3 099
峪南村	大东沟镇	1 762	683	3 051	194	3 928
南坪村	大东沟镇	997	395	1 717	110	2 222
七干村	大东沟镇	866	289	319	95	703
马村村	大东沟镇	890	320	322	98	740
贺坡村	大东沟镇	1 059	367	626	116	1 110
庚能村	大东沟镇	1 432	812	590	158	1 559
岭头村	大东沟镇	1 403	953	339	154	1 447
岭南村	大东沟镇	645	351	150	71	572
刘河村	大东沟镇	389	307	186	43	536
贾泉村	大东沟镇	2 240	993	540	246	1 779
段都村	大东沟镇	1 710	451	1 381	188	2 020

续表 5-2

村名	所属乡镇	实际人口	第一产业承载力	第二产业承载力	第三产业承载力	资源承载人口
坪头村	大东沟镇	1 192	416	798	131	1 345
西王庄村	大东沟镇	949	453	914	104	1 471
沟西村	大东沟镇	510	289	339	56	684
常坡村	大东沟镇	1 091	556	1 618	120	2 294
北村村	大东沟镇	1 421	808	490	156	1 455
黑泉沟村	大东沟镇	449	264	198	49	512
东王庄村	大东沟镇	254	200	21	28	249
双河底村	大东沟镇	1 047	1 887	520	115	2 522
中街村	大东沟镇	346	190	141	38	369
范庄村	大东沟镇	423	230	111	47	387
川底村	川底乡	2 134	1 092	851	235	2 177
焦河村	川底乡	1 564	671	947	172	1 790
和村	川底乡	3 460	1 195	2 666	381	4 243
天户村	川底乡	1 937	592	2 031	213	2 836
下麓村	川底乡	1 106	670	570	122	1 362
东烟村	川底乡	476	284	273	52	609
窑头村	川底乡	618	169	411	68	647
董山村	川底乡	473	370	78	52	499
孟山村	川底乡	426	249	93	47	389
上小河村	川底乡	621	437	436	68	942
小南村	川底乡	944	399	743	104	1 246
上麓村	川底乡	686	560	330	75	966
马坪头村	川底乡	1 378	455	1 798	152	2 404
原庄村	川底乡	415	357	418	46	821
沙沟村	川底乡	591	335	523	65	923
王虎山村	川底乡	305	259	161	34	454
车郭庄村	川底乡	229	205	66	25	295
合计		51 168	26 335	31 662	5 628	63 625

经计算,研究区分产业土地人口承载力是 63 625 人,大于基于土地粮食的人口承载力,大于研究区现状人口数量。也就是说,研究区在现状产业结构的情况下,可承载的人口数量超过现状人口数量的 20%,承载力较强。

与土地粮食的人口承载力计算相比,分产业计算土地人口承载力较全面地考察了不同产业对人口的供养能力,可以更准确地表达研究区土地人口承载力。

但是,无论是哪种方法计算的结果,都表明研究区土地人口承载力超过现状人口数量,也就是说,现状人口数量不会给土地资源造成较大的压力,相反,即使人口数量进一步增加,当地土地资源仍有剩余承载力,可以容纳一定程度的人口增加。如果进一步考虑土地规模经营、生产条件改善、技术进步等因素可能带来的农业、工业等产业的生产效率提高,土地资源承载力将不断增加。

二、水资源承载力分析

在人类的生存与发展过程中,水资源起到至关重要的基本支持作用,是必不可少的基础性资源,是社会经济增长、生态环境良好有序运行的保障性资源。对水资源承载力进行研究,是对水资源未来的可利用程度进行量的测度,可以衡量水资源与社会经济、生态环境的协调发展程度,可以反映水资源对社会经济、生态环境的贡献作用。

在北方村庄压煤山丘区,由于长期以来的煤炭开采,带来水资源大量消耗,且造成地表下、地下水资源不同程度的破坏。随着当地人口增长和经济发展的需要,农业生产、工业发展以及第三产业的发展都将进一步增加水资源的需求。要实现研究区土地综合整治,促进当地新农村建设,就必须考虑水资源供给的问题,因此,有必要对当地水资源承载力进行研究。

本书要研究的水资源承载力是指在研究区所在区域范围内,按国民经济和社会发展规划所确定的发展目标下的生活水平和经济发展水平,水资源能够满足社会经济发展目标的最大人口支撑能力。

水资源承载力的计算公式为:

$$P^* = P_S \times I_W \qquad (5-5)$$

式中:P^*——某区域或某流域水资源承载力(人);

P_S——按社会发展趋势预测的人口数量(人);

I_W——水量承载指数。

水量承载指数 I_W 表示可供水资源量对需水量的满足程度,用可供水量 W_S 或可利用水资源量与需水量 W_D 的比值表示:

$$I_W = W_S / W_D \qquad (5-6)$$

由于资料收集的限制性,以泽州县全县水资源量与需水量来计算水量承载指数,然后再根据研究区规划预测的人口数量计算研究区水资源人口承载力。

按照全国第二次水资源调查评价结果,泽州县 1956—2000 年年平均水资源总量为

3.28 亿 m^3,其中河川径流量为 3.01 亿 m^3,地下水资源总量为 2.62 亿 m^3,重复水资源量为 2.35 亿 m^3。全县年平均可开发利用水资源量为 1.92 亿 m^3,其中地表水可开发利用量为 1.74 亿 m^3,地下水可开发利用量为 1.41 亿 m^3,重复可开发利用量为 1.23 亿 m^3。

需水量包括生活用水、生产用水和生态用水。生产用水又包括农业用水和工业用水。即:

$$W_D = W_{DP} + W_{DA} + W_{DI} + W_{DE} \tag{5-7}$$

式中:W_D——总需水量(万 m^3);

W_{DP}——生活用水量(万 m^3);

W_{DA}——农业用水量(万 m^3);

W_{DI}——工业用水量(万 m^3);

W_{DE}——生态环境用水量(万 m^3)。

$$W_{DP} = P \times q_P \tag{5-8}$$

式中:P——人口(人);

q_P——生活综合用水定额(m^3/人)。

若城镇化率为 k,城镇居民生活用水定额为 q_{PL},农村居民生活用水定额为 q_{PR},则有 $q_P = q_{PL} \times k + q_{PR} \times (1-k)$。

$$W_{DA} = GDP_A \times q_A = GDP_A / r_A \tag{5-9}$$

式中:W_{DA}——农业用水量(万 m^3);

GDP_A——农业 GDP(万元);

q_A——万元农业 GDP 用水定额(m^3/万元);

r_A——单位水量农业 GDP(万元/m^3),它是万元农业 GDP 用水定额 q_A 的倒数。

$$W_{DI} = GDP_I \times q_I = GDP_I / r_I \tag{5-10}$$

式中:W_{DI}——工业用水量(万 m^3);

GDP_I——工业 GDP(万元);

q_I——万元工业 GDP 用水定额(m^3/万元);

r_I——单位水量工业 GDP(万元/m^3),它是万元工业 GDP 用水定额 q_I 的倒数。

从理论上来说,生态环境需水量包括回补超采地下水所需生态水量、林业生态工程建设用水量、河流水沙平衡用水量、河流生态系统的生态基流和生态环境用水量、城市生态用水量等内容,因此其需水量预测也应包括相应方面的需水预测,但由于生态环境需水量涉及的内容较多,而其研究起步较晚,研究方法不够完善,本书采用简化的综合估算的方法测算水资源承载力。

生态环境需水量预测可根据现状需水量和目标需水量测算。现状需水量按计算时段的生态环境用水量进行统计,目标生态环境需水量按国民经济发展规划确定的目标进行计算,中间时段按现状和目标需水内差求得。

根据《泽州县国民经济和社会发展第十三个五年规划纲要》确定的经济发展目标,到

2020 年,泽州县地区生产总值预测为 2 818 727 万元,工业产值预测为 1 689 660 万元,农业产值预测为 150 180 万元。用年递减率模型预测泽州县万元 GDP 工业用水量、万元 GDP 农业用水量,基础数据见表 5-3。

表 5-3 水资源承载力基础数据表

年份	泽州县人口	地区生产总值（万元）	工业产值（万元）	农业产值（万元）	万元工业GDP用水量（m^3）	万元农业GDP用水量（m^3）	生态环境需水量（万 m^3）
2007 年	496 413	948 620	640 695	51 585	9.18	917.32	10 607.15
2008 年	496 390	1197 858	809 271	54 893	10.31	872.21	10 870.61
2009 年	499 708	1321 779	899 331	63 516	16.09	777.96	10 467.62
2010 年	495 790	1561 109	1 047 682	77 211	12.68	669.90	9 239.27
2011 年	496 694	1937 395	1 353 785	109 000	11.14	445.51	9 926.33
2012 年	496 124	2176 678	1 517 690	113 790	11.59	439.71	9 344.79
2013 年	496 995	2150 427	1 424 452	106 710	13.39	474.81	9 766.45
2014 年	494 198	2179 343	1 420 001	110 467	14.38	440.17	9 503.09
2015 年	493 112	2156 705	1 323 893	129 547	15.11	353.08	9 503.54
2016 年	493 519	2275 323	1 390 087	133 433	13.86	316.22	9 766.58
2017 年	493 926	2400 466	1 459 592	137 436	12.70	283.21	10 190.53
2018 年	494 333	2532 492	1 532 571	141 559	11.65	253.64	10 927.48
2019 年	494 741	2671 779	1 609 200	145 806	10.68	227.16	11 270.44
2020 年	495 149	2818 727	1 689 660	150 180	9.79	203.44	11 041.16
2030 年	495 557	4814 793	2 752 278	201 830	4.11	67.54	11 343.26

注:在生活用水量的计算中所用的生活综合用水定额,经查阅由《山西省用水定额》确定。

经计算,泽州县水量承载指数最小值为 0.95,根据公式(5-5),研究区水资源人口承载力是 470 779 人,超出未来预测人口数。也就是说,泽州县水资源的承载力不足以支持人口的增长。解决该问题可以从两个方面考虑:一是通过工程措施增加水资源的供给量,比如引入外来水资源,修建水库、淤地坝、人工湿地等蓄水工程;二是控制人口增长。

三、矿产资源承载力分析

矿产资源承载力指的是在未来可预见的一定时间范围内,在当时的社会经济发展和技术水平条件下,在保证一定的自然环境质量的情况下,矿产资源存量通过直接使用或间接使用所能持续供养的人口数量或所能支撑的经济发展水平。矿产资源承载力包括人口承载力和经济承载力。

泽州县矿产资源中,储量较多的有煤、石灰岩、铁矿等。本书计算煤、石灰岩、铁矿3种矿产资源的承载力。

1. 矿产资源人口承载力分析

对于煤、石灰岩等矿产资源人口承载力进行分析的指标及计算过程如下。

(1)现有矿产资源人口承载力,指现有矿产资源经济可采储量所能间接供养的人口数量。该指标反映现有矿产资源经济可采储量对人口的间接承载力。其计算公式为:

$$R_x = \frac{K_l \times K_c - K_p \times K_n}{R_d} \quad (5-11)$$

式中:R_x——现有矿产资源人口承载力(人);

K_l——可利用的矿产资源储量(t);

K_c——矿产资源经济可利用系数;

K_p——期末矿产品产量(t);

K_n——矿产品合理储备年限(年);

R_d——单位人均矿产品消费量(t/人)。

(2)现有矿产资源人口平衡,指在一定时期内矿产资源人口承载力与自然增长的人口数量之间的差,是根据矿产资源经济可采储量测算出的矿产资源人口承载力与根据人口自然增长率预测出的人口数量之间的差值。其计算公式为:

$$P_x = R_x - R_y \quad (5-12)$$

式中:P_x——现有矿产资源人口平衡(人);

R_x——现有矿产资源人口承载力(人);

R_y——累计人口数量(人),它是一定时间范围内,各年度实际人口数量累计之和。

现有矿产资源人口平衡反映了现有矿产资源可供养人口数量与需要供养人口数量之间的关系。若该指标大于零,说明该区域内现有矿产资源对测算期内的人口具有承载力;如该指标小于零,则说明该区域内现有矿产资源不能满足人口生产所需。只有当该指标为一个较大的正数时,才能表明该区域内矿产资源储量对当地人口生产具有较强的承载力。

由于数据收集的限制性,本书首先计算泽州县全县的矿产资源人口承载力,然后根据研究区人口比例估算研究区矿产资源人口承载力。

计算涉及的矿产资源数据来源于《泽州统计年鉴》和《泽州县矿产资源总体规划

(2011—2015年)》,由于矿产资源储量等数据均是截止于2010年的数据,因此,相应的人口等数据也采用2010年数据。

人口和矿产品储备的常数参数有:2010年人口、2020年预计人口、2030年预计人口、2011—2020年累计人口、2013—2030年累计人口、矿产资源合理储备年限(20年)。

对于铁矿资源人口承载力的计算可用以下公式。

(1)预测人均正常消耗量(S_z):按照测算期内当地的经济发展速度和人口平均生活质量,预测未来一定时期内人均矿产资源的消费水平。对于金属矿产资源来说,矿产资源人均消耗量计算公式如下:

$$S_z = S_c \frac{1-\rho}{K_k \varepsilon \gamma} \tag{5-13}$$

式中:S_c——人均矿产品消耗量(t/人);

K_k——经济可采储量系数;

ρ——矿石贫化率;

ε——采矿回收率;

γ——选冶综合产率。

根据泽州县实际情况,K_k取80%,ρ取30%,ε取80%,γ取90%。

(2)预期储量(S):首先根据矿产资源储量经验增长率和采选能力经验增长率,计算未来一定时期内资源储量的变化情况,然后按年平均计算未来某一时期年可利用矿产资源储量。

(3)预期储量承载人口(P):根据预测的人均正常消耗量和预期储量计算预期储量承载人口,它反映了矿产资源未来预期时间内能供养的人口数量。

$$P = S/S_c \tag{5-14}$$

泽州县矿产资源人口承载力计算的基础数据及计算结果见表5-4。

表5-4 矿产资源人口承载力计算表

	查明资源储量(万t)	资源储量(万t)	产量(万t)	消费量(万t)	人口承载力(人)	2020年人口平衡(人)	2030年人口平衡(人)	研究区人口承载力(人)
煤炭	309 878.00	102 650.20	910.28	179.01	172 954 920	168 043 692	163 014 035	18 269 228
石灰岩	68 593.80	17 270.30	160.00	260.00	19 779 158	14 867 930	9 838 273	2 089 272
铁矿	2 575.15	—	—	210.00	4 887 852	—	—	516 304

可见,研究区矿产资源人口承载力较强,在未来短期内不会对社会经济发展产生约束。

2.矿产资源经济承载力分析

矿产资源经济承载力是矿产资源承载力分析的重要方面。

对于煤、石灰岩等矿产资源来说,其经济承载力分析可用以下指标及公式进行计算。

(1)现有矿产资源经济承载力,指现有可利用的矿产资源储量所能支持的国民生产总值量,计算公式为:

$$K_x = \frac{K_l \times K_c - K_p \times K_n}{K_d} \tag{5-15}$$

式中:K_x——现有矿产资源经济承载力(人);

K_l——可利用的矿产资源储量(t);

K_c——矿产资源经济可利用系数;

K_p——期末矿产品产量(t);

K_n——矿产品合理储备年限(年);

K_d——单位国民生产总值矿产品消费量(t/元)。

(2)现有矿产资源经济承载力平衡,指在一定时期内,矿产资源经济承载力对实现国家规划经济目标的支撑能力,是根据现有可利用矿产资源储量计算得出的矿产资源经济承载力与根据国家规划的经济发展速度计算出的累计国民生产总值之间的差额。计算公式为:

$$P_x = K_x - GNP_l \tag{5-16}$$

式中:P_x——现有矿产资源经济平衡(元);

K_x——现有矿产资源经济承载力(元);

GNP_l——累计国民生产总值(元)。

对于铁矿资源,其经济承载力的计算可用以下公式。

(1)矿产资源探明储量消耗系数(K_z):指单位国民生产总值(或国民收入)的矿产资源消耗量,该指标可根据单位国民生产总值(或国民收入)所消耗的矿产品的统计量计算得出。其计算公式为:

$$K_z = K_c \frac{1-\rho}{K_k \varepsilon \gamma} \tag{5-17}$$

式中:K_c——单位矿产品的消耗系数(t/元);

K_k——经济可采储量系数;

ρ——矿石贫化率;

ε——采矿回收率;

γ——选冶综合产率。

(2)矿产资源探明储量(Y):指根据矿产资源勘查情况预测的未来一定时期内所能提供的矿产资源(探明储量)总量(t)。

(3)矿产资源支持能力(C):指现有矿产资源探明储量所能支持的最大国民生产总值(或国民收入,单位:元)。其计算公式为:

$$C = \frac{Y}{K_z} \tag{5-18}$$

(4)消耗平衡:指现有矿产资源量所能支持的国民生产总值(国民收入)与按照国家规划的经济发展速度所应实现的国民生产总值(国民收入)之间的差额,它是最大经济承载力与预期经济增长之间的差,从另一方面反映了矿产资源支持经济发展的能力。

泽州县矿产资源经济承载力计算的基础数据及计算结果见表5-5。

表5-5 矿产资源经济承载力计算表

	查明资源储量(万t)	资源储量(万t)	产量(万t)	消费量(万t)	经济承载力(万元)	2020年经济平衡(万元)	2030年经济平衡(万元)	研究区经济承载力(万元)
煤炭	309 878.00	102 650.20	910.28	179.01	557 385 592	534 086 257	495 798 084	67 443 657
石灰岩	68 593.80	17 270.30	160.00	260.00	63 742 722	40 443 387	2 155 214	7 712 869
铁矿	2 575.15	—	—	210.00	15 752 189	12 933 461	10 937 396	1 906 015

可见,泽州县矿产资源经济承载力极强,在短期内足以支撑社会经济增长。

第二节 研究区土地生态承载力研究

本书基于生态足迹法计算研究区的生态承载力,进一步分析研究区生态盈余/生态赤字,并对研究区大气环境容量、水环境容量进行定量分析,明确研究区剩余环境容量,以期了解研究区社会经济发展上限,为土地综合整治确定框架,为土地结构调整提供依据。

一、生态足迹概念及基本原理

生态足迹(Ecological Footprint)理论是用于探讨生态承载力供需平衡的基本模型。加拿大环境经济学家里斯教授最早提出生态足迹的理论,之后其学生瓦克纳格尔博士进一步提出生态足迹模型及其计算法则,对该理论进行了完善。

生态足迹,即生态占用,是指在一定空间范围内,人类所消费的各种生物资源和能源资源以及产生的各项废水、废气、废渣等所占用的生态生产性土地的面积总和。通过借助生态足迹这一"脚印",可以揭示区域土地如何利用、利用是否合理等问题。

该理论认为土地具有生态生产能力,同样其他不同形态的资源也有各自不同的生态服务能力,可根据各种资源的生态服务能力的不同赋予不同的权重值,然后统一换算成土地资源面积。由于各类土地的生态服务功能彼此独立,不可能交叉或重复,各类土地生态消耗与产出均可以进行累加。因此,不同生态服务能力的资源折算成的土地面积与自然提供的土地面积之间就具有了可比性,可据此计算生态足迹。

学术界普遍认为,有6种类型的土地能够提供生态产品与服务或有自我修复功能,被称为生态性土地,包括耕地、草地、林地、水域、建筑用地和化石能源地。可以根据生态服务能力的差异,对各类型生态性土地面积进行标准化处理,计算与人均资源消耗量相对应的生态生产性土地面积。

(1)耕地,是指用于农作物种植且能收获农产品的田地。其中不包括种植果、茶、桑等经济作物的专业园地,也不包括芦苇地、天然草原等。

(2)草地,是指用于畜牧业的可以为人类提供大量畜产品的天然草场与人工草场。目前,随着气候变化和人类不科学利用,草地资源迅速退化,数量锐减,质量不断下降,从而产生了土地荒漠化、草地退化和生物量减少等生态环境问题。

(3)林地,是指本年度种植成片,成活率达到85%以上的灌木林与乔木林地。林地具有净化空气、保持水土、涵养水源、吸收噪声等多种环境功能,生态生产范围大,是地球上最大的碳汇体。

(4)水域,是表层被水覆盖的低洼地。水域一方面可以给人类提供大量水利资源和水生生物资源;另一方面有巨大的环境功能,可以净化污染,调节气候,促进生态系统内部组织循环代谢等。

(5)建筑用地,是指在地表构建人类建筑物的土地,主要包括公共设施用地与住宅用地。建筑用地是为了满足人类的居住需求,没有生态功能。由于土地面积有限,生态生产性用地与建筑用地出现了争地矛盾,建筑用地不断扩张,侵占生态生产性用地,势必为生态生产带来严重的后果。

(6)化石能源地,是指蕴藏煤、石油、天然气等能源资源的土地以及为化石能源再生所预留的土地。化石能源资源属于典型的不可再生资源,用一点少一点。在现有经济技术条件下,化石能源是世界经济发展重要的战略性资源。目前,世界上部分国家和地区已经出现了能源短缺问题,为了防止化石能源枯竭,应为实现化石能源的再生预留出一部分土地。为了吸收消纳分解燃烧化石燃料所带来的环境污染,也应保留一部分土地。这些保留出的土地都是化石能源地。

二、生态足迹模型分析的思路

本书以生态足迹模型为基础,根据土地生产力,把区域消费的所有类型的生物生产性资源折算为生产这些资源所需要的土地面积;再根据区域统计数据所得实际土地面积资源,按照供需平衡的评价思路,来计算土地资源供给量,从供求正反两方面的角度评价该区域承载力状况。

根据资源供需相对平衡的基本原理,将生态足迹、土地承载力与生态盈余(或生态赤字)作为本书的主要评价指标。

(1)生态足迹这一指标表示地区资源需求,根据泽州县消费活动使用的生物资源数量和能源数量,参考全球土地平均生产力,利用均衡因子计算得出多种消费商品折算的人均生产土地面积。生态足迹反映人类消费需求对自然生态环境施加的压力。

(2)土地承载力这一指标表示土地实际供给能力,根据泽州县现有各类土地面积,借助均衡因子和产量因子这两个参数计算得出地区土地承载力。土地承载力反映土地生态环境承载人类各项消费活动的潜力,而且为了保护区域自然生态环境和生物多样性,还需扣除12%的土地面积。

(3)土地生态承载力与生态足迹的差值为生态盈余(或生态赤字)。计算结果大于零,则生态足迹小于土地承载力,为生态盈余,此时各类土地资源利用方式合理有序,且组合结构较优,有一定的土地资源利用潜力,能在未来一定时期内保证可持续发展;如果小于零,则为生态赤字,表明此时评价地区的承载量受到限制,土地集约程度低,土地利用结构较不合理,生态可持续性较差,现有自然资源存量满足不了人类的消费需求,此时需要调整土地利用结构或进口可提供消费的商品种类。

三、计算公式

1. 生态足迹计算方法

生态足迹的计算公式为:

$$EF = N \times ef = N \times r_j \times \sum_{i=1}^{n} a_i = N \times r_j \times \sum_{i=1}^{n} \left(\frac{c_i}{p_i} \right) \quad (5-19)$$

式中:EF——总生态足迹(hm^2);

N——人口数量(人);

ef——人均生态足迹(hm^2/人);

i——消费品的种类数;

j——生态生产性土地类型;

a_i——第 i 种商品折算的人均生态生产性土地面积(hm^2/人);

c_i——第 i 种商品的人均消费量(kg/人);

p_i——第 i 种商品的世界年平均生产能力(kg/hm^2);

r_j——第 j 类土地的均衡因子。

2. 生态承载力计算方法

土地生态承载力的计算公式为:

$$EC = N \times ec = N \times \sum_{j=1}^{6} a_j \times r_j \times Y_j \quad (5-20)$$

式中:EC——总生态承载力(人·hm^2);

N——人口数量(人);

ec——人均生态承载力(hm^2/人);

a_j——人均生态生产性土地面积(hm^2/人);

r_j——第 j 类土地的均衡因子;

Y_j——第 j 类土地的产量因子。

3.生态盈余/生态赤字的计算:
$$T = \text{EC} - \text{EF}\quad t = \text{ec} - \text{ef} \tag{5-21}$$
式中:T——生态盈余或生态赤字(hm^2/人);

t——人均生态盈余或生态赤字(hm^2/人)。

四、北方压煤山丘区生态足迹和生态承载力的计算与分析

1.数据来源与数据处理说明

在生态足迹计算中主要考虑两类资源消耗:生物资源消费和化石能源消耗。可以把生态系统中所有具有自我修复功能和生态服务功能的土地划分为耕地、林地、草地、水域、建筑用地和化石能源地六大类土地,分别计算各类型土地的生态足迹后求和计算总生态足迹。

数据来源及处理过程如下。

(1)由于数据获得的限制性,计算中首先以泽州县为评价范围得出人均生态足迹和人均土地生态承载力,然后再根据研究区人口数计算其生态足迹、土地生态承载力和生态盈余(生态赤字)。

(2)资源消费的基础数据来自泽州县 2007—2015 年统计数据。考虑到泽州县的实际情况,生物资源账户中,耕地项目产品供给种类为谷物、豆类、薯类、棉花、油料、蔬菜、瓜果,林地项目产品供给种类为园林水果和食用坚果(由于茶叶在泽州县的种植面积和产量较少,故本书没有把茶叶计算在内),草地项目产品供给种类为猪肉、羊肉、牛肉、禽蛋和牛奶。能源账户中,把原煤、洗精煤、焦炭、汽油、柴油、煤油、燃料油和液化石油气等项目归入到化石燃料地项目中,建筑用地项目中包括对电力的核算。

(3)世界商品年平均生产能力(p_i)的计算。该指标反映了能有效生产某种商品的单位土地面积(收获面积)年产量的世界平均水平,其原始数据可用联合国粮食及农业组织统计数据中的各国农作物年平均生产能力加权计算求得。世界商品年平均生产能力(p_i)的计算公式为:

$$p_i = \frac{\text{PD}}{\text{AH}} \tag{5-22}$$

式中:p_i——第 i 种商品的世界年平均生产能力(kg/hm^2);

PD——全球某农作物年生产量(kg);

AH——全球某农作物收获面积(hm^2)。

(4)全球平均能源生态足迹因子参考方恺于 2012 年通过净初级生产力计算(Net Primary Productivity,NPP)得出的值。

(5)均衡因子和产量因子是计算中两个重要的参数。由于各类土地的生态服务功能不同,在提供生态服务过程中所消耗的商品折算成土地面积后需进行等量化处理,这一过程可通过均衡因子实现。本书采用世界自然基金会于 2006 年提出的均衡因子,各类土地

的均衡因子分别为:耕地2.21、草地0.49、林地1.34、水域0.36、建筑用地2.21、化石能源地1.34。

产量因子体现了单位面积的某类土地资源所能提供的生态生产服务能力与该类土地资源世界平均生态供给能力之间的差异。由于不同区域自然地理条件各异,造成生态禀赋之间的差异;即使自然生态环境类似,各地区经济发展水平也不同,生产模式更是千差万别,因此其生产能力各不相同。在计算生态足迹过程中,由于自然条件、社会发展等差异引起的生产能力之间的区别可以运用产量因子进行计算。本书参考其他学者的产量因子值(郝东恒等,2006),各种类型的土地产量因子取值见表5-6。此外,根据世界环境发展委员会《我们共同的未来》报告中提出的建议,扣除12%的生物多样性保护的折算面积。

表5-6 均衡因子及产量因子的选取

类型	均衡因子	产量因子
耕地	2.21	1.82
林地	1.34	0.91
草地	0.49	0.19
水域	0.36	1.00
化石能源地	1.34	0.00
建设用地	2.21	1.80

2. 生态足迹计算

(1)生物资源账户的生态足迹。根据上文确定的泽州县生物资源账户项目计算其生态足迹。

表5-7是泽州县2015年生物资源账户的生态足迹表,可以看出泽州县农产品和动物产品人均生态足迹水平较高,需求量较大,说明泽州县人民食品以农产品和动物产品为主,生活质量较高。这一方面受当地自然地理条件限制,适宜种植谷物、豆类等农产品,养殖猪、羊等动物,另一方面也与当地人民的喜好有关。

(2)能源账户的生态足迹。根据上文确定的泽州县能源账目计算其生态足迹表5-8是泽州县2015年能源账户生态足迹,其中,电力按标准系数折算成标准煤。泽州县人均化石能源地生态足迹最大,为9.3741hm^2,说明当地化石能源消费量大。泽州县煤炭资源丰富,因此社会经济发展对煤炭资源依赖性较强。

表 5-7 泽州县 2015 年生物资源账户生态足迹表

分类	种类	生态足迹类型	全球平均产量 (kg/hm²)	泽州县产量(t)	人均生态足迹 (hm²/人)	分类汇总 (hm²/h)
农产品	谷物	耕地	2 744	216 913	0.354 3	0.626 0
	豆类	耕地	852	45 816	0.241 0	
	薯类	耕地	12 607	2 988	0.001 1	
	棉花	耕地	1 000	4	0.000 0	
	油料	耕地	1 856	1 785	0.004 3	
	蔬菜	耕地	18 000	82 540	0.020 6	
	瓜果	耕地	18 000	463	0.000 1	
	药材	耕地	900	943	0.004 7	
林产品	水果	林地	3 500	18 776	0.014 6	0.015 5
	食用坚果	林地	3 000	1 000	0.000 9	
动物产品	猪肉	草地	74	46 969	1.724 8	1.873 2
	牛肉	草地	33	1 057	0.031 8	
	羊肉	草地	33	1 885	0.056 8	
	禽蛋	草地	400	23 710	0.058 9	
	奶类	草地	502	483	0.001 0	
合计						2.514 7

表 5-8 泽州县 2015 年能源账户生态足迹表

分类	项目	全球平均能量 (GJ/hm²)	折算系数 (GJ/t)	消费量 (t)	人均生态足迹 (hm²/人)	分类汇总 (hm²/人)
化石能源地	原煤	55	20.93	7 460 037	7.716 0	9.374 1
	洗精煤	93	20.93	12 783	0.007 8	
	焦炭	55	28.47	1 169 432	1.645 0	
	汽油	93	43.12	998	0.001 3	
	煤油	93	43.12	9	0.000 0	
	柴油	93	42.71	3 252	0.004 1	
建设用地	电力	1 000	11.84	476 346	0.031 1	0.031 1
合计						9.405 2

3. 土地生态承载力计算(表 5-9)

表 5-9　泽州县 2015 年人均土地承载力汇总表

土地类型	总面积 (hm^2)	人均土地面积 (hm^2/人)	均衡因子	产量因子	人均土地承载力 (hm^2/人)
耕地	52 495.6	0.106 5	2.21	1.82	0.428 2
林地	63 959.27	0.129 7	1.34	0.91	0.158 2
草地	11 095.38	0.022 5	0.49	0.19	0.002 1
水域	2 253.43	0.004 6	0.36	1	0.001 6
化石能源	—	0.000 0	1.34	0	0.000 0
建设用地	15 115	0.030 7	2.21	1.8	0.121 9
总计					0.712 0

由表可知,泽州县人均土地承载力为 0.712 0hm^2,达到了全国平均水平 0.7hm^2。其中,耕地人均承载力最高,其次为林地,水域人均承载力最低。

4. 生态盈余(生态赤字)分析(表 5-10)

表 5-10　泽州县 2015 年人均生态足迹与人均土地承载力汇总表

土地类型	人均生态足迹 (hm^2/人)	人均土地承载力 (hm^2/人)	生态盈余/生态赤字 (hm^2/人)
耕地	0.626 0	0.428 2	−0.197 8
林地	0.015 5	0.158 2	0.142 7
草地	1.873 2	0.002 1	−1.871 1
水域	0.000 0	0.001 6	0.001 6
化石能源地	9.374 1	0.000 0	−9.374 1
建设用地	0.031 1	0.121 9	0.090 8
总计	11.919 9	减去 12%生物多样性保护面积后为 0.626 6	−11.293 3

由上表可看出,泽州县生态足迹中生物资源所占比重较少,化石能源所占比重较大,能源消费以自然资源存量消耗为主,土地资源分配较不合理,人均土地承载力较低。林地、建设用地有一定生态盈余,耕地、草地和化石能源地呈现出生态赤字。泽州县人均生态赤字达到 11.293 3hm^2,主要是因为其煤炭资源丰富,社会经济增长属于严重的煤炭资源依赖型,且经济增长方式粗放,以大量的资源消耗换取经济发展。

第三节　研究区环境承载力现状评价

一、环境承载力的定义

"环境承载力"一词来源于生物学术语"环境容量"。环境容量是指一定的生态系统所能持续养活的某生物物种的最大数量。1968年,日本学者把"环境容量"一词引用到环境科学中,指某一环境系统所能容纳的环境污染物的最大数量。这一概念界定为总量控制区域内的污染物提供科学依据。可以说,环境容量是环境承载力概念的理论雏形。但环境容量并不能全面反映环境系统对人类多种社会经济活动的支持功能,它仅表达了环境为人类提供的废弃物沉淀功能这一方面的能力,而环境承载力还关注环境为人类提供物质基础、舒适性基地、生命支撑功能等多种支持的能力。

关于环境承载力的定义,学术界目前主要从3个角度进行界定:①环境承载力主要是指环境"容量"。高吉喜(2001)认为环境承载力是指在维持生态系统持续稳定的前提下,环境所能吸收容纳的污染物数量,及在一定生活水平下环境能支撑的经济规模与人口数量。②环境承载力是指环境"阈值"。《中国大百科全书》指出,环境承载力是在维持环境系统稳定的前提下,某区域对人类活动的规模、强度、速度等所能承受的限值;郭秀锐等(2000)认为环境承载力是环境系统所能承受的各种生物(包括人类)活动的最大阈值。③环境承载力主要是指环境"能力"。彭再德等(1996)认为环境承载力是指在环境系统持续稳定的前提下,环境对人类活动的承受能力;施耐德(1978)认为,环境承载力是环境对人口增长的容纳能力。

可见,环境承载力的概念界定强调在保持区域环境系统结构稳定、功能完整的基础上的承载力,但由于"环境"一词涉及范围广、内容复杂、影响因素多,要实现环境承载力的量化有较大的困难性,目前在学术界仍没有形成普遍认可的环境承载力的概念。

本书的环境承载力是指环境系统对人类各种社会经济活动的承受能力。

二、环境承载力的特点

环境承载力主要关注环境对人类活动的承载力,其实质是对环境与人类社会经济发展的协调程度进行评价。环境承载力的基本特征包括以下几项。

1. 客观性和主观性

环境承载力是客观存在的,它体现了环境对人类社会发展的约束性和限制性,以及人类社会对环境资源的刚性需求。这种约束或限制受到区域自然条件、社会经济发展水平等因素的限制,它是区域环境结构和功能的一种表征,可以通过科学的方法进行衡量和评价;主观性是指在环境承载力评价的过程中,如何确定评价方法、判断标准等,受到人类认知水平限制的。

2. 区域性和时间性

环境承载力受到社会发展水平、科学技术水平等因素的影响。不同区域,由于社会经济发展水平不同,那么区域环境承载力也不同。即使是同一区域,由于不同时间的科技发展水平不同,环境承载力也有区别。所以,对不同时间、不同区域的环境承载力进行评价就需要因地制宜地选择评价指标及方法。用适宜的方法和标准进行评价,才能得到较客观的评价结果。

3. 动态性和可调控性

环境承载力具有时间属性,是一个动态的概念。环境承载力的大小受到生产力发展水平、社会经济水平、技术进步等因素的影响而不断变化,具有动态性。因此,环境承载力具有一定的可调控性,人类可以通过发展生产力、促进社会经济发展、实现技术进步等多种手段来提高区域环境承载力,满足人类发展所需。

三、环境承载力评价方法

目前,环境承载力的评价方法有生态足迹法、模糊综合评价法、状态空间法等,本书选取综合评价法对研究区环境承载力进行评价。

综合评价法是通过构建指标体系对评价目标进行定量化评价的方法,其关键技术是选择科学、合理的指标构建指标体系。在指标选取过程中,应遵循科学性、可操作性、区域性、应用性、可持续性等原则。

在研究区范围,煤炭产业发达,大气环境、水环境压力大,污染严重。而研究区也是当地农业主产区,土地尤其是耕地的数量、质量影响其农业生产,甚至影响到粮食安全。因此,结合当前研究区经济发展过程中产生的重点环境问题,本书进行环境承载力评价选取了水环境、大气环境、土地环境三大环境因子。

环境承载力指标体系共分为 3 级。目标层是研究区环境承载力,准则层包括水环境、大气环境、土地环境,指标层一共有 12 个指标。环境承载力评价指标体系见表 5-11。

在指标层中,各指标释义及计算公式见表 5-12。

四、研究区环境承载力现状评价

1. 评价模型

采用综合评价法对环境承载力进行评价,计算公式为:

$$EEC = \sum_{j=1}^{m} R_j w_j \tag{5-23}$$

式中:EEC——环境承载力综合评价得分;

R_j——第 j 个准则的指标得分;

w_j——第 j 个准则的权重;

m——准则层的数量,这里 $m=3$。

表 5-11 环境承载力评价指标体系

目标层	准则层	指标层
环境承载力 A	水环境 B_1	工业废水排放量 C_1
		生活污水排放量 C_2
		化学需氧量排放量 C_3
		氨氮排放量 C_4
		饮用水源水质达标率 C_5
	大气环境 B_2	二氧化硫浓度 C_6
		可吸入颗粒物(PM10)浓度 C_7
		细颗粒物(PM2.5)浓度 C_8
		二氧化氮浓度 C_9
		空气质量好于二级天数比例 C_{10}
	土地环境 B_3	地质灾害次数 C_{11}
		农药施用量 C_{12}

表 5-12 环境承载力评价指标体系

指标	单位	释义	计算公式
工业废水排放量 C_1	亿 t	经过企业厂区所有排放口排到企业外部的工业废水的年排放总量	
生活污水排放量 C_2	亿 t	居民生活污水的年排放总量	
化学需氧量排放量 C_3	万 t	水体中化学需氧量年排放总量	
氨氮排放量 C_4	万 t	水体中氨氮年排放总量	
饮用水源水质达标率 C_5	%	饮用水源水质达标量与取水量之比	饮用水源水质达标量÷取水总量×100%
二氧化硫浓度 C_6	$\mu g/m^3$	空气中二氧化硫年平均浓度	
可吸入颗粒物(PM10)浓度 C_7	$\mu g/m^3$	空气中可吸入颗粒物年平均浓度	
细颗粒物(PM2.5)浓度 C_8	$\mu g/m^3$	空气中细颗粒物年平均浓度	
二氧化氮浓度 C_9	$\mu g/m^3$	空气中二氧化氮年平均浓度	
空气质量好于二级天数比例 C_{10}	%	空气质量指数(AQI)达到优良天数占全年总天数的比例	AQI达优良天数÷全年总天数×100%
地质灾害次数 C_{11}	次	1 年内地质灾害发生的次数	
农药施用量 C_{12}	t	农业生产中农药的年施用总量	

$$R_j = \sum_{i=1}^{n} C_i w_i \qquad (5-24)$$

式中：C_i——指标层第 i 个指标的具体得分；

w_i——第 i 个指标的权重；

n——该准则层所包含的指标数量。

2. 数据标准化处理

鉴于数据的可得性，本书采用晋城市 2013—2016 年统计数据进行评价，数据来源于《晋城市环境质量公报（2013—2016）》和《晋城统计年鉴（2013—2016）》。

在环境承载力的评价指标中，从是否有利于提高环境承载力的角度来看，存在两类不同的指标：正向指标和逆向指标。正向指标是指该指标对提高环境承载力有正向作用，数值越大，环境承载力越大；逆向指标是指该指标对提高环境承载力有负向作用，环境承载力随该指标数值增加而减小。在上述构建的评价指标体系中，饮用水源水质达标率、空气质量优于二级天数比例两项指标为正向指标，其余均为逆向指标。

由于各指标值量纲不同，需要首先进行标准化处理。运用极差法对上述构建的指标体系中的各指标值进行标准化处理。

对于正向指标：

$$y_{ij} = \frac{x_{ij} - \min(x_j)}{\max(x_j) - \min(x_j)} \qquad (5-25)$$

式中：y_{ij}——某项指标样本数据的评价值；

x_{ij}——该指标样本数据的实测值；

$\min(x_j)$——该指标所有样本数据中的极小值；

$\max(x_j)$——该指标所有样本数据中的极大值。

对于逆向指标：

$$y_{ij} = \frac{\max(x_j) - x_{ij}}{\max(x_j) - \min(x_j)} \qquad (5-26)$$

表 5-13 是研究区环境承载力评价的指标值。

表 5-14 是研究区环境承载力评价的指标标准化值。

3. 权重确定

采用层次分析法确定各指标权重。

层次分析法的步骤如下。

（1）建立层次结构模型。首先确定研究对象并进行分析，确定研究的目标，根据不同目标确定能实现目标的可选方案；然后根据不同目标及其实现方案的差异，自上而下进行分层，包括目标层、准则层和指标层，从而构建一个多层次的递阶模型。目标层中一般只有一个元素，它是拟分析问题的理想结果或预期总目标；预期总目标可以包括几个具体目标，是总目标的具体化，是实现总目标所涉及的中间环节，是实现总目标的具体准则，可以有一个层次,也可以包含多个层次,从而形成准则层;准则层以下是方案层,是指实现某一具体目标可供选择的各种方案、措施等。其结构如图 5-1 所示。

表 5-13 研究区环境承载力评价指标值

年份		单位	2013 年	2014 年	2015 年	2016 年
水环境指标	工业废水排放量 C_1	亿 t	0.57	0.57	0.57	0.60
	生活污水排放量 C_2	亿 t	0.57	0.62	0.66	0.73
	化学需氧量排放量 C_3	万 t	3.35	3.25	3.01	2.88
	氨氮排放量 C_4	万 t	0.48	0.47	0.44	0.41
	饮用水源水质达标率 C_5	%	100	100	100	100
大气环境指标	二氧化硫浓度 C_6	$\mu g/m^3$	89	68	57	70
	可吸入颗粒物(PM10)浓度 C_7	$\mu g/m^3$	152	128	111	111
	细颗粒物(PM2.5)浓度 C_8	$\mu g/m^3$	89	64	57	62
	二氧化氮浓度 C_9	$\mu g/m^3$	32	39	36	40
	空气质量好于二级天数比例 C_{10}	%	38.9	56.99	72.05	64.66
土地环境指标	地质灾害次数 C_{11}	次	1	2	1	2
	农药施用量 C_{12}	t	49 945	48 451	45 426	44 297

表 5-14 研究区环境承载力评价指标标准化值

年份		2013 年	2014 年	2015 年	2016 年
水环境指标	C_1	1.000 0	1.000 0	1.000 0	0.000 0
	C_2	1.000 0	0.687 5	0.437 5	0.000 0
	C_3	0.000 0	0.212 8	0.723 4	1.000 0
	C_4	0.000 0	0.142 9	0.571 4	1.000 0
	C_5	0.000 0	0.000 0	0.000 0	0.000 0
大气环境指标	C_6	0.000 0	0.656 3	1.000 0	0.593 8
	C_7	0.000 0	0.585 4	1.000 0	1.000 0
	C_8	0.000 0	0.781 3	1.000 0	0.843 8
	C_9	1.000 0	0.125 0	0.500 0	0.000 0
	C_{10}	0.000 0	0.545 7	1.000 0	0.777 1
土地环境指标	C_{11}	1.000 0	0.000 0	1.000 0	0.000 0
	C_{12}	0.000 0	0.264 5	0.800 1	1.000 0

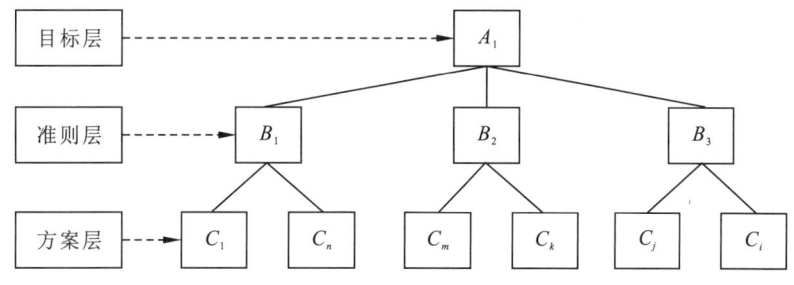

图 5-1 层次分析法结构图

(2)构建判断矩阵。判断矩阵是层次分析法重要的基本信息,它表达了不同因素对总目标的重要程度。它可以通过在总目标(A)下准则层($B_1,B_2,\cdots,B_n$)各要素两两比较重要性来确定。比如,矩阵元素 B_{ij} 是指在总目标(A)下,准则层要素 B_1 相对于 B_j 的重要性。相对重要性可以运用萨蒂的 1~9 值法决定,见表 5-15。

表 5-15 层次分析法 1~9 尺度表

标度	含义
1	表示两个因素具有相同重要性
3	表示两个因素中的前者比后者稍重要
5	表示两个因素中的前者比后者明显重要
7	表示两个因素中的前者比后者强烈重要
9	表示两个因素中的前者比后者极端重要
2、4、6、8	表示上述相邻判断的中间值
倒数	若因素 C_i 与因素 C_j 的重要性之比是 a_{ij},那么因素 C_j 与因素 C_i 的重要性之比 $a_{ij}=1/a_{ji}$

(3)确定权向量。根据判断矩阵计算各层次子系统或指标项的相对权重,就是求解判断矩阵最大特征根及其对应的特征向量。

(4)矩阵一致性检验。对矩阵的一致性进行检验,包括单一矩阵检验和整体一致性检验。构造判断矩阵对各因素进行两两比较,若比较后所作的判断前后完全一致,则所构造的判断矩阵就是完全一致的正互反矩阵。根据矩阵理论,只有在所建立的判断矩阵完全一致的条件下,由 $AW=\lambda W$ 求得的特征根才有唯一非零解 $\max(\lambda)=n$,其余特征根均为零,这时各指标的权重值才可直接由判断矩阵最大特征根所对应的最大特征向量导出。但是,由于客观世界是复杂的,而人类认知又存在局限性,使得构造判断矩阵后所作的判断并非都满足完全一致的条件。

若这个判断矩阵不具有完全一致性,则其最大特征根 $\max(\lambda)>n$,其余特征根均为负值,则 $\sum_{i=2}^{n}\lambda_i<0$。萨蒂经过严密的数学论证后提出,可以根据正互反矩阵的特性,用判

断矩阵最大特征根以外其余特征根的负平均值,来度量在建立判断矩阵进行成对比较时指标偏离一致性的程度。

对判断矩阵进行一致性检验的步骤如下:

①计算一致性指标 CI:

$$CI = \frac{\lambda_{max} - n}{n - 1} \tag{5-27}$$

②找相应的平均随机一致性指标 RI。对 $n=1,\cdots,9$,萨蒂给出了 RI 的值,如表 5-16 所示。

表 5-16 随机一致性指标 RI 值表

n	1	2	3	4	5	6	7	8	9
RI	0	0	0.58	0.90	1.12	1.24	1.32	1.41	1.45

③计算一致性比例 CR。当 CR<0.10 时,认为判断矩阵的一致性是可以接受的,否则应对判断矩阵作适当修正。

$$CR = \frac{CI}{RI} \tag{5-28}$$

通过上述计算就完成了对每一个两两比较的矩阵进行一致性检验。由于体系是多层次的,尽管通过了单一矩阵一致性检验,但每个矩阵的非一致性可能积累起来,带来整体的不一致性,因此,还需要进行整体的一致性检验。整体一致性检验的步骤与单一矩阵的一致性检验相似。设 C 层中与 B_j 相关的因素的成对比较矩阵通过一致性检验,单一矩阵的一致性指标为 $CI(j),(j=1,\cdots,m)$,相应的平均随机一致性指标为 $RI(j)$,求得 C 层总排序一致性比例 CR。当 CR<0.10 时,认为整体排序结果具有较满意的一致性,该分析结果可接受。

对各层指标进行反复比较,得出各层次指标相对于上一层次指标的判断矩阵,然后比较各判断矩阵的相对重要度,再计算一致性比例判断结果是否能通过一致性检验。经计算,指标权重见表 5-17。

4. 研究区环境承载力评价结果

利用评价模型,研究区环境承载力评价结果见表 5-18。

根据评价结果,研究区环境承载力从 2013 年的 0.205 1 增加到 2015 年的 0.763 4,2016 年环境承载力略有下降,为 0.713 4。整体来看,环境承载力不断增加,环境质量逐渐改善(图 5-2)。

水环境承载力缓慢增加,由 2013 年的 0.274 8 增加到 2016 年的 0.626 6。泽州县在"十一五"期间全面开启建设节水型社会模式,实行最严格的水资源管理制度,"十二五"期间进一步积极推进全社会节约用水工作,提高用水效率;不断加强企业废水排放的监督管理,尽可能减少工业废水排放量;新建中心水厂和污水处理厂,加强煤矿弃水利用和污水处理、回用。因此,管理效果初步显现,水环境承载力不断提高。

表 5-17 环境承载力评价指标权重表

目标层	准则层	权重	指标层	权重
环境承载力	水环境	0.378 6	工业废水排放量 C_1	0.098 6
			生活污水排放量 C_2	0.176 2
			化学需氧量排放量 C_3	0.313 3
			氨氮排放量 C_4	0.313 3
			饮用水源水质达标率 C_5	0.098 6
	大气环境	0.290 0	二氧化硫浓度 C_6	0.158 0
			可吸入颗粒物(PM10)浓度 C_7	0.158 0
			细颗粒物(PM2.5)浓度 C_8	0.439 7
			二氧化氮浓度 C_9	0.158 0
			空气质量好于二级天数比例 C_{10}	0.086 3
	土地环境	0.331 4	地质灾害次数 C_{11}	0.166 7
			农药施用量 C_{12}	0.833 3

表 5-18 研究区环境承载力评价结果表

	2013 年	2014 年	2015 年	2016 年
B_1	0.274 8	0.331 2	0.581 4	0.626 6
B_2	0.158 0	0.606 5	0.921 0	0.689 9
B_3	0.166 7	0.220 4	0.833 3	0.833 3
A	0.205 1	0.374 3	0.763 5	0.713 4

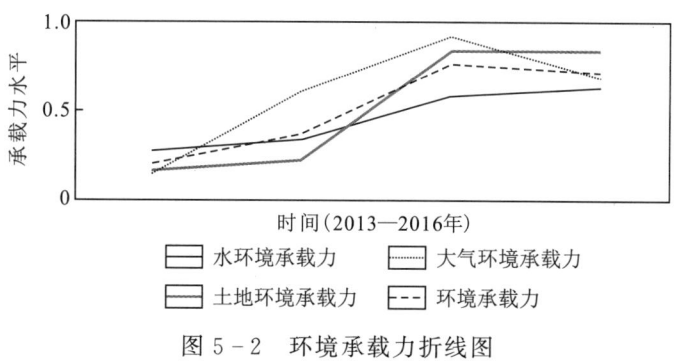

图 5-2 环境承载力折线图

土地环境承载力迅速增加,由 2013 年的 0.166 7 增加到 2015 年的 0.833 4。这是因为泽州县农业生产过程中化肥施用量不断减少。农业生产过程中,开始注重更科学的生产方式,通过增加农业机械使用率、灌溉、土壤培肥等其他环境友好型投入来提高农业生产率,减少化肥施用量,从而减少对土壤环境的污染。

大气环境承载力迅速增加,由 2013 年的 0.158 0 迅速增加到 2015 年的 0.921 0,在 2016 年出现回降,降为 0.689 9。煤炭燃烧排放二氧化硫、氮氧化物,成为形成 PM2.5 的主要来源,影响城市的空气环境质量。近年来,泽州县不断加强对燃煤的管理,从"末端治理"向"源头控制"改进。尽可能减少煤炭燃烧,利用清洁能源,如煤层气、电力等代替燃煤。无法替代的企业,要求尽量使用无烟煤,减少燃煤带来的空气污染。

总体来看,泽州县环境承载力呈现出不断增加的良好趋势,为未来社会经济发展创造了有利的环境基础条件。

第四节 北方压煤山丘区大气环境容量分析

本书通过研究区大气环境容量和大气环境承载力相对剩余率两个指标来分析大气环境容量,首先计算区域大气环境容量,定量地确定大气环境对污染物的承受能力,然后分析大气环境承载力相对剩余率,为工业企业生产的排污总量控制提供科学依据,为区域产业结构优化和产业升级确定目标,从而指导地区土地利用优化配置,保证为城市社会经济持续稳定发展提供健康安全的区域大气环境,保证环境效益、经济效益和社会效益的统一。

一、基本概念

1. 大气环境容量概念

大气环境容量是指在保持大气一定净化能力的情况下,允许排放某种污染物的总量。在实际研究时,人们较多关注区域大气环境容量。它是指某区域在自身气象条件下,有一定排污源的情况下,以满足该区域大气环境质量目标为限制,单位时间内所能允许的各类污染源向大气中排放某种污染物的总量。

可见,区域大气环境容量受两方面因素的影响:一是自然因素,即区域的气象条件,它影响着污染物在大气中的输送、扩散、干湿沉积以及各种化学清除与转化过程等;二是社会因素,即社会生产生活过程中产生的污染源,包括布局、种类、排放方式等。大气环境容量以满足区域大气环境质量目标为条件,因此,是一个基于区域大气环境质量目标的概念。

2. 大气环境承载力相对剩余率概念

把大气环境承载力看作一个整体,则可分为已利用部分和未利用部分,未利用部分就是环境承载力剩余,其相对剩余率是剩余部分占总承载力的比重。大气环境承载力相对剩余率的计算可以首先用大气环境承载力评价指标体系中各单项指标的环境标准值与其实测值之差计算剩余量,然后用剩余量与其环境标准值的比值计算剩余率。

二、分析方法

1. 大气环境容量分析方法

本书采用 A 值法进行大气环境容量分析。

A 值法是大气环境容量估算的重要方法之一。该方法以目前国内广泛采用的箱模型为基础推导出大气环境容量宏观控制总量。1991 年,国家环保总局颁布的《制定地方大气污染物排放标准的技术方法》(GB/T 3840—1991)中规定,A 值法可以用来测算大气污染物排放总量。其过程如下。

把城市上空的大气层看作一个箱体,假设污染物浓度在此箱体混合层内是处处相等的,且整个城市的面源强度 Q_a(总源强除以面源面积)相同,城市上空的混合层高度为 H_i,那么大气层中距城市上风向边缘 Δx 处大气污染物的平均浓度为:

$$C = \frac{Q_a \Delta x}{u H_i} \tag{5-29}$$

式中:C——大气污染物平均浓度(mg/m³);

Q_a——箱内单位面积平均源强,即污染物单位时间内在单位面积上的排放量(万 t/a);

Δx——箱内顺风长度(m);

u——地面风速(m/s)。

由于不同区域的地形条件不同,地貌特征各异,污染物沉降过程的干沉降、湿沉降的迁移过程不同,转化过程中对污染物的吸收、吸附、化合、分解等能力也不同,综合考虑上述因素的差异性,箱内任一点处的平均浓度可表述为:

$$\bar{C} = \frac{\bar{u} C_b + \Delta x Q_a / H_i}{\bar{u} + (u_d + W_r R + H_i / T_c) \times \Delta x / H_i} \tag{5-30}$$

式中:$\bar{C}$——箱内大气污染物平均浓度(mg/m³);

$\bar{u}$——平均风速(m/s);

C_b——由上风向进入该箱内的大气污染物本底浓度(mg/m³);

Δx——箱内顺风长度(m);

u_d——干沉积速度(cm/s);

W_r——清洗比(无量纲);

R——年降水量(mm/a);

T_c——污染物半衰减周期(a)。

在不考虑箱体外界上风向带入箱体内的大气污染物的情况下,即 C_b 为零,用相关大气污染物浓度的环境标准限值 C_S 代替 C,则可推导出:

$$q_s = C_s \bar{u} H_i / \Delta x + (u_d + W_r R + H_i/T_c) C_s \qquad (5-31)$$

式中：q_s——允许排放密度（mg/m²·s）。

研究区域面积 S 为：

$$S = \pi (\Delta x/2)^2 \qquad (5-32)$$

那么，在控制周期 T 时间内，整个研究区内允许排放污染物的总量为：

$$Q_a = q_s \times S \times T \qquad (5-33)$$

考虑一年的周期，则：

$$Q_a = 3.1536 \times 10^{-3} C_s \left[\frac{\sqrt{\pi} V_E \sqrt{S}}{2} + S(u_d + W_r R + H_i/T_c) \times 10^3 \right] \qquad (5-34)$$

式中：V_E——通风量（m²/s），$V_E = \bar{u} H_i$；其他符号同上。

设：$A = 3.1536 \times 10^{-3} \sqrt{\pi} V_E / 2$，则：

$$Q_a = A C_s \sqrt{S} + 3.1536 C_s S (u_d + W_r R + H_i/T_c) \qquad (5-35)$$

在式(5-35)中，等式右侧共有4项。其中，第1项代表大气污染物平流输送扩散项，第2项代表干沉积迁移项，第3项代表湿沉积迁移项，第4项代表化学转化项。

一般地，降雨对污染物产生的湿沉积作用和干沉积作用与通风稀释作用产生的结果无法比拟，因此可忽略干沉积迁移项和湿沉积迁移项。假设污染物的半衰期足够大，那么，也可忽略化学转化项。

则上式简化为：

$$Q_a = A C_s \sqrt{S} \qquad (5-36)$$

可见，计算区域大气污染物允许排放量的关键是如何确定 A 值。关于 A 值的取值，《制定地方大气污染物排放标准的技术方法》（GB/T 3840—1991）中，根据各区域的地形、气候等条件，将全国划分为 6 个区域，确定了各区域 A 值的范围，并给出了一个推荐值，详见表 5-19。

表 5-19 全国不同区域 A 值范围

序号	省（市）名	A 值	推荐 A 值
1	新疆、西藏、青海	7.0～8.4	7.14
2	黑龙江、吉林、辽宁、内蒙古（阴山以北）	5.6～7.0	5.74
3	北京、天津、河北、河南、山东	4.2～5.6	4.34
4	内蒙古（阴山以南）、山西、陕西（秦岭以北）、宁夏、甘肃（渭河以北）	3.5～4.9	3.64
5	上海、广东、广西、湖南、湖北、江苏、浙江、安徽、海南、台湾、福建、江西	3.5～4.9	3.64
6	云南、贵州、四川、甘肃（渭河以南）、陕西（秦岭以南）	2.8～4.2	2.94
7	静风区（年平均风速小于1m/s）	1.4～2.8	1.54

2. 大气环境承载力相对剩余率计算方法

大气环境承载力相对剩余率的计算可以用公式：

$$p_i = \frac{c_{i0} - c_i}{c_{i0}} \times 100\% \tag{5-37}$$

式中：p_i——某单项指标的环境承载力相对剩余率(%)；

c_{i0}——该单项指标的环境标准值；

c_i——该单项指标的实测值。

三、北方压煤山丘区大气环境容量分析

1. 大气环境容量预测

运用前文所述的 A 值法，估算研究区大气环境容量。由于数据收集的困难性，根据《晋城市环境质量公报》，对晋城市大气环境容量进行分析，结果见表 5-20。

表 5-20 大气环境容量分析表

序号	污染物项目	泽州县环境容量（万 t/a）	晋城市环境容量（万 t/a）	2015 年晋城市排放量（万 t/a）
1	二氧化硫(SO_2)	9.823 6	21.197 9	8.382 8
2	二氧化氮(NO_2)	6.549 1	14.131 9	
3	一氧化碳(CO)	0.654 9	1.413 2	
4	臭氧(SO_3)	26.196 4	56.527 7	
5	粒径小于等于 10μm 颗粒物(PM10)	11.460 9	24.730 9	
6	粒径小于等于 2.5μm 颗粒物(PM2.5)	5.730 5	12.365 4	
7	总悬浮颗粒物(TSP)	32.745 4	70.659 7	
8	氮氧化物(NO_x)	8.186 4	17.664 9	8.001 9

根据表 5-20 可知，2015 年，晋城市二氧化硫（SO_2）排放量占大气环境容量的 39.55%，氮氧化物（NO_x）排放量占大气环境容量的 45.3%，从大气容量角度来看，大气环境质量较好。

2. 大气环境承载力相对剩余率

根据《环境空气质量标准》(GB 3095—2012)，环境空气功能区分为两类：一类区包括自然保护区、风景名胜区及其他需要特殊保护的区域；二类区包括农村地区、工业区、文化区、商业交通居民混合区和居住区。一类区需满足一级浓度限制，二类区需满足二级浓度限制。研究区是农村地区，属于二类区，适用二级浓度限制，其环境空气污染物基本项目

浓度限值见表 5-21。

表 5-21 二类区环境空气污染物基本项目浓度限值表

序号	污染物项目	平均时间	浓度限值	单位
1	二氧化硫(SO_2)	年平均	60	$\mu g/m^3$
2	二氧化氮(NO_2)	年平均	40	$\mu g/m^3$
3	一氧化碳(CO)	24h 平均	4	mg/m^3
4	臭氧(O_3)	日最大 8h 平均	160	$\mu g/m^3$
5	PM10	年平均	70	$\mu g/m^3$
6	PM2.5	年平均	35	$\mu g/m^3$
7	总悬浮颗粒物(TSP)	年平均	200	$\mu g/m^3$
8	氮氧化物(NO_x)	年平均	50	$\mu g/m^3$

同样,对晋城市大气环境承载力相对剩余率进行分析,结果见表 5-22(数据来源于《晋城市环境质量公报》)。

表 5-22 晋城市大气环境承载力相对剩余率计算表

序号	污染物项目	浓度限值	2015 年平均浓度	单位	大气环境承载力相对剩余率
1	二氧化硫(SO_2)	60	57	$\mu g/m^3$	5%
2	二氧化氮(NO_2)	40	36	$\mu g/m^3$	10%
3	一氧化碳(CO)	4	3.3	mg/m^3	17.5%
4	臭氧(O_3)	160	94	$\mu g/m^3$	41.25%
5	PM10	70	111	$\mu g/m^3$	-58.57%
6	PM2.5	35	57	$\mu g/m^3$	-62.86%
7	总悬浮颗粒物(TSP)	200	—	$\mu g/m^3$	
8	氮氧化物(NO_x)	50	—	$\mu g/m^3$	

根据计算结果,2015 年,晋城市大气污染物中,二氧化硫(SO_2)、二氧化氮(NO_2)、一氧化碳(CO)、臭氧(O_3)有一定剩余容量,其中臭氧(O_3)剩余率较高,二氧化硫(SO_2)、二氧化氮(NO_2)、一氧化碳(CO)剩余率很小,接近浓度限值,但 PM10、PM2.5 排放浓度均严重超过二类区浓度限值。

根据《晋城市环境质量公报》可知，在二氧化硫（SO_2）排放中，工业二氧化硫排放量最大，工业产业中又以电力、冶金、化工3个行业排放量最大，3个行业二氧化硫排放量占全市工业二氧化硫总排放量的88.42%。在氮氧化物的排放中，工业氮氧化物排放量最大，其中电力、建材、化工、冶金4个行业的氮氧化物排放量最大，占全市工业氮氧化物总排放量的95.05%。

通过以上分析可知，一方面，晋城市大气环境质量不佳，多种大气污染物排放浓度接近甚至超过浓度限值，大气污染物多来源于工业生产，尤其是以煤炭资源为原材料的电力、化工等行业给大气环境带来较大污染，在未来发展过程中，需通过产业升级促进清洁生产，削减大气污染物；另一方面，可以通过限制甚至禁止电力、化工等行业新增建设用地避免工业新污染源增加，从而实现大气污染物总量控制。

第五节　北方压煤山丘区水环境质量分析

研究区地表水主要是长河。长河由北向南，流经研究区内多个村庄，成为当地生产、生活污水集中排放的纳污河流。

研究区地下水有奥陶系灰岩岩溶裂隙水、太原组灰岩裂隙岩溶潜水等，是当地农村居民生活用水的主要来源。

本书对长河的水质及其纳污能力进行分析，对当地地下水水质进行评价，为有效控制水体污染提供科学合理的依据，为地区经济增长、土地综合整治确定水资源承载力上限。

一、地表水环境质量分析

研究区长河流域是当地工业污水排放的重要场所，山西晋煤集团泽州天安宏祥煤业有限公司、山西泽州天泰岳南煤业有限公司、晋城蓝焰煤业股份有限公司成庄矿3个煤炭企业的工业废水都排放在长河流域。因此，在3个煤炭企业排污口上游、排污口入长河处和下游分别设立监测断面，对其水环境质量进行监测，监测时间是2016年6月—7月，监测项目包括pH值、COD、氨氮、BOD_5、挥发酚、硫化物、石油类等。监测结果见表5-23。

根据水环境质量控制标准，长河流域水质要求达到Ⅳ类水，根据《地表水环境质量标准》(GB 3838—2002)中Ⅳ类水体标准值，对研究区地表水环境质量进行评价，结果见表5-24。

根据评价结果，得出如下信息。

（1）山西晋煤集团泽州天安宏祥煤业有限公司排污口入长河上游500m处，氨氮、总氮超标；入长河处，氨氮、总氮超标；到下游2 500m处，氨氮、总氮浓度有所下降，但仍然超标。其他监测项目均能达到《地表水环境质量标准》(GB 3838—2002)中Ⅳ类水质标准。

表5-23 长河水环境质量监测结果

煤炭企业	断面	pH值	汞	COD	氨氮	BOD$_5$	高锰酸钾指数	挥发酚	砷	六价铬	硫化物	阴离子表面活性剂	石油类	水温（℃）	总氮	流量（m³/s）
山西晋城煤业集团	排污口入长河上游500m处	8.11	1×10^{-5}	28	6.87	3.2	3.4	0.000 7	0.007	0.004	0.008	0.059	0.14	9	8.19	0.021
泽州天安宏祥煤业有限公司	排污口入长河处	8.13	1×10^{-5}	24	9.48	4.2	6.3	0.000 6	0.007	0.004	0.010	0.053	0.11	7.7	11.8	0.030
	排污口下游2 500m处	8.23	1×10^{-5}	27	5.74	5.4	4.9	0.000 3	0.007	0.004	0.015	0.066	0.21	8.4	6.65	0.035
山西天泰岳南煤业有限公司	排污口上游	8.04	1×10^{-5}	27	3.10	12.6	4.12	0.003 2	0.07	0.013	0.005	0.16	3.94	17	2.83	0.153
	排污口入长河处	7.84	1×10^{-5}	19	1.38	4.0	4.02	0.002 5	0.07	0.008	0.008	0.76	1.32	18	2.12	0.147
	排污口入长河下游1km处	7.91	1×10^{-5}	25	1.44	3.6	3.63	0.002 3	0.07	0.009	0.006	0.08	0.93	18	1.80	0.15

煤炭企业	断面	pH值	COD	氨氮	BOD$_5$	石油类	挥发酚	硫化物	流量（m³/s）
晋城蓝焰煤业股份有限公司	污水汇入长河下游100m处	8.01	29	5.65	17.1	0.05	0.000 3	0.020	0.150
	长河下游1 500m处	8.00	23	7.17	7.0	0.06	0.000 3	0.010	0.160

第五章 泽州县长河流域土地综合整治中的资源环境管理研究

表 5-24 长河水环境质量评价结果

监测项目

煤炭企业	断面	pH值	汞	COD	氨氮	BOD$_5$	高锰酸钾指数	挥发酚	砷	六价铬	硫化物	阴离子表面活性剂	石油类	水温(℃)	总氮	流量(m³/s)
	标准值	6~9	≤0.001	≤30	≤1.5	≤6	≤10	≤0.01	≤0.1	≤0.05	≤0.5	≤0.3	≤0.5		≤1.5	
山西晋煤集团	排污口入长河上游500m处	8.11	1×10⁻⁵L	28	6.87	3.2	3.4	0.0007	0.007L	0.004L	0.008	0.059	0.14	9	8.19	0.021
	评价结果	达标	清洁	达标	超标	达标	达标	达标	清洁	清洁	达标	达标	达标		超标	
泽州天安芝祥煤业有限公司	排污口入长河处	8.13	1×10⁻⁵L	24	9.48	4.2	6.3	0.0006	0.007L	0.004L	0.010	0.053	0.11	7.7	11.8	0.030
	评价结果	达标	清洁	达标	超标	达标	达标	达标	清洁	清洁	达标	达标	达标		超标	
	排污口下游2 500m处	8.23	1×10⁻⁵L	27	5.74	5.4	4.9	0.0003	0.007L	0.004L	0.015	0.066	0.21	8.4	6.65	0.035
	评价结果	达标	清洁	达标	超标	达标	达标	达标	清洁	清洁	达标	达标	达标		超标	
	标准值	6~9	≤0.001	≤30	≤1.5	≤6	≤10	≤0.01	≤0.1	≤0.05	≤0.5	≤0.3	≤0.5		≤1.5	
山西泽州天泰岳南煤业有限公司	排污口上游	8.04	1×10⁻⁵L	27	3.10	12.6	4.12	0.0032	0.07L	0.013	0.005	0.16	3.94	17	2.83	0.153
	评价结果	达标	清洁	达标	超标	超标	达标	达标	清洁	清洁	达标	达标	超标		超标	
	排污口入长河处	7.84	1×10⁻⁵L	19	1.38	4.0	4.02	0.0025	0.07L	0.008	0.008	0.76	1.32	18	2.12	0.147
	评价结果	达标	清洁	达标	达标	达标	达标	达标	清洁	清洁	达标	超标	超标		超标	
	排污口入长河下游1km处	7.91	1×10⁻⁵L	25	1.44	3.6	3.63	0.0023	0.07L	0.009	0.006	0.08	0.93	18	1.80	0.15
	评价结果	达标	清洁	达标	达标	达标	达标	达标	清洁	清洁	达标	达标	超标		超标	

监测项目

煤炭企业	断面	pH值	COD	氨氮	BOD$_5$	石油类	硫化物	挥发酚	流量(m³/s)
	标准值	6~9	≤30	≤1.5	≤6	≤0.5	≤0.5	≤0.01	
晋城蓝焰煤业股份有限公司成庄矿	污水汇入长河下游100m处	8.01	29	5.65	17.1	0.05	0.020	0.0003L	0.150
	评价结果	达标	达标	超标	超标	达标	达标	达标	
	长河下游1 500m处	8.00	23	5.17	7.0	0.06	0.010	0.0003L	0.160
	评价结果	达标	达标	超标	超标	达标	达标	达标	

(2) 山西泽州天泰岳南煤业有限公司排污口上游,氨氮、五日生化需氧量、石油类、总氮超标,其他项目达标;入长河处,石油类、总氮、阴离子表面活性剂超标,其他项目达标;到下游1km处,石油类、总氮浓度下降,但仍超标,其他项目达标。

(3) 晋城蓝焰煤业股份有限公司成庄矿排污口下游100m处,氨氮、五日生化需氧量超标;到下游1km处,氨氮、五日生化需氧量浓度下降,但仍超标,其他监测项目达标。

可见,由于周边工业生产产生的污染物未经处理直接排放,导致长河水质较差,尤其是氨氮、总氮超标情况比较严重。

二、地表水环境容量分析

根据评价结果,长河COD浓度没有超标。作为研究区主要的纳污河流,其纳污能力决定着未来工业生产的规模,因此分析长河COD水环境容量具有重要意义,可以为当地工业发展水平确定水环境容量框架,为社会经济协调稳定发展提供科学依据。

水环境是生态系统在与外界进行物质交换、能量转换和信息交流过程中,不断进行自我调节产生的结果,而水环境容量在一定程度上可以反映水生态环境与社会经济活动的密切程度。水环境容量是指在规定的环境目标下,水体环境所能容纳的污染物数量,即纳污能力。水环境容量首先基于一定的环境目标,不同的环境目标,水环境容量不同。在确定的环境目标下,水环境容量大小与水体特征、污染物特性等因素有关,同时水环境容量还受到污染物排放的方式、时空分布等因素的影响。

水质模型是描述河流水体中污染物变化的数学表达式。对于中小河流,如果河流宽深比较小,且无论在横向还是垂向上,污染物都能快速混合,则可以忽略横向和垂向的污染物浓度梯度,此时,水体中污染物浓度变化可以用一维稳态水质模型来描述。研究区域内的长河属于中小河流,枯季流量小于$0.1m^3/s$,因此,其污染物的浓度变化可以表示为:

$$u\frac{\partial C}{\partial x} = E\frac{\partial^2 C}{\partial x^2} - KC \tag{5-38}$$

式中:C——污染物浓度(mg/L);
x——沿河段的纵向距离(m);
u——河道断面的平均流速(m/s);
K——污染物综合衰减系数(1/d);
E——河流纵向离散系数(m^2/s)。

忽略离散作用即$E=0$时,有:

$$C_x = C_0 \exp\left[-K\frac{x}{u}\right] \tag{5-39}$$

式中:C_0——上游断面的污染物浓度(mg/L);
C_x——流经x距离后的污染物浓度(mg/L)。

一般来说,污染物的排放多沿河岸分布,每一河段内可能有多个污染源,这就为环境容量的计算带来一定程度的复杂性。为简化计算,可以将河段内多个排污口集中为一个概化排污口,假设此概化排污口位于河段中点处,即相当于在该河段只有一个集中点源。概化后的污染物浓度公式为:

$$C_{x=L} = C_0 \exp\left[\frac{-KL}{u}\right] + \frac{m}{Q}\exp\left[\frac{-KL}{u}\right] \tag{5-40}$$

式中：$C_{x=L}$——河段下断面污染物浓度(mg/L);

L——河段长度(m);

m——污染物入河速率(g/s);

Q——河道初始断面的入流流量(m^3/s)。

当河道下断面水质目标为 C_s 时,水体的环境容量计算公式为:

$$M = (C_s - C_{x=L})(Q + Q_p) \tag{5-41}$$

式中：M——河段环境容量(g/s);

C_s——河段下断面水质目标浓度值(mg/L);

Q_p——废污水排放流量(m^3/s)。

河道断面流速与断面流量成正比关系:

$$u = aQ^b \tag{5-42}$$

可以通过对已有资料河流进行回归拟合,确立二者之间的经验系数 a、b。

水质目标是指根据水体使用功能而设定的水质最低值。可采用《地表水环境质量标准》(GB 3838—2002)中确定的值。

综合衰减系数反映了污染物在水体作用下降解速度的快慢。大量科学实验和研究资料都表明,衰减系数主要受到河流水文条件的影响,如河流流速、流量、水深、河宽、泥沙含量等,此外衰减系数还受到河道污染程度的影响。水利部颁布的《全国水资源综合规划技术细则》中,提出了3种确定综合衰减系数的方法:经验公式法、分析借用法和实测法。本书利用怀特经验公式计算综合衰减系数,计算公式为:

$$K = 10.3Q^{-0.49} \tag{5-43}$$

长河目标水质为Ⅳ类。根据《地表水环境质量标准》(GB 3838—2002),COD目标浓度为30mg/L。

根据一维稳态水质模型计算研究区长河流域水环境容量,计算结果环境容量为82 561.25t/a,即长河流域每年允许COD排放量为82 561.25t。2016年长河流域COD排放量共66 874t,达到水环境容量的80%,剩余容量不多。

根据以上分析,长河流域沿岸工业废水排放量较大,尤其是氨氮、总氮含量超标。长河流域水体COD浓度在目标值范围内,但2016年,COD总排放量已经达到水环境容量的80%,要保证长河水环境安全卫生,就必须减少煤炭生产废水排放量,或者在进行污水处理后再排放到流域中。

三、地下水环境质量分析

研究区地下水主要有孔隙水、裂隙水和岩溶水等,在辛壁、贾泉、段都、沟西、焦河、天户、东烟等村都有水井,因此,对部分村庄在地下水采样后进行水环境质量监测,主要监测项目包括 pH、总硬度、氟化物、氨氮、硫酸盐、NO_3—N、NO_2—N、挥发酚、六价铬、汞、砷、锰、铁、高锰酸盐指数、总大肠菌群、细菌总数等项。同时测量井深、水位等。监测时间是 2016 年 6 月,连续监测 3 天,每天采样 1 次,监测结果见表 5-25,表中的结果是 3 天监测结果的平均值。

表 5-25 研究区地下水环境质量监测结果

监测点位	下村镇	沟西村	段都村	辛壁村	沙沟村	原庄村	车郭庄村
pH	7.23	7.61	7.86	7.3	7.47	7.43	7.35
总硬度	564	241	514	448	338	362	401
溶解性总固体(mg/L)		350	881				577
高锰酸盐指数(mg/L)	0.5	0.5	0.71	0.45	0.7	0.6	0.7
氟化物(mg/L)	1.28	0.24	0.78	0.79	0.49	0.4	0.45
氯化物(mg/L)				ND			31.5
氨氮(mg/L)	0.02	0.02	0.01	0.062	0.02	0.02	0.02
硫酸盐(mg/L)	359	86.3	283	273	61.4	40.3	168
硝酸盐(以 N 计)(mg/L)	0.75	7.4	2.45	11.2	0.54	3.8	3
亚硝酸盐(以 N 计)(mg/L)	0.007	0.001	0.004	ND	0.004	0.006	0.001
挥发酚(mg/L)		0.002	0.002	ND			0.002
汞(mg/L)	$1×10^{-4}$L	0.0001	0.00005	ND	$1×10^{-4}$L	$1×10^{-4}$L	0.0001
镉(mg/L)				ND			0.0001
铅(mg/L)				ND			0.001
砷(mg/L)	0.01L	0.01	0.007	0.0028	0.01	0.01	0.01
六价铬(mg/L)	0.004	0.004	0.004		0.004	0.004	0.004
铁(mg/L)	0.030	0.0005	0.11	ND	0.0001	0.0001	0.012
锰(mg/L)	0.010	0.00005	0.01	ND	$1×10^{-4}$L	$1×10^{-4}$L	0.0001
锌(mg/L)							0.0002
细菌总数(个/L)	28	31	43	93	1	29	3
总大肠菌群(个/L)	<3	92	3	<3	8	<3	<3
井深(m)				60	8.5		500
水位(m)				15	3.5		250

续表 5-25

监测点位	焦河村	上小河村	天户村	马坪头村	下麓村	上麓村	东烟村
pH	7.8	7.86	7.47	7.35	7.42	7.61	7.2
总硬度	438	342	628	418	299	336	575
溶解性总固体(mg/L)		295					
高锰酸盐指数(mg/L)	0.28	0.46	1.2	0.6	0.6	0.53	0.31
氟化物(mg/L)	0.62	0.87	0.86	0.37		0.76	0.83
氯化物(mg/L)						ND	ND
氨氮(mg/L)	0.112	0.09	0.12	0.02	0.025		0.082
硫酸盐(mg/L)		116	328	82.9	82.6	145	340
硝酸盐(以 N 计)(mg/L)	5.26	2.2	6.28	4.6	3.76	7.06	13.1
亚硝酸盐(以 N 计)(mg/L)	ND	ND	0.002	0.004	0.001	ND	ND
挥发酚(mg/L)						ND	ND
汞(mg/L)	0.12	ND	0.00005	1×10^{-4}L		ND	ND
镉(mg/L)						ND	ND
铅(mg/L)						ND	ND
砷(mg/L)	0.001	ND	0.007	0.01		0.003	0.0027
六价铬(mg/L)				0.004			
铁(mg/L)	ND	0.17	0.03	0.0001		ND	ND
锰(mg/L)	ND	0.01	0.01	1×10^{-4}L		ND	ND
锌(mg/L)							
细菌总数(个/L)	8	20	50	12	27	87	85
总大肠菌群(个/L)	<3	<3	<3	25	<3	<3	<3
井深(m)	450	510	6		5	12	10
水位(m)	240	330	3		3	10	8

注:ND 表示低于方法最低检出浓度。

根据《地下水质量标准》(GB/T 14848—2017),我国地下水分为5类。其中,Ⅲ类水主要适用于集中式生活饮用水水源和农业、工业用水,其水质标准见表5-26。

表5-26 研究区地下水环境质量监测结果

项目	标准值	项目	标准值
pH	6.5~8.5	汞(mg/L)	≤0.001
总硬度	≤450	镉(mg/L)	≤0.01
溶解性总固体(mg/L)	≤1 000	铅(mg/L)	≤0.05
高锰酸盐指数(mg/L)	≤3.0	砷(mg/L)	≤0.05
氟化物(mg/L)	≤1.0	六价铬(mg/L)	≤0.05
氯化物(mg/L)	≤250	铁(mg/L)	≤0.3
氨氮(mg/L)	≤0.2	锰(mg/L)	≤0.1
硫酸盐(mg/L)	≤250	锌(mg/L)	≤1.0
硝酸盐(以N计)(mg/L)	≤20	细菌总数(个/L)	≤100
亚硝酸盐(以N计)(mg/L)	≤0.02	总大肠菌群(个/L)	≤3.0
挥发酚(mg/L)	0.002		

结合《地下水质量标准》(GB/T 14848—2017)中Ⅲ类水的水质标准,对研究区监测点地下水质量进行评价,结果见表5-27。

表5-27 研究区地下水质量评价结果

监测点位	下村镇	沟西村	段都村	辛壁村	沙沟村	原庄村	车郭庄村
pH	达标	达标	达标	达标	达标	达标	达标
总硬度	超标	达标	超标	达标	达标	达标	达标
溶解性总固体		达标	达标				达标
高锰酸盐指数	达标	达标	达标	达标	达标	达标	达标
氟化物	超标	达标	达标	达标	达标	达标	达标

续表 5-27

监测点位	下村镇	沟西村	段都村	辛壁村	沙沟村	原庄村	车郭庄村
氯化物				达标			达标
氨氮	达标	达标	达标	达标	达标	达标	达标
硫酸盐	超标	达标	超标	超标	达标	达标	达标
硝酸盐（以 N 计）	达标	达标	超标	超标	达标	达标	达标
亚硝酸盐（以 N 计）	达标	达标	达标	达标	达标	达标	达标
挥发酚	达标	达标	达标	达标	达标	达标	达标
汞	达标	达标	达标	达标	达标	达标	达标
镉	达标			达标			达标
铅	达标			达标			达标
砷	达标	达标	达标	达标	达标	达标	达标
六价铬	达标	达标	达标		达标		达标
铁	达标	达标	达标	达标	达标	达标	达标
锰	达标	达标	达标	达标	达标	达标	达标
锌	达标				达标		达标
细菌总数（个/L）	达标	达标	达标	达标	达标	达标	达标
总大肠菌群（个/L）	达标	超标	达标	达标	超标	达标	达标
监测点位	焦河村	上小河村	天户村	马坪头村	下麓村	上麓村	东烟村
pH	达标	达标	达标	达标	达标	达标	达标
总硬度	达标	达标	超标	达标	达标	达标	超标
溶解性总固体		达标					
高锰酸盐指数	达标	达标	达标	达标	达标	达标	达标
氟化物	达标	达标	达标	达标	达标	达标	达标

续表 5-27

监测点位	焦河村	上小河村	天户村	马坪头村	下麓村	上麓村	东烟村
氯化物						达标	达标
氨氮	达标	达标	达标	达标	达标		达标
硫酸盐		达标	达标	达标	达标	达标	超标
硝酸盐(以N计)	达标	达标	达标	达标	达标	达标	达标
亚硝酸盐(以N计)	达标	达标	达标	达标	达标	达标	达标
挥发酚						达标	
汞	达标	达标	达标	达标		达标	
镉						达标	
铅						达标	
砷	达标	达标	达标	达标			
六价铬				达标			
铁	达标	达标	达标	达标		达标	达标
锰	达标	达标	达标	达标			
锌							
细菌总数(个/L)	达标	达标	达标	达标	达标		达标
总大肠菌群(个/L)	达标	达标	达标	超标	达标	达标	达标

根据评价结果,研究区地下水质量较好,大部分监测项目均达到国家Ⅲ类标准,超标项目主要有以下几项。

(1)总硬度。总硬度超标的有:下村镇集中水源井、段都村、天户村、东烟村。总硬度超标的原因可能是受区域地质岩性影响,在地下水流动溶解作用下,局部地层岩体矿物质溶入地下水,或者在地质地层条件和水文地质条件共同作用下,在局部形成地下水径流滞缓区,与岩层接触时间相对较长,形成矿化度指标超标现象。

(2)氟化物。下村镇集中水源井氟化物超标。

(3)硫酸盐。硫酸盐超标的包括下村镇集中水源井、段都村、辛壁村、东烟村。

(4)硝酸盐。硝酸盐超标的包括段都村、辛壁村。

(5)总大肠菌群。总大肠菌群超标的有沟西村、沙沟村、马坪头村。

氟化物、硫酸盐、硝酸盐超标主要是由当地的地质条件引起的。

总大肠菌群超标主要是由于区域人类活动造成的。由于监测的水井为民用开口井，井口无卫生防护措施，受居民生活污染影响，导致井水中细菌滋生。

从评价结果来看，受当地地质条件影响，下村镇集中水源井、段都村地下水均有3项指标超标，辛壁村、东烟村地下水有两项指标超标。在经济、技术可行的条件下，应尽可能对其地下水进行净化后再饮用，保证健康安全。

对于总大肠菌群超标的地下水源来说，可以增加井口安全卫生防护措施，以保证饮水健康安全。

本章小结

本章对研究区资源环境承载力进行了定量化的分析，以期了解研究区土地综合整治的资源环境基础，确定资源利用的"地板"和"天花板"，了解社会经济发展的可能性和限制性，为土地综合整治确定框架。

根据研究结果，研究区基于土地粮食的人口承载力为56 270人，基于土地经济关系的人口承载力为63 625人，短期内人口增长不会对土地资源产生较大压力。泽州县水资源承载指数最小值为0.93，人口承载力为470 779人，水资源供给略小于需求，有少量人口的水资源需求不能得到满足。本书选取研究区蕴藏量丰富的煤炭、石灰石和铁矿进行矿产资源承载力分析，分别分析了其人口承载力和经济承载力，结果表明由于研究区矿产资源丰富，其人口承载力和经济承载力都极强。在未来较长时间内，可以持续稳定地支持当地人口增长和社会经济发展，继续作为当地支柱性产业为区域经济发展贡献重要力量。本书基于生态足迹发计算了研究区土地生态承载力，结果表明其土地生态承载力呈"生态赤字"状态，且人均生态赤字达到$-11.293\ 3hm^2$，其中化石能源地生态赤字水平最高，为$-9.374\ 13hm^2/$人。长期以来，研究区以粗放的煤炭资源生产方式实现经济增长，且仅关注煤炭资源生产带来的经济效益，忽略对生态环境的保护，导致土地生态赤字严重。

本书运用多指标综合评价法对研究区2013年至2016年的水环境、大气环境、土地环境及综合环境承载力进行了评价。结果表明，研究区环境承载力近年来呈现不断增加的良好趋势，为社会经济进一步发展创造了有利的环境基础条件。

本书对研究区大气环境容量和水环境质量分别进行了定量化的研究。经分析，研究区大气环境质量不佳，多种大气污染物排放浓度接近甚至超过浓度限值。关于水环境质量，分别对于研究区地表水环境容量、地表水和地下水环境质量进行了分析。受工业生产排放污染物的影响，研究区重要的流域——长河水质较差，尤其是氨氮、总氮超标情况比较严重。其COD浓度在目标值范围内，但COD总排放量已经达到水环境容量的80%。经过对研究区地下水进行动态监测和评价，地下水质量较好，大部分项目均符合国家Ⅲ类水(生活饮用水水源)标准,但受当地地质条件和人类活动影响,有个别地区部分指标超标。

总体来看,研究区土地资源、矿产资源承载力有一定冗余,但水资源呈现一定的稀缺性,会成为社会经济发展的约束条件,需通过工程措施进行蓄水,或引入外来水资源进行开发利用。研究区土地生态承载力呈现较大的生态赤字,且大气环境较差,地表水污染较严重。在土地综合整治过程中,可通过环境管理措施约束煤炭开采等工业生产对环境的破坏,并积极应用环境友好型技术、设备等,减少污染物、废弃物的产生,不断加强生态环境保护,改善生态条件,保证社会经济持续稳定健康发展。

北方村庄压煤山丘区农地适度规模经营研究

本章对北方村庄压煤山丘区土地综合整治中的农地适度规模经营问题进行了研究，主要包括研究区农业生产基本情况分析、土地适度规模确定、土地经营模式确定及其影响因素分析，并提出了土地规模经营的实现路径。

我国历来是一个农业人口较多的农业大国，农民、农业、农村问题一直是我国政府的工作重点。中华人民共和国成立以来，我国政府采取了一系列政策推动农村建设、解决农民问题的"三农"政策，包括减免农业税、加大农业的投入等。

2006年底，中央农村工作会议首次确定新农村建设的首要任务是发展现代农业。2007年，中央一号文件对发展现代农业再次进行了详细的阐述，提出推进现代农业，符合我国社会经济发展趋势，符合世界农业发展的基本规律，可以提高农业生产能力，增加农民收入，是建设社会主义新农村的产业基础；要求"用现代物质条件装备农业，用现代科学技术改造农业，用现代产业体系提升农业，用现代经营形式推进农业，用现代发展理念引领农业，用培养新型农民发展农业，提高农业水利化、机械化和信息化水平，提高土地产出率、资源利用率和农业劳动生产率，提高农业素质、效益和竞争力"；要求把现代农业作为一项长期艰巨的任务重视起来，切实抓紧抓好。

2012年，胡锦涛总书记在党的十八大报告中对推动城乡发展一体化做出了重要部署，明确指出要"加快发展现代农业，着力促进农民增收，坚持和完善农村基本经营制度，加快完善城乡发展一体化体制"。

2013年，中央一号文件《中共中央国务院关于加快发展现代农业 进一步增强农村发展活力的若干意见》对发展现代农业，促进广大农民群众发家致富走进小康社会给予了重点关注。并进一步提出，要"创新农业生产经营体制，稳步提高农民组织化程度"，"努力提高农户集约经营水平。按照规模化、专业化、标准化发展要求，引导农户采用先进适用技术和现代生产要素，加快转变农业生产经营方式"。

可见，提高农户集约经营水平，实现农业规模化生产是发展现代农业的基本要求，而要实现农业规模化生产，首先要实现农地规模经营。

发展现代农业，离不开农业规模经营。世界各国农业发展的经验表明，发展现代农业的重要途径是提高农业科学技术水平，在农业生产过程中广泛应用先进的农业技术成果。而先进农业技术的应用有一个重要的前提条件，就是农业用地规模经营。

实现农业用地规模经营,进而促进农业规模经营也是土地综合整治的目的之一。通过土地综合整治,实现田、水、路、林、村的协调和配套,促进土地规模经营,可以为发展现代农业提供最基础的生产条件。

农地规模经营的关键问题是农地经营"度"的确定。何谓"适度"?怎样的规模是适应我国现实"条件"的"可"促进现代农业发展的规模?土地经营规模过小,农地细碎分散,会使得劳动力和农业机械等固定资产得不到充分利用,阻碍农业技术、新工艺、新品种的推广和应用。世界上先进的农业国,其农地经营都呈现出农地不断集中,农地经营规模不断扩大,而农村劳动力不断向非农产业转移的特点。但我国由于人多地少的现实原因导致农地经营规模较小。农村土地家庭承包经营制度在历史上曾有效地提高了农民的生产积极性,在促进农业生产率提高、增加农业产出等方面起到关键作用,但它也造成了土地的细碎化,地块被分割成若干小块,增加了农业机械作业的难度,增加了农业生产成本,降低了农业生产率。因此,我国目前的土地规模经营首先意味着土地经营规模的扩大,探求适合我国生产力发展水平、满足农民生活需要的土地规模经营的"度"。

第一节 研究区农业生产基本情况分析

本书通过实地调查、发放问卷等方法收集研究区农地经营现状资料,然后进行统计分析,结果如下。

一、农户基本情况

本书选取山西省泽州县川底乡 17 个村、东沟镇 23 个村、下村镇 7 个村作为样本,对当地农户的农地经营情况进行了入户调查,共下发 650 份调查问卷,收回 589 份有效问卷,有效率 90.6%。调查时间为 2016 年 7 月。问卷内容主要涉及农户家庭成员(年龄、性别、文化程度等)的基本情况、承包地情况、收入情况、资本投入情况、农户土地流转规模经营意愿、生活成本等。

根据调查结果统计,研究区有效样本的家庭数为 589 户,户均人口数量 4.21 人,以 3~5 人的家庭居多,户均劳动力个数为 3.01 个,非农劳动力占总劳动力的比例为 68%。

二、人口情况

根据调查结果统计,有效样本的家庭数为 589 户,家庭总人数 2 480 人。其中,16 岁以下人口占 14.03%,60 岁以上人口占 18.49%,其余 67.48% 的人口年龄在 16~60 岁之间。人口的文化程度为:小学及以下学历的人口占 31.1%,专科及以上学历的人口占 8%,受过初中或高中教育的人占多数,达到 60.9%(图 6-1、图 6-2)。

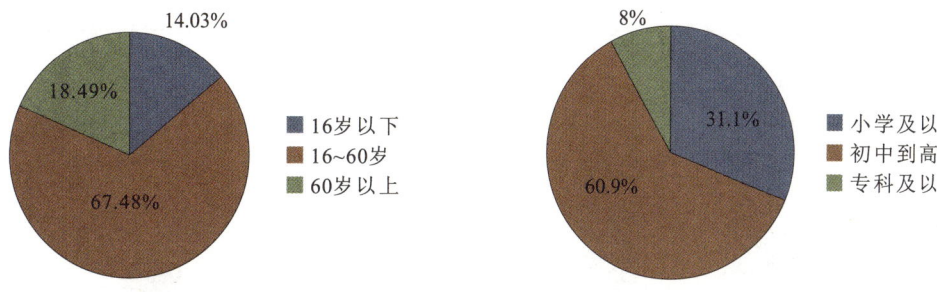

图 6-1 样本户人口年龄情况统计　　图 6-2 样本户人口文化程度情况统计

三、农户收入情况

农户家庭年平均纯收入为 1.8 万元,其中农业收入占 30%。

家庭年收入中以 1 万～2 万元的家庭最多,占总样本户的 37.01%;其次是 2 万～5 万元的家庭,占总样本户的 34.47%;家庭年收入少于 1 万元的家庭,占总样本户的 24.11%;家庭年收入 5 万～10 万元的家庭,占总样本数的 4.07%;家庭年收入超过 10 万元的家庭,仅有 2 户,占总数的 0.34%(图 6-3)。

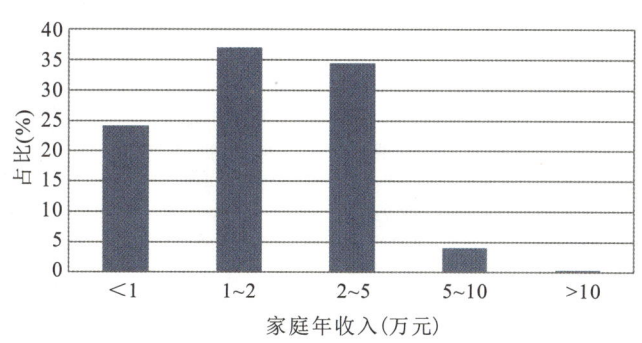

图 6-3 样本户家庭年收入情况统计

样本中,40.84% 的家庭种植业收入占总收入的比重小于或等于 10%,家庭种植业收入占总收入的比重介于 10%～30% 之间的家庭数占总样本数的 27.29%,13.91% 的家庭种植业收入占总收入的比重介于 30%～50%,5.46% 的家庭种植业收入占总收入的比重介于 50%～80%,12.5% 的家庭种植业收入占总收入的比重超过 80%。将近 70% 的家庭种植业收入占总收入比例小于 30%。也就是说,大部分家庭的收入主要来源于非农产业(图 6-4)。

随着社会主义市场经济的发展和城市化进程的快速推进,为获得更多的收入,大量农村剩余劳动力进入城市,从事非农产业生产经营活动,农户出现了兼业行为。根据非农收入在农户家庭总收入中所占的比例,可以将农户分成纯农户、兼业型农户Ⅰ、兼业型农户

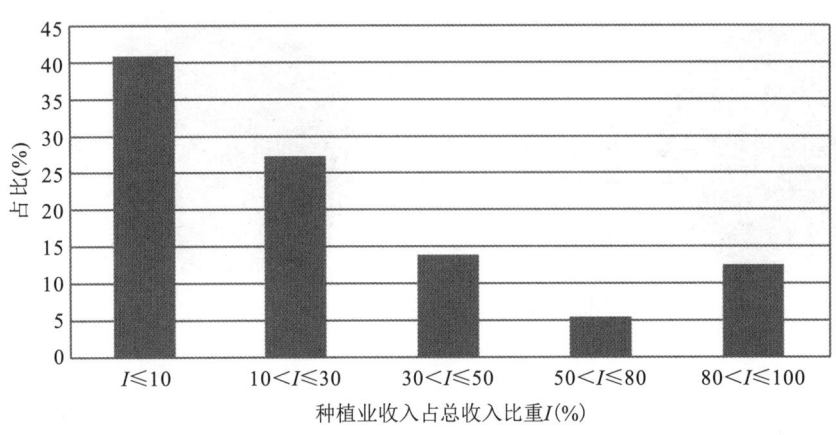

图 6-4　样本户种植业收入占总收入情况统计

Ⅱ、兼业型农户Ⅲ。纯农户是指非农收入占农户总收入的比例小于10%;兼业型农户Ⅰ是指非农收入占农户总收入的比例为10%～50%;兼业型农户Ⅱ是指非农收入占农户总收入的比例为50%～80%;兼业型农户Ⅲ是指非农收入占农户总收入的比例超过80%。

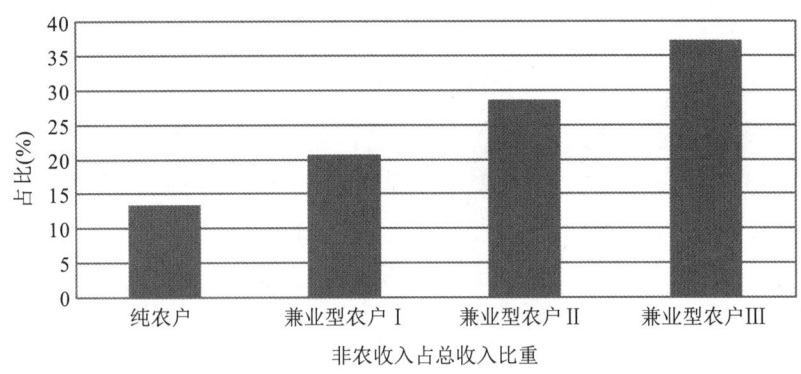

图 6-5　样本户非农收入占总收入情况统计

如图6-5,在研究区所调查的农户中,有79家农户为纯农户,所占比例为13.41%;兼业型农户Ⅰ的数量为122户,占调查数量的20.71%;兼业型农户Ⅱ数量为169户,占比28.69%,兼业型农户Ⅲ数量为219户,所占比重最大,达到37.18%。在兼业农户中,有26户将其所有承包地转让出去,家庭收入全部来自非农产业。研究区兼业农户所占比重超过85%,说明大量农户有时间也有能力从事非农业生产以获取更多的经济收益。可以说,农业生产率的提高使得农民有剩余时间从事非农产业,而非农业较高的经济收入是农民选择兼业的重要原因。

四、农地经营情况

被调查区域户均耕地面积为 0.526hm²,人均耕地面积为 0.115hm²,劳均耕地面积为 0.171hm²。同期全国平均水平分别为 0.513hm²、0.092 hm² 和 0.393hm²。被调查区户均和人均耕地面积均高于全国平均水平,但劳均耕地面积远低于全国平均水平,说明该区域农业劳动力过剩。

根据被调查农户的承包地情况,按照种植耕地面积对农户进行分组:小于或等于 0.2hm²、0.2～0.4hm²、0.4～0.6hm²、0.6～0.8hm²、0.8～1hm² 和大于 1hm²。经过调查统计,耕地面积在 0.2～0.4hm² 的农户最多,占 43.02%;其次是小于或等于 0.2hm² 的农户,占 30.18%;再次是 0.4～0.6hm² 的农户,占 16.53%;0.6～0.8hm² 的农户,占 6.58%;耕地面积在 0.8～1hm² 和大于 1hm² 的农户很少,分别占 1.93% 和 1.76%。可见,被调查区域农户种植耕地大多属于小规模经营(图 6-6)。

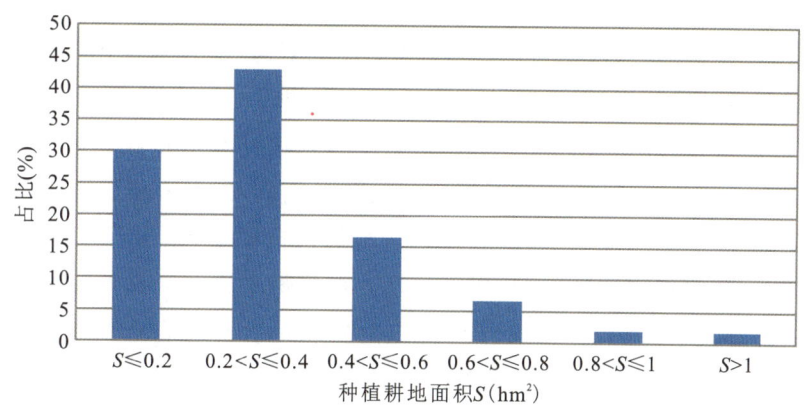

图 6-6 样本户种植耕地面积分布图

据统计,被调查区户均耕地块数为 3.5 块,平均每块土地面积 0.15hm²。可见,农户承包地经营规模小,细碎化程度高。图 6-7 是被调查农户耕地块数统计结果,由图可知,农地块数在 2 块、3 块的农户所占比例较大,1 块、4 块地的农户比例次之,5 块、6 块地的农户数量也较多,还有些农户地块数量达到 7 块甚至以上。

根据调查结果统计,2016 年,样本农户种植面积共计 310.10hm²,其中绝大多数种植了小麦、玉米等粮食作物,其种植比例为 98.77%;果树的种植比例为 0.27%;蔬菜作物的种植比例为 0.35%;其他作物种植比例为 0.61%。

根据调查,在确定农业种植结构时,60% 的农民表示影响种植结构的因素主要是以往种植习惯,30% 的农民表示种植结构会受到邻居、朋友种植结构的影响,30% 的农民表示主要考虑作物去年的价格和销售情况,20% 的农民表示主要基于今年农作物价格预测确定种植结构,15% 的农民表示主要考虑政府或村组的要求,20% 的农民认为多元化能够降低风险,10% 的农民表示会考虑规模经营带来的效益。可见,大多数农民种植结构的确

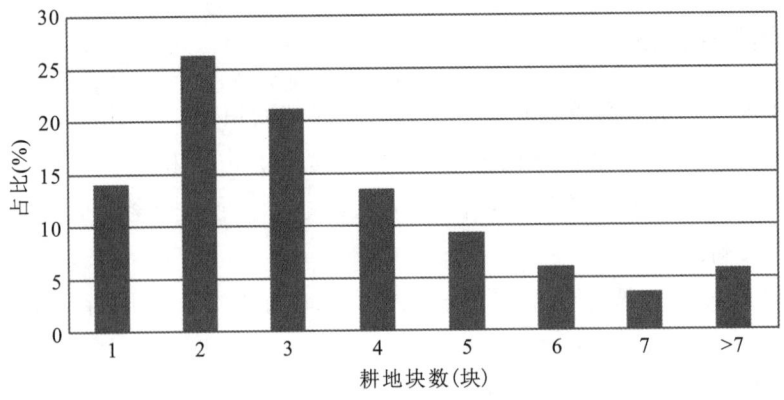

图 6-7 样本农户耕地块数统计

定,主要是参考以往的种植经验,他们多愿意保持原来的种植结构,这部分农民在样本中总体来看年龄偏大,思想保守,害怕改变,希望稳定地取得农业收益;很多农民尽管认为现有种植结构带来的农业收入较低,但又不敢调整种植结构,没有承担风险的能力;也有些农民表示愿意调整种植结构,扩大粮食作物或经济作物的种植比例,其中有些农民持乐观态度,愿意扩大经济作物的种植比例,他们认为尽管经济作物的市场价格容易波动,增加其种植比例存在一定的市场风险,但能显著地提高农业收入,为了获取高收益承担一定的风险是可接受的;还有些农民表示,由于粮食作物的价格稳定,且生产过程中投入相对较少,因此愿意扩大粮食作物种植面积,尽管这样的调整带来的增值收入有限,但比较安全。几乎所有的农民都表示,他们种植农作物首先是要满足自身对农产品的需求,在此基础上,如果能准确预期某种农作物价格将上涨,从而带来较高的收益,那么他们都愿意调整农业种植结构。但是由于自身对市场信息掌握程度不够,加上文化知识水平有限,不能对农产品未来价格做出合理预期,因此迫切地需要政府或相关部门在这方面给予指导和引导,以便更好地开展农业生产活动。

五、投入情况

1. 固定资本投入情况

固定资本投入主要包括农业机械的年折旧额以及租赁农业机械的支出。通过调查发现,研究区所有被调查农户在农业生产过程中都会不同程度地使用农业机械进行生产,固定资本投入为 1 547.55 元/hm^2。农户普遍使用的农业机械有拖拉机、犁地机、旋耕机和收割机等。大多数家庭购买了拖拉机,其他农业机械主要以租赁形式实现使用,其收费是按面积计算。犁地机、旋耕机、收割机平均使用价格均为 900 元/hm^2。调查区域农民犁地主要依靠犁地机和旋耕机,先用犁地机犁地,然后用旋耕机破碎土块,以达到种床准备要求。调查区域的农民有些同时选用犁地机和旋耕机,采用农业机械实现地块的播种准备,也有部分农民仅选用犁地机。收割机是调查区域的农户普遍租赁使用的机械。

2. 流动资本投入情况

流动资本投入包括种子、化肥、农药、农膜、灌溉水费等。调查表明,在农业生产过程中,平均每户流动资本投入金额为 849.75 元/年,地均每年的流动资本投入为 2 067.45 元/hm²。其中地均化肥的投入最多,年投入为 1 209.72 元/hm²,占流动资本总投入的 58.51%;其次是种子年投入为 610.98 元/hm²,占流动资本总投入的 29.55%;农药年投入为 245.92 元/hm²,占流动资本总投入的 11.90%;灌溉水年投入最少,仅有 0.83 元/hm²,占流动资本总投入的 0.04%,几乎可以忽略。

六、土地流转情况

调查样本中有 125 户农户发生了土地流转行为,其中 64 户农户转出了土地,61 户农户转入了土地。在转出土地的农户中,有 3 户将承包地全部转出,完全从事非农业生产。土地流转行为大多是自发行为,普遍发生在亲朋好友之间,以转包或委托代耕的形式实现,而且大多是口头约定,没有正式签订土地流转合同。根据调查,农民不愿意转出土地的原因主要有:第一,土地作为最基本的生产资料,是保证农民生存的基础,失去土地便意味着失去了生存的基础。第二,研究区的土地流转行为多发生在亲友间,而且多是口头约定,这样的流转方式不具有约束性,易于更改和变动,转出土地的农民随时可以终止流转。可见,农民对长期稳定地转出土地还有较多顾虑,担心失去土地后也就失去了最基本的保障,这反映出我国农民对土地仍然有很强的依赖性。很多农民都深知,由于自身素质和能力有限,失去土地后很难找到其他能带来收入的工作或途径。因此,他们都把土地承包经营权看作收入来源的重要基础,是基本的生活保障和依靠,对土地的生产和经营是保证农民实现就业的基本途径。第三,样本户中有很多农户采取务农务工两不误的模式,几乎都是丈夫外出打工,妻子留在家中从事农业生产,同时照顾家里的老人和子女,这样既保证了稳定的农业收入,又能获得更多的务工收入。第四,在调查中发现,也有部分农户有较强的土地流转意愿,但由于现实原因,无法实现。在研究区,土地流转市场处于初步建立阶段,转入方不多,因此农户进行土地转包或转租就面临激烈的竞争,很多农户担心受自己承包地地理位置、土地肥力等原因限制,仅能流转部分土地,而仅实现承包地的部分流转,在农民看来是不经济的:一方面,承包地部分流转获得的收益较少;另一方面,未流转的土地仍需要至少一个劳动力被固定在农业生产上,这样该劳动力就失去了进城务工的机会,也就损失了可能获得的收益,而农业生产带来的收入不足以弥补损失的机会成本,因此,农民认为是不合算的。

第二节 研究区农地经营适度规模确定

本书采用劳均下限分析法、生产函数分析法、综合平衡法和生活成本支出法等分别计算农地适度经营规模,然后对各个结果进行比较分析,确定最佳农地经营规模。

一、劳均下限分析法

劳均下限分析法,是 1991 年中国社会科学院在对苏南地区农业适度规模进行研究时所采用的方法。该方法的推崇者认为,农业生产者与其他产业的生产者一样,生产目的是获得收入的增加。要想让农业生产者继续从事农业生产工作,至少要保证农业生产者的收入达到当地人均收入水平。为了鼓励农业生产者扩大再生产进行规模经营,就要保证农业生产者的预期收入高于当地人均收入水平,否则农民为了实现经济收入的增加,就会出现兼业行为甚至直接弃耕土地。因此,保证农业生产者的社会平均收入水平是扩大生产规模实现农业规模经营的基础和起点。而要保证这一收入的实现,就必须保证一定规模的土地经营面积。劳均下限分析法中的"下限"包含两层含义:一是农业生产者的收入下限,要至少达到当地农村社会人均收入的水平;二是在现有经济水平下,实现该收入所必须保证的最低的土地经营规模。劳均下限分析法的计算公式为:

$$\text{劳均最低耕地面积} = \frac{\text{农村社会劳均收入}}{\text{每亩地的收入}} \tag{6-1}$$

劳均最低耕地面积与当地农村社会劳均收入成正比,与每亩地的收入成反比。其中,不同区域农村社会劳均收入受当地经济发展条件的影响而有区域差异性,且与农村劳动力的生产能力、生产者素质、谋生技能等多种因素密切相关。每亩地的收入是指农民每种植一亩耕地所能获得的总收入。在我国目前阶段,农民的种植收入包括两方面:一是耕地生产的粮食总量带来的收入,可以用所有粮食产品按市场平均价格水平出售能获得的总收入来衡量;二是国家种粮补贴,不同地区,农产品的产量水平不同,则每亩地的收入不同,即使在同一地区,不同时间,农产品的价格不同,每亩地的收入也不同。

查询《泽州统计年鉴》,采用 2012 年泽州县农村居民纯收入作为农村社会劳均收入。2012 年,泽州县农村居民纯收入为 9 044 元。

每亩地的收入包括粮食生产的收入和国家种粮补贴两部分。

1. 粮食生产收入

根据问卷调查结果进行统计和计算,发现研究区主要粮食作物是小麦、玉米和黄豆,一年一熟。研究区种植结构为:60%的小麦,30%的玉米,10%的黄豆。平均产量为:小麦 500 斤[①]/亩,玉米 700 斤/亩,黄豆 250 斤/亩。平均粮食收购价为:小麦 1.1 元/斤,玉米 0.9 元/斤,黄豆 2.0 元/斤。因此,泽州县平均每亩地的粮食生产收入为 569 元。

2. 国家种粮补贴

据调查,2010 年以来研究区各乡镇积极响应国家推行的农业"三项补贴"改革的惠农政策,以支持耕地地力保护和粮食适度规模经营为目标,将之前农民种粮的种粮直接补贴、良种补贴和农资综合补贴"三项补贴"合为一项"农业支持保护补贴",改变发放形式,

---

[①] 1 斤=0.5kg。

由逐一发放改为一次发放。农业补贴严格执行资金专款专户管理制度,实行"一卡通",补贴资金封闭运行,直达农民个人账户。这一政策促进了支农政策由"黄箱"改为"绿箱"。根据《农业协议》,中国的农业支持措施可分为两类:一类是可以产生贸易扭曲的政策,叫"黄箱"政策,用综合支持量(AMS)来计算其措施的货币价值,并以此为尺度,逐步予以削减。在中国支持减让承诺的政策范围包括价格支持,营销贷款,面积补贴,牲畜数量补贴,种子、肥料、灌溉等投入补贴,某些有补贴的贷款计划等。另一类是不引起贸易扭曲的政策,叫"绿箱"政策,它是指政府执行某项农业计划时,其费用由纳税人负担而不是从消费者中转移而来,且对生产者没有影响的农业支持措施,这些政策都可以免于减让承诺。"绿箱"政策是WTO成员对农业实施支持与保护的重要措施,更具有地区适应性、稳定性和高效性(表6-1、表6-2)。

表6-1 农业补贴种类、对象及标准

补贴种类	补贴对象	补贴目标
粮食直接补贴	普惠制,补贴所有种粮农民	减轻粮食价格波动对农民种粮收入的影响,确保粮食安全
农资综合补贴	普惠制,涉及化肥、农药、农膜、柴油等农业生产资料	弥补因农业生产资料价格上涨给农民带来的种粮成本上涨,稳定种粮成本,确保农民种粮收益
良种补贴	优质农作物品种,涉及小麦、玉米、薯类、杂粮等主要粮食作物	引导农民种好粮,科学种粮,提高农作物的产量与品质
农机具购置补贴	符合补贴条件的农民和直接从事农业生产的农机组织服务	加强农业机械化生产,改善生产设备,提高生产效率,引导农民种粮规模化生产

表6-2 农业"三项补贴"标准

粮食品种	补贴总额(元/亩)	粮食直补(元/亩)	综合补贴(元/亩)	良种补贴(元/亩)
小麦	80	10	60	10
玉米	59	5	44	10
薯类	49	5	44	
杂粮	79	25	44	10

研究区积极落实农业补贴政策,充分调动农民的种粮积极性,引导农民多种粮,种好粮。据调查,2015年研究区范围内,泽州县川底乡、大东沟镇、下村镇3个乡镇农业补贴共计1 294.13万元,其中包括粮食直补253.61万元、农业综合补贴1 040.46万元,共计补贴面积约15.87万亩。每亩平均补贴为81.55元(表6-3)。

表 6-3　2015 年长河流域地区农业补贴总体情况

单位	户数(户)	补贴面积(亩)	补贴金额(万元)		
			合计	粮食直补	综合补贴
下村镇	9 041	52 760.49	430.51	85.34	345.11
大东沟镇	8 077	61 636.7	497.50	98.28	399.22
川底乡	5 177	44 269.9	366.12	69.99	296.13

3. 计算

基于劳均下限法,研究区劳均最低耕地面积为 13.90 亩。

二、生产函数分析法

本书采用柯布-道格拉斯生产函数,参考钱贵霞等(2004)的模型,引入经济学中的成本收益函数,运用数学工具计算达到均衡时的劳均耕地面积。

1. 模型构建

(1) 农产品纯收益函数,即农产品的总收益减去总生产成本。

$$TR = P \times Q - C \quad (6-2)$$

式中:TR——农产品的纯收益(元);

P——农产品的市场价格(元/kg);

Q——农产品的数量(kg);

C——农产品的总生产成本(元)。

(2) 生产函数,采用柯布-道格拉斯生产函数。

$$Q = A \times L^{\alpha} K^{\beta} H^{\gamma} \quad (6-3)$$

式中:A——农业生产过程中的技术进步因素;

L——劳动力投入量(人);

K——资本投入量(元);

H——土地投入量(亩);

α——劳动的产出弹性;

β——资本的产出弹性;

γ——土地的产出弹性。

需要注意的是,农业生产技术进步包括了多种技术进步,比如良种培育、农药化肥、灌溉技术等,都会提高农业生产率,增加农业产出;但同时,尽管农业生产代表了人类一定程度上对自然界的改造能力,但这种改造是有限的,农业生产极易受到自然灾害的影响。因此,这里 A 所代表的农业生产技术进步因素中,已扣减了自然灾害因素对农业生产的影响。函数中的 A 表达了当地经济发展水平、技术条件、自然环境等多种因素对农业产出的贡献与限制。

根据边际产出递减规律，生产函数中的数值满足：$0 < \alpha、\beta、\gamma < 1, Q' > 0, Q'' < 0$。

（3）成本函数。成本指的是在农业生产过程中所有投入的总价值。本书仅考虑最基本的生产要素：劳动力、资本和土地。其价值均可用单位数量生产要素的价格与其投入量的乘积计算。则有：

$$C = w \times L + r \times K + n \times H \tag{6-4}$$

式中：w、r、n——表示劳动力的工资、资本的价格和土地的地租；

L——劳动力投入量（人）；

K——资本投入量（元）；

H——土地投入量（亩）。

由式（6-2）、式（6-3）、式（6-4）可以得出：

$$TR = P \times A \times L^{\alpha} K^{\beta} H^{\gamma} - w \times L - r \times K - n \times H \tag{6-5}$$

2. 对模型结果进行分析

总收益最大化时的条件

$$\max(TR) = \max(P \times A \times L^{\alpha} K^{\beta} H^{\gamma} - w \times L - r \times K - n \times H) \tag{6-6}$$

$$\frac{\partial(TR)}{\partial L} = \alpha \times P \times AL^{\alpha-1} K^{\beta} H^{\gamma} - w = 0 \tag{6-7}$$

$$\frac{\partial(TR)}{\partial L} = \alpha \times P \times AL^{\alpha} K^{\beta-1} H^{\gamma} - r = 0 \tag{6-8}$$

$$\frac{\partial(TR)}{\partial L} = \alpha \times P \times AL^{\alpha} K^{\beta} H^{\gamma-1} - n = 0 \tag{6-9}$$

通过计算可得出：

$$L^* = \frac{\alpha \times P \times Q}{w} \tag{6-10}$$

$$K^* = \frac{\beta \times P \times Q}{r} \tag{6-11}$$

$$H^* = \frac{\gamma \times P \times Q}{n} \tag{6-12}$$

式中：L^*——最优劳动力投入量（人）；

K^*——最优资本投入量（元）；

H^*——最优农地规模（亩）。

由式（6-9）和式（6-11）可得到均衡时的劳均耕地数量：

$$\frac{H^*}{L^*} = \frac{\gamma}{\alpha} \times \frac{w}{n} \tag{6-13}$$

即： $$\text{劳均耕地面积} = \frac{\text{土地产出弹性}}{\text{劳动力产出弹性}} \times \frac{\text{劳动力工资}}{\text{土地的地租}} \qquad (6-14)$$

由此可知,在均衡条件下,劳均耕地面积与土地产出弹性、劳动力工资成正比,与劳动力产出弹性、土地的地租成反比。

运用公式(6-14)计算,首先对式(6-3)两边取对数,得出：
$$\ln Q = \ln A + \alpha \ln L + \beta \ln K + \gamma \ln H \qquad (6-15)$$

根据问卷调查的情况,以户为单位,利用 SPSS 软件对农业总产值(Q)、农业劳动力数量(L)、资本投入(K)和耕地面积(H)数据进行回归分析,计算劳动力产出弹性 α、资本产出弹性 β、土地产出弹性 γ,部分基础数据见表 6-4。

表 6-4 泽州县生产函数调查数据表(部分)

编号	劳动力数量(人)	耕地面积(亩)	农业总产值(元)	资本投入(元)	编号	劳动力数量(人)	耕地面积(亩)	农业总产值(元)	资本投入(元)
1	1	11.5	6 687.5	3 150	51	4	2.7	1 380	605
2	4	4.5	3 295	1 495	52	3	4.5	2 700	1 350
3	4	10.8	6 553	2 240	53	4	4	3 405	940
4	3	3.5	1 251.25	855	54	5	3.7	2 392	759
5	4	5	3 420	1 545	55	4	2.1	1 234.8	840
6	1	12	6 460	4 592	56	4	5	3 575	1 610
7	3	8	2 865	2 163	57	4	4.6	3 135	1 410
8	3	3.5	2 312.5	1 280	58	2	4.8	2 847	780
9	8	4	1 485	955	59	4	3.9	2 655	1 110
10	2	3	1 405	872	60	3	4	3 362.5	1 495
11	1	5.3	3 590	1 686	61	3	2	1 560	760
12	1	4.4	1 855	1 110	62	4	3.8	2 280	1 216
13	1	3.5	2 472.34	1 500	63	4	2	1 356	710
14	4	3	1 155	955	64	2	2.9	2 710	1 550
15	2	5.5	4 175	1 295	65	3	7	6 675	2 785
16	3	9.7	4 229	1 870	66	3	1.9	1 026	500
17	5	5	3 390	1 900	67	3	2.7	2 173.5	1 000
18	4	29	21 205	4 555	68	4	3	1 500	1 095
19	4	4	2 219	1 600	69	4	6.3	3 632.5	2 000
20	4	4	2 160	1 670	70	3	5	2 750	1 850
21	4	5	2 910	1 285	71	4	6	3 500	550
22	3	6.8	2 943	2 110	72	2	3.5	2 310	674

续表 6-4

编号	劳动力数量(人)	耕地面积(亩)	农业总产值(元)	资本投入(元)	编号	劳动力数量(人)	耕地面积(亩)	农业总产值(元)	资本投入(元)
23	2	8	5 475	3 515	73	2	8.2	4 035	2 138
24	1	2	1 522.5	950	74	6	5	2 255	1 500
25	3	6	4 410	2 300	75	5	5	2 855	1 620
26	3	12	5 742	3 425	76	4	6	4 290	1 580
27	5	9.5	7 215	2 979	77	4	9	6 694	4 140
28	5	6.1	3 690	2 083	78	4	4	2 750	1 277
29	2	7	4 100	2 200	79	4	10	5 855	1 813
30	2	6	2 685	1 600	80	3	3.5	4 093.75	1 050
31	2	6	2 574	1 075	81	5	4.3	9 644	1 800
32	2	6	2 805	1 510	82	4	2	3 600	910
33	2	7	3 657.5	1 165	83	4	6	13 712.5	1 710
34	1	4.4	1 573	560	84	4	3.2	4 556.5	1 860
35	2	8	3 300	940	85	3	3.5	9 500	1 340
36	2	5.2	2 145	815	86	4	1.4	1 537.2	200
37	2	7	6 440	1 963	87	2	3.3	4 987.5	1 360
38	3	4.4	2 625.25	790	88	2	20	14 520	2 240
39	1	5.3	3 162.5	1 413	89	2	4	2 335	1 630
40	4	6	4 320	1 500	90	3	3.8	2 964	400
41	3	5.1	6 923	1 950	91	2	3	1 730	760
42	4	4.5	2 288.25	1 695	92	2	2	1 020	690
43	2	3	2 220	950	93	3	3	2 345	932.5
44	4	4.3	2 159.46	1 600	94	5	6	3 150	1 435
45	3	9.04	6 205.42	1 872	95	3	5.3	2 557.5	1 563.5
46	2	8.4	4 436.5	2 520	96	4	3.8	2 128	1 490
47	4	5	4 342.5	1 875	97	4	6.6	2 645.4	1 791.2
48	5	5	4 000	1 805	98	3	5	1 925	930
49	4	4.8	3 849	1 120	99	4	3	1 320	960
50	4	6.3	3 450	1 450	100	1	3	1 402.5	550

模型计算结果见表6-5至表6-7。

表6-5 模型汇总

模型	R	R方	调整R方	标准估计的误差
1	0.837[a]	0.701	0.694	0.285 68

注:a.预测变量:(常量),资本投入量(元),劳动力数量(人),耕地面积(亩)。

表6-6 方差分析

模型	平方和	df	均方	F	Sig
回归	22.995	3	7.665	93.919	0.000[a]
残差	9.794	120	0.082		
总计	32.789	123			

注:a.预测变量:(常量),资本投入量(元),劳动力数量(人),耕地面积(亩)。

表6-7 系数[a]

模型	非标准化系数		标准系数试用版	t	Sig
	非标准化系数B	标准误差			
(常量)	4.882	0.579		8.427	0.000
劳动力数量(人)	0.556	0.082	0.548	6.234	0.000
耕地面积(亩)	0.639	0.069	0.603	6.647	0.000
资本投入量(元)	0.282	0.097	0.264	4.895	0.000

注:a.因变量:产值(元)。

根据模型,按户均3个劳动力计算,研究区适宜土地规模为28.92亩。

三、综合平衡法

不同地区、不同时间,农村经济发展水平、科学技术水平不同,土地适度规模经营的"度"会有较大差异。在同一地区,土地适度规模经营的"度"还受到农村劳动力转移程度、作物类型等多种因素的影响。综合平衡法在综合考虑多种因素对不同规模农业生产产生影响的基础上,寻求能实现最大规模经济收益的农地规模经营的最适"度"。首先,考虑农业劳动力对农业适度规模的影响。劳动力是农业生产中必不可少的生产要素之一,劳动力的投入量与农业规模经营有密切关系,其比例受劳动者素质、科技水平等多种因素的影响。目前,我国大量农村剩余劳动力进城务工,留在农村的劳动力数量成为确定农业经营规模的重要因素,而留下来的劳动力数量与农村劳动力的转移程度有直接关系,因此,在现状条件下,农村劳动力的转移程度决定了农业生产中劳动力的投入量,成为影响土地适度规模的重要因素。其次,从收入的角度确定土地适度经营规模。经济收入水平是衡量土地经营规模适度与否的重要标准。土地的适度规模要保证从事农业种植带来的劳均年纯收入至少不低于当地从事其他产业的同等劳动力的年平均收入。再次,考虑农业经营项目。不同的农业经营项目,土地的适度规模不同。研究区最适宜的农业经营项目是大田作物,主要包括小麦和玉米,因此本书主要考虑大田作物种植的适度规模。最后,考虑农业机械化水平。农业机械化水平也是土地适度规模重要的决定因素,机械化水平越高,土地经营规模越大。结合上述因素,本书将农忙季节具有平均生产能力的劳动力所能负担的最大耕地面积,作为当地农业规模经营的适度规模。

能反映农村经济发展水平且影响适度规模(S)经营的指标主要有农村每年户均纯收入(E)、单位面积投入(I)、单位面积产出(P)。

从经济收入的角度来看,为了保护农业生产经营者的劳动积极性,农业生产经营活动应保证一定的收入水平,这一水平至少应不低于当地农村平均收入水平。为了保证这样的收入水平所必须实现的土地经营的最低规模即为土地适度经营规模。长期以来,我国农村实行家庭承包经营制,农业生产模式以户为单位,因此户均年收入数据易于获得,而劳均年收入数据难以准确估算,所以采用户均年收入指标E。则有关系式:

$$S(P-I) > E \qquad (6-16)$$

由此,适度规模:

$$S > E/(P-I) \qquad (6-17)$$

改革开放后,我国城市化进程快速推进,大量农村剩余劳动力涌入城市,出现了农村劳动力转移。随着农村进城务工人员日益增多,在我国发展现代农业,促进土地规模经营的背景下,农村农业劳动力数量成为影响农业规模经营的重要因素,而农村农业劳动力数量与农村劳动力的转移程度有直接的关系。土地规模经营的集约化程度与农村农业就业率成反比例关系。也就是说,农村农业就业率越高,从事农业生产的劳动力越多,那么,适度规模经营的集约化程度越低。当适度规模经营的集约化生产发展到较高水平时,必然会以较高的机械化生产代替人工劳动,从而释放附着在农业生产中的劳动力。但在我国现阶段,从发展规模经营的社会效益来看,土地规模经营的集约化程度必须满足农村劳动力非农化转移之后留在农村从事农业生产的劳动力的就业需求。在我国各地区,经济发展水平不同,农村劳动力的转移率有较大差异。一般来说,经济发达地区的农村劳动力转移率相对较高。在计算这类地区的土地经营规模时,可以不考虑土地规模经营安排农村就业的社会效益。但在我国大部分经济欠发达地区,在进行适度规模的定量分析时,需要考虑保证农村劳动力就业这一条件。研究区位于山西省晋城市泽州县,经济并不发达,因此在推进农地规模经营的过程中,必须考虑要保证一定水平的农村劳动力就业率,并作为重要目标之一。假设农村集体经济组织的耕地总面积为A,组织内熟练从事农业生产的劳动力数量为L,农村劳动力的转移率为r,每户拥有熟练劳动力数量为N。那么,适度规模还应满足：

$$S < \frac{A}{L(1-r)}N \tag{6-18}$$

综合式(6-15)、式(6-16)可知,适度规模满足下面的关系式：

$$\frac{E}{(P-I)} < S < \frac{A}{L(1-r)}N \tag{6-19}$$

式中：E——农村每年人均纯收入(元)；

I——单位面积投入(元/亩)；

P——单位面积产出(kg/亩)；

L——农村能熟练从事农业生产的劳动力数量(人)；

r——农村劳动力的转移率,即农村劳动力在非农产业的就业率；

A——所在集体经济组织的耕地总面积(亩)；

N——每户拥有的熟练劳动力数量(人)。

上式说明了3个方面的问题：第一,适度规模是一个阈值。适度规模并不是某一固定的值,而是在一定区间内,适度规模具有相对合理性和可操作性；第二,适度规模受到农村社会经济发展多方面因素的影响,是一个综合性的指标,适度规模既要考察该规模的经济收益,也要满足农村劳动力就业等社会目标；第三,受农村劳动力就业压力和农业生产成本的影响,如果规模经营的收益低于以户为单位进行农业生产的平均收益时,规模经营就失去了意义和存在的价值。

笔者根据《2012泽州统计年鉴》查阅数据并结合问卷调查统计结果计算泽州县户均适宜规模,原始数据见表6-8。

表6-8 2012年泽州县户均适宜规模计算基础数据

农村居民人均纯收入(元)	单位面积产出(元/亩)	单位面积投入(元/亩)	耕地面积(亩)	农村劳动力转移率	农村劳动力(人)	户均劳动力(人)
9 044	650.55	241	997 638	0.76	247 813	1.5

注：数据来源于泽州县统计局《2012泽州统计年鉴》及问卷调查统计结果。

经计算,泽州县户均适宜规模为：22.08亩＜S＜25.16亩。

这一方法从收入的角度计算农业生产规模,计算结果表明,若仅从事农业生产,为实现农民年纯收入达到全县平均水平,农业生产规模至少应为22.08亩。在大部分农村劳动力转向非农产业的情况下,要实现全县耕地的充分利用,以及农村劳动力的充分就业,农业生产规模应为25.16亩。

四、基于生活成本的适度经营规模确定

我国大量农村剩余劳动力进城务工的目的是寻求高于农业产业收入的就业机会,实

现收入增加,满足家庭生活所需。也就是说,在我国目前农业生产的条件下,有很大一部分农民仅从事农业生产,所得收入不能完全满足家庭生活的所有开支。如果长此以往,农业生产将逐渐退化,粮食安全问题将不能保证。因此,我国农业生产面临改革,农业现代化是其中重要的改革内容之一。这就意味着,随着农业机械化、现代化的发展,目前农民兼业的现象将逐步得以改观,农业生产向专业化生产发展。这样,一部分农村劳动力在农业机械大规模使用的情况下,将以农业种植业为生,专业从事农业生产;而另一部分农村劳动力将彻底退出农业生产,转为非农业劳动力。因此,在可预见的将来,在农业机械化作业快速发展的基础上,农业生产的适度规模将以能保障专门从事农业生产的农民的基本生活为最低要求。基于这样的假设,本书进一步从农民生活成本的角度出发,计算在以纯农业生产取得收入的情况下,为满足一个家庭的所有生活支出所需要的最低的农业生产经营规模。其计算公式为:

$$S = \frac{LC}{P-I} = \frac{LC}{P_0 + S_u} \quad (6-20)$$

式中:S——规模经营面积(亩);

LC——农民生活成本(元);

P——单位面积粮食生产总收益(元/亩);

I——单位面积粮食生产的总成本(元/亩);

P_0——单位面积粮食生产的利润(元/亩);

S_u——单位面积农业补贴(元/亩)。

1. 农民生活成本计算

生活成本的测算方法主要有主观法、比较法、预算标准法、直接支出法、生活水平法等。

本书选取直接支出法计算农民生活成本。

农民生活成本既包括日常生活支出,也包括特殊事件的支出,例如婚丧嫁娶等。本书以 20 年为计算周期,以家庭为单位计算农民生活成本。

根据国家统计局确定的关于居民和家庭消费性支出项目,居民和家庭的食品、衣着、交通通信、居住、医疗保健、家庭设备用品及服务、公共物品、文化娱乐服务等八大类支出构成了日常生活成本。本书沿用这一分类标准从消费性支出的角度计算农民生活成本。

常见的消费指标有家庭总消费、家庭人均消费和家庭等值人均消费。其中家庭等值人均消费能消除不同家庭规模以及年龄构成对消费指数造成的影响,从而更真实地反映个体的生活水平,因此本书采用家庭等值人口对家庭总消费进行调整,具体公式为:

$$家庭等值人均消费 = 家庭总消费/家庭等值人口 \quad (6-21)$$

$$家庭等值人口 = (家庭成年人口数 + \alpha \times 家庭儿童人口)^\theta \quad (6-22)$$

α 和 θ 是两个经验性参数,α 为儿童成本,通常取 0.3~0.5;θ 为经济规模的程度,常为 0.75~1。本研究公式中的 α 取 0.5,θ 取 0.75。

农民的食品支出既包括在市场上购买的商品性食品,例如粮食、肉、蔬菜、水果、油盐酱醋、烟酒等;也包括自产物品消耗,例如小麦、玉米、蔬菜、肉类、蛋类等,这类物品的消耗采用市场价格进行估值后计入食品支出。

衣着支出包括服装、鞋帽支出等。

交通信息支出是指用于交通和通信的支出。交通支出既包括公共交通支出,也包括农户私人购买交通工具(例如汽车、摩托车、电动车、自行车等)及其消耗品(例如燃油)的支出。通信支出主要指农民为了通信的支出。

居住支出包括农民自建房屋的费用、水电费、燃料费等。根据调查,农户建房的平均周期为25年,即一个家庭建成一处房子,平均居住25年后,由于子女结婚等原因会建造或购买另一处住房。因此,将农民建房的费用按年进行分摊后,加上每年的水电费、燃料费等日常居住开支即为家庭居住支出。

医疗保健支出包括农民平时就医的医药费、保健费用及每年缴纳医疗保险费。

家庭设备用品及服务支出既包括农民生活所需各种设备用品(例如家电、家具等)的购买、维修等费用支出,及其配套设施的支出。

公共物品支出主要是指教育费用。

文化娱乐服务支出主要是指农民生产生活之余各种休闲活动、文化娱乐活动的支出。

农民生活成本除以上消费性支出外,还有生产设施支出和特殊事件的支出。

生产设施支出主要是指农民为了满足生产所需,购买拖拉机、犁地机等机械及其配套设施的支出费用。

特殊事件的支出主要指子女结婚、嫁娶的费用。

计算出家庭等值人均消费后,按照区域平均家庭规模计算家庭总消费。

根据实地调查,对研究区144户农民的消费支出数据进行处理和计算,得出当地居民家庭等值人均消费情况及消费结构(表6-9)。

表6-9 农民家庭等值人均消费(元)

类别	食品	衣着	交通通信	居住	医疗保健	家庭设备用品及服务	公共物品	文化娱乐服务	合计
人均消费	1 157.84	873.24	563.60	950.12	665.95	924.78	1 153.69	340.72	6 629.94
比例	17.46	13.17	8.50	14.33	10.04	13.95	17.40	5.14	100.00

据前文可知,研究区平均家庭规模为4.21人/户,因此家庭总消费为27 912.05元。

根据调查,研究区农户对未来15年内特殊事件的支出平均预计为18万~22万元,本书以20万元为标准,则平均每年为13 500元。

因此,研究区农民的生活成本为41 412.05元/年。

2.农业经营规模计算

根据公式,计算得出研究区以纯种植业为唯一收入来源,则户均耕地经营规模需为40.58亩。

五、研究区农业经营适度规模结果比较

用劳均下限分析法计算农地规模经营的"度"是以收入为标准,分析农民收入达到居民平均纯收入水平时所需的耕地面积。生产函数法是以产出为目标考察劳动力、土地等生产要素所能实现的产出达到社会平均水平所需的耕地面积。综合平衡法虽然既考虑了收入水平,也考虑了劳动力和土地面积等限制因素,但从现代农业的发展目标来看,现代农业是专业化水平极高的农业生产模式,它要求农民以农业为唯一的就业方式来取得收入,并运用机械化大生产实现高水平、专业化的农业生产,因此农业生产者的收入来源仅为农业,其收入水平至少要足以支付农民生活中的所有开支。从这个角度来看,农地适度规模经营的"度",更多地要从满足农民生活成本的角度来衡量,因此基于生活成本支出与单位面积耕地所能带来的农业收入计算农地适度规模,更符合未来现代农业的发展要求。也就是说,在研究区较适宜的农业经营规模为40.58亩。

第三节 研究区农地规模经营模式

一、国外家庭农场发展特点

国外家庭农场经历了较长的发展历史,形成了较成熟的经营模式。从农场的规模来看,国外家庭农场有大型、中型和小型3种规模。美国以发展大型家庭农场为主,法国是中型家庭农场的代表,而日本多发展小型家庭农场。各国基于本国的资源禀赋和社会环境,发展了适于其自身发展的不同规模的家庭农场。经营规模不同,家庭农场的经营方式和特点也各不相同。

1.美国家庭农场发展特点

美国是当今世界上农业最发达的国家,其农产品在国际市场上竞争力强,农产品的出口额一直稳居世界首位。美国农产品产量占世界总产量的近25%,而其农业人口仅占世界农业人口总数的1.4%。美国家庭农场有如下特点。

(1)家庭农场数量多、规模大、专业化程度高。美国地域辽阔,有丰富的土地资源,而其人口尤其是农业人口相对较少,且家庭居住比较分散,这为每户农民耕种大面积土地提供了基础条件。美国农业生产的形式主要有家庭农场、以家庭农场为依托的合伙制农场和公司制农场。据相关资料,2012年,美国家庭农场数占全国农场总数的86.71%,其所

经营的土地面积占全国农场总面积的61.50%；合伙制农场和公司制农场数占全国农场总数的11.60%，而其经营面积分别占全国农场总面积的17.07%、14.35%。同时，美国的家庭农场规模较大。2010年美国的农场约有220万个，农场占地面积为3.72亿 hm^2，平均每个农场的面积为176.36 hm^2，每个农场的平均人口为1.6人（表6-10）。

表6-10 2012年美国农场构成情况

	数量（个）	比例（%）
家庭农场	1 828 946	86.71
合伙制农场	137 987	6.54
公司制农场	106 716	5.06
其他农场	35 654	1.69
合计	2 109 303	100

美国农业生产专业化程度较高，全国共分为10个农业生产区域，每个农业生产区域主要进行一到两种农产品的生产。农业生产产前所需物资如种子、生产资料的供应，产后的加工、运输、销售等活动，均由专门的农业服务机构承担，大大提高了农业生产的专业化水平。

（2）家庭农场生产以市场为导向，自主决策。美国农场土地产权清晰，农场主对农场具有自主支配权，农场主可自主决策生产方式、经营管理方式等。同时，美国农产品市场化程度很高，市场机制完善。美国家庭农场主要采用订单式生产，家庭农场生产以市场需求为导向，由销量决定产量，遵循市场规则，严格控制生产成本，坚持效益最大化原则，依靠市场实现利润最大化。

（3）政府法律政策体系完善，政府补贴类多面广，为家庭农场农业生产提供有力支持。20世纪30年代起，美国国会每5年修改一次《农业法》。至2014年，美国已相继出台31个不同方面的农业法律、法规，内容涉及土地所有权、农业税收、生产资料（包括种子）供应、产品运输、加工企业合同、信贷、环保等，形成了完整的法律体系，明确规定了美国家庭农场的权利与义务，为农业生产的各个环节提供了良好的法律环境和法律依据，为农场主的农业生产权益提供保障，为促进农业生产发展保驾护航。美国政府提供各类补贴促进家庭农场的发展，如直接补贴、市场损失补贴、贷款缺额补贴、出口补贴等，完善的政策保护体系和多样化的政府补贴为家庭农场发展生产提供了强有力的后盾，为规模化农业生产提供了抵御各种风险的资金保障。

（4）完备的社会化服务体系。美国的农业社会化服务的主体包括政府和企业。政府为家庭农场提供各种公共服务，企业为家庭农场提供各种生产服务与合作服务等。政府、企业共同构建了一套完备的农业社会化服务体系,不断促进家庭农场生产专业化水平的提高。美国形成了以农村、农地合作金融体系为主导的多元化、系统化、多层次的农业融资体系,农场主可以根据不同的农场规模、类型及所处区域选择不同的融资渠道;同时,美国有完善的农业保险制度,为农场主提供抵御农业生产各种风险的屏障。美国农业生产的全过程均由专业的服务机构提供各种服务,包括产前的土地准备、良种优选,产中的播种、除草、病虫害预防、灌溉,产后的农产品收割、运输、加工等,社会化服务体系完备。美国有完整的农业科技推广与服务体系。自20世纪末以来,美国州立大学每年都为政府农业管理部门,科研、教育、推广机构及涉农企业培养大批高级农业科技人才。美国政府还逐步建立了联邦、州、县三级农业科技推广体系,把各级政府、大学教师、农场主等主体纳入农业科技推广体系,形成以政府为主导,由大学教师提供技术服务,指导农场主进行农业生产的局面。到2010年,全美国共建立3 300多个农业技术推广机构,专门从事农业生产技术推广的人员达1.7万名,这些工作者经常深入农村给农民推广最新的农业科研成果,对农民进行农业生产技术培训。

(5)生产高度科技化与机械化。美国科技化水平处于世界领先地位,农业生产中对高科技成果的运用范围广,农业生产的机械化水平非常高。目前,美国有超过90%的家庭农场在农业生产、销售等过程中应用全球定位系统、生物技术、物联网等高新技术,大大提高了农业生产、销售的自动化水平。例如将全球定位系统、生物技术与播种机、拖拉机、收割机等农业机械设备进行对接,对农业播种、农药化肥施用、收割等生产过程进行远程精准控制,对农业生产进行智能化管理,实现了高水平的农业机械化生产和信息化建设,促进了农业生产效率的提高,更加有利于家庭农场的高效经营。

2. 法国家庭农场发展特点

法国是现代农业生产与出口大国,其家庭农场有以下几个特点。

(1)农场规模以中小型为主,生产经营集约高效(表6-11)。2010年,法国拥有各类家庭农场101.7万个,其中大部分是中小型农场。法国共有7 600万块农地,每块农地的面积仅半公顷左右,地块面积小,数量多。这种特点使得法国家庭农场更适于发展特色农业、精致农业、有机农业。法国家庭农场专业化程度较高,有专门的蔬菜农场、水果农场、谷物农场、畜牧农场等。法国葡萄酒生产闻名于世,因此,国内有很多专业的葡萄农场。法国农场大多只经营一种产品,产品的商品化率很高,生产专业化程度高。农场只负责进行生产,农场外有各种专业的企业从事农业耕种、收获、运销、供应等作业,农场经营集约化程度高,同时生产效率也很高。

(2)政府政策有效引导。20世纪50年代以来,法国通过一系列政府政策引导农业规模经营。在行政机构设置方面,法国成立专门进行土地整合的官方组织——乡村设施和农业治理协会,通过高价收购农民手中零碎的土地,将其重新划分整治后出售给就近较大的农场主,为法国的土地整合起了重要作用。近20多年来,法国设置了土地整治与农村安置公司,其功能主要是集中土地并进行土地整治,具体做法是首先购买土地私有者手中的土地,然后通过平田整地及进行配套设施建设等完成土地整治,加工完成后以低价出售给农场主。此外,法国政府有农业补贴政策,农业补贴不是层层发放的,而是通过银行直接划到农民的账户上,注重对农业生产环节的补贴,补贴政策为促进家庭农场发展提供了有力的支持。

表 6-11 2010 年法国农场规模及数量

规模 $S(hm^2)$	数量(万个)	比例(%)
$S \geqslant 50$	17.2	17
$20 \leqslant S < 50$	28.8	28.3
$5 \leqslant S < 20$	27.9	27.4
$S < 5$	27.8	27.3
合计	101.7	100

(3)家庭农场和农业合作社密切联系。法国中小型家庭农场多与农业合作社有密切的联系,通过加入各种合作社,为其提供技术、储存、物流、市场营销等多种服务,为家庭农场专业化生产提供支持,形成法国农业合作社与家庭农场多方位合作的局面。

(4)农业科技投入多,农业生产机械化程度高。法国政府十分重视农业科技教育与培训。法国政府每年都有专门资金用于农业新科技、新品种的研究、开发与推广,并对农业科技教育、农民技术培训等进行大量投资。同时,用于农业科技推广和教育等方面的民间农业科技投入也逐年增加。法国政府农业规划项目中专门设农业机械化研究,且逐年增加农业机械化投资比例,不断提高农业机械化性能,拓宽高新技术在农业生产中的使用范围。目前,法国的谷物、牧草等均已实现全过程机械化生产。

3. 日本家庭农场发展特点

日本土地资源尤其是农用地稀缺,且山地丘陵多。基于日本的资源条件,其家庭农场的经营方式不能采取欧美国家的大规模经营方式。经过多年发展,日本家庭农场的发展形成了自己的特点。

(1)以小规模家庭经营为主,注重品牌建设。日本人多地少,2012 年耕地面积 435 万 hm^2,人均耕地面积 $0.035hm^2$,农业人口 260 万(周忠丽等,2014)。受耕地面积限制,日本无法进行大规模机械化的农业生产,因此,其家庭农场以小型家庭农场为主。在农业发展过程中,日本强调利用发达的生物技术进行土壤改良,提高土壤肥力,增加施肥、灌溉等投入,精耕细作,形成集约化、专业化、小型化、高品质的家庭农场特色。日本非常注重农产品的深加工和农产品的品牌建设,每个地区、每个农场都有自己独特的农产品,并已经形成成熟的"一场一品、一区一品、一县一业"的发展模式,有些农产品品牌甚至成为地理标志,尽管价格昂贵,但深受消费者喜爱。

(2)政府出台法律、制度,对农业大力扶持。在法律制度方面,日本政府出台《农地法》《农业基本法》等一系列法律制度,推动土地改革,促进规模经营。此外,日本相继出台《半岛振兴法》《农业保险法》《农地法》等一系列农业法律法规。这些政策法规的基本宗旨都是"惠农利民"。通过《半岛振兴法》《山区振兴法》等促进土地经营权流转,实现农地集中连片,鼓励各种农业生产基础设施的建设,为农民生产、收益等提供权益保障,支持农民以委托、租赁等多种形式发展家庭农场,促进农业生产在经济落后地区的发展,促进耕地保护,确保粮食稳定供给,保证粮食安全。

日本政府还采取一系列制度来扶持农业的发展,包括对特殊地区实施农业补贴制度、农业保险制度、农产品价格风险基金制度等。

(3)社会化服务推动农业现代化。尽管日本小型农场的发展取得了一定成功,但由于规模较小,经营分散,日本的农业发展难以应对充满竞争的国外大市场。于是,日本政府大力发展农业协同组织(以下简称农协)。这一组织由全国99%的农民组成,是进行农业合作与服务的民间经济组织。该组织结构严密,管理制度完善,组织运营有序,为农业生产全过程提供多方位、多角度的各种服务,同时,也是连接农业生产和政府管理的纽带。一方面农协代表广大农民,与政府及各种社会组织展开竞争与合作,最大限度地维护农民的利益;另一方面政府出台农业政策后,通过农协向农民推广,节约了政府的行政成本,且能有效促进政策的贯彻执行,提高农业管理效率。此外,日本分散的小农经营通过农协的运作有机地融入了现代化的经济运行中。可以说,日本农协在全国农户普遍参加的基础上,其自身组织结构严密、经营事业广泛,保证了其功能的有效发挥,为日本小规模家庭农场实现现代化起到了强有力的推动作用。

二、国外农业发展模式对我国的启示

美国、法国、日本三国家庭农场规模大小不同,特色也不尽相同,但都在一定程度上实现了农业现代化,有很多成功经验值得我国借鉴。

1. 根据本国的自然、社会条件决定农业现代化的模式

美国和法国的自然条件都比较优越,地势平坦、耕地数量多,因此适合发展规模化经营的大农业模式。美国经济实力强大,为其农业发展提供了大量的资金支持;美国现代化科技水平高,在农业生产过程中广泛应用先进的科学技术,形成了技术一流、装备先进的农业生产体系,大幅度提高了农业生产效率。法国结合其自然条件和社会发展情况,因地制宜地发展特色农业,进行农业专业化生产,实现了农业现代化。而日本的自然条件与美、法两国迥异,人多地少、地形复杂是其主要特点,因此选择小规模分散经营的经营模式。日本特别重视农业技术创新,以增加科技投入实现节约土地的目的,通过精细化作业、品牌化营销实现了现代农业之路。

我国地域辽阔,土地资源丰富,但与美国相比,由于我国人口众多,反而表现出人多地少的特点。我国与日本类似,都是人多地少,但两国又有明显的差异性。我国的人多地少具有相对性:土地面积绝对数量大,但相对于人口数量来说,人均土地面积小。而日本的人多地少是由土地面积绝对数量少造成的。我国幅员辽阔,地形复杂,有多种多样的地形地貌:有地势平坦的平原,有海拔较高的高原,还有高低起伏的山地、丘陵。因此,我国不同地区可以根据当地自然条件,结合社会经济发展水平,因地制宜地发展现代农业。经济发达、地形条件好的地区,可以将农村劳动力进行有效的转移后,通过各种政策措施集中土地,推行农业机械化生产,促进土地规模经营;而在经济欠发达且地形复杂的地区,可以通过政策扶持,拓宽农业发展道路,促进农业生产向纵深发展,推进农业专业化生产和产业化,逐步实现农业集约化经营,促进农村发展。

2.土地规模经营是现代农业的必然趋势

美国、法国、日本等国在农业发展的过程中,都不断扩大土地经营规模,为农业机械化、现代化创造客观条件。国际经验表明,土地经营规模与劳动生产率成正比:农业生产的土地经营规模越大,生产效率越高。在我国目前的社会经济发展阶段,在现有的生产力发展水平下,土地规模经营符合我国农业发展的客观要求,顺应农业发展规律,能促进我国农村生产力水平的提高,是我国发展现代农业的必然趋势。

3.政府对农业发展的大力支持是现代农业发展的重要保障

美国、法国、日本三国政府主要通过出台法律、构建制度、建立协作组织等方式对农业进行大力扶持。各国都分别出台了符合本国实际的法律制度,促进土地集中,推进农业规模化经营,发展农业生产。在农业制度方面,主要是通过降低农业税收、增加农业补贴扶持农业发展。各国都有不同的农业补贴政策,而对于农业信贷,都分别出台优惠和支持制度,为农业生产提供最大力度的资金支持。各个国家还建立各种农业协作组织,为农业生产提供多角度、全方位的服务,包括生产技术服务、科技培训以及产品储存、运输、营销等产前、产中、产后各种服务,促进农业规模化、专业化生产,促进农业生产率提高。

我国政府也应该加大对农业的支持和保护力度,通过经济手段、政策手段等干预和调节农业发展,推进农业和农村现代化的进程。

4.完善的市场机制是现代农业发展的基础条件

美国、法国、日本农业的快速发展基于农产品较高的商品化率,这就要求构建完善的农产品市场机制,通过市场需求来引导农业生产,推进农业生产的供给侧结构性改革。

目前我国经济落后地区进行农业生产仍以自给自足、满足自身需要为主要目的。需要逐步建立农产品市场,引导农业生产向商品化生产转变。

5.较高的生产者素质是发展现代农业的内在动力

美国、法国、日本各国农业生产者都是掌握了一定的专业知识和管理经验,熟悉有关的法律法规知识,具有较高的文化素质、技术素质、商品意识、市场意识以及经营管理水平的生产者,为实施农业机械化、现代化、专业化生产,进行市场化经营,提供了技术支撑,成为现代农业发展的内在动力。

目前,我国大部分农业生产者素质不高,表现在文化程度低,专业技术水平差,缺乏市场意识,对国家政策法律法规不了解等方面。政府可以通过教育、培训、引导等多种形式逐步提高农业生产者素质。

6. 生产经营专业化是现代农业发展的重要方式

美国、法国农业生产实现了较高的专业化水平,而日本除了实现生产经营专业化外,更是树立了农业生产的品牌意识,打造地方特色产品。专业化生产可以促进农业生产率大幅度提高,同时对协作生产提出了要求,为社会服务体系存在和发展提供了空间和前景。

7. 社会服务体系为家庭农场分担重任,是农业发展的有力支撑

美国和法国有类似的农业社会服务组织,以农业合作社、私人公司或私人企业为主;而日本采取"家庭农场+农业协同组织"的经营模式。社会服务体系为家庭农场提供生产资料购买和农产品储存、运输、销售等一系列产前、产中、产后服务,同时为农户提供信贷支持、科技扶持等社会化服务。而家庭农场只负责农产品的生产,利用现代科技提高农产品产量。完善的社会服务体系与家庭农场实现了对农业生产过程进一步的专业化分工,大大地减轻了家庭农场的经营重担,使家庭农场能专注于农产品生产,为农业生产的专业化和高效率创造了条件。

这些经验为我国实现农业专业化提供了重要启示。通过发展农业合作经济组织,构建农业社会化服务体系,完善农业科技推广体系,可以在一定程度上解决我国农业生产者知识水平低、劳动者素质不高的问题。同时,通过逐步建立市场化的购销体系,实现农产品多种形式、多种渠道的分散经营与集中运销相结合,提高农产品的商品化率,可以增加农民收入,提高农民进行土地规模经营的积极性,促进农业现代化发展。

8. 高度科技化是现代农业发展的重要源泉

美国的大型农场依靠全球卫星定位系统与大型农业机械关联,实现了农业生产的高度自动化,大量节省了农业劳动力,实现了极高的农业生产率。法国通过大量的科技投入,实现了农业机械化生产。日本依靠高科技的生物技术、农药化肥、灌溉技术等提高土壤肥力,增加农业产出。从以上三国的做法来看,提高科技水平、增加科技投入是发展现代农业的重要技术支撑。

邓小平同志早在1988年就提出"科学技术是第一生产力",但我国农业技术进步缓慢,究其原因,主要包括两个方面。首先,从农业生产的主体——农民来看,目前我国农民受自身素质水平的限制,对农业科技缺乏有效需求,科技的推广与应用缺乏内在动力。农村家庭承包经营制实施以来,尽管在一定历史条件下显示了其制度优越性,但不可避免地造成我国农业生产小规模分散经营的格局。这种经营模式,在客观上难以形成对农业科

技应用的有效需求。同时,长期以来,我国农民从事农业生产的报酬多停留在满足自给自足的水平上,缺乏更大的生产需求,也就没有动力进行农业科技的推广和应用。加之我国大部分农民文化程度低,对高新技术及其可能带来的收益无从理解、缺乏认知,难以在主观上产生对科技的有效需求。其次,从政府宏观管理的角度来看,我国科技推广机制不健全。我国也有农业科技推广站等专门的科技推广组织,但与大量的农业生产者相比,农业推广组织数量太少,难以服务数量众多的农民。而有限的农业科技推广组织还存在多种缺点:从科技推广组织的组成人员来看,我国基层科技推广队伍的劳动者素质普遍不高;从科技推广组织的运行来看,缺乏灵活的推广机制,没有先进的推广手段,后续服务不到位,造成科技推广乏力,使得农业的科技支持状况不能满足发展现代农业的要求,技术进步慢。

三、研究区农地规模经营模式分析

研究区人多地少,地形以山地、丘陵居多,由于地形条件所限,农地规模经营不能选择大规模的农场经营模式,而应发展小规模的家庭农场,实施精细化耕作,逐渐形成有地方特色的集约化、专业化的农业生产模式。一是运用生物、物理等措施进行土地复垦,对采矿造成的塌陷、裂缝等问题进行恢复治理;二是运用土壤培肥技术提高土地质量,因地制宜地确定各村种植种类及种植结构,加大化肥、灌溉等生产资料的投入,精耕细作,逐渐实现农业集约化、专业化生产。

第四节 研究区土地规模经营的影响因素分析

一、促进因素分析

1. 自然条件

研究区属暖温带季风气候,四季分明,年平均气温10.9℃,年平均日照时数为2 327.3h,年平均降水量为628.3mm,尽管降水量不是特别充沛,但基于农业种植较强的适应性,其气候条件较适宜大面积发展农业种植业。

研究区地形起伏,山地丘陵有较多分布,但坡度较缓,中部地区是盆地平地,耕地分布集中,有利于种植业发展。

研究区的土壤类型主要是褐土地带,土层深厚,土壤熟化度较高,土质偏黏,土壤有机质氮磷含量中等偏低,钾元素丰富,土壤呈中性到微碱性。

2. 社会经济条件

农地规模经营的实现有赖于农村劳动力大量稳定地转入非农产业。对于一个家庭来说,只有家庭中的主要劳动力在非农产业实现了稳定就业,获得了收入保证,该家庭才具备退出农业的可能性。对于一个地区来说,只有第二、第三产业快速发展,为更多的农业劳动力提供就业机会和稳定的报酬,农业发展才可能推进规模经营。因此,农业劳动力转移,第二、第三产业的发展是农地规模经营的首要条件。

改革开放以来,泽州县经济快速发展。2012 年,泽州县总人口 496 124 人,地区生产总值 2 176 889 万元,人均地区生产总值 44 813 元,比 2010 年增长 12.14%。

2009 年以来,泽州县第一产业发展缓慢,第二、第三产业迅速发展,尤其是第二产业。2009 年,第二产业产值为 919 450 万元,到 2012 年,增加到 1 547 666 万元,增长了 68.33%,占地区生产总值的 71.1%,成为泽州县地区经济发展的坚实基础(图 6-8)。

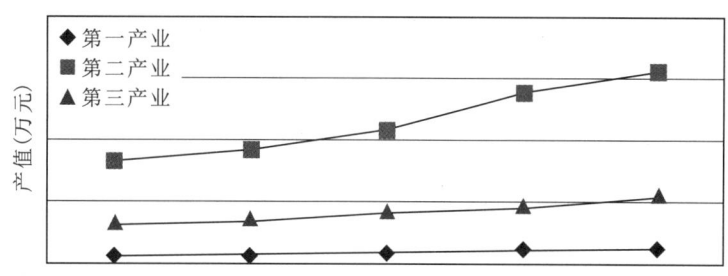

图 6-8 泽州县 2008—2012 年三次产业产值折线图

从图可见,2008—2012 年,泽州县第二、第三产业蓬勃发展,为农地规模经营提供了转移农村剩余劳动力的就业机会,为第二、第三产业支持农业发展奠定了经济基础。

3. 农户土地流转和规模经营意愿

对泽州县川底乡、大东沟镇、下村镇 3 个乡镇农户的土地流转和农地规模经营意愿进行问卷调查,收回 589 份有效问卷。

被调查的 589 户农户中,愿意参与土地流转的农户达到 81.83%,其余 18.17% 的农户不愿参与土地流转。在支持土地流转的农户中,有 299 户农户愿意扩大耕地面积,183 户农户愿意减小耕地面积。也就是说,有 50.76% 的农户有农地规模经营的意愿。另外,有 369 户农户表示,如果有社会保障,愿意将自己承包经营的土地流转出去后外出务工。

对不愿参与土地流转的农户进行原因调查,结果表明,107 户农户中,有 53 户是因为担心土地转出后,生活没保障;有 19 户农民是担心转出土地后,自己想再进行耕种时,无法实现经营权回收;有 13 户农户认为,种地不仅不交税而且还有补贴,因此不愿意把自己承包的土地流转出去;有 12 户农户是因为不知道谁愿意经营,也就是认为没有流转的对象,或者没有相关信息;有 7 户农户认为流转土地程序太麻烦,因此不愿意进行流转。可见,在农户进行土地流转的决策过程中,农用地的粮食保障功能有着极其重要的意义,占有土地就意味着有最基本的生活保障,是农民持有土地承包经营权的基本心理。据调查,有61.64%的农户认为农用地的主要功能是社会保障功能,有37.52%的农户认为农用地是家庭的主要经济来源,其余农户认为农用地可以作为财富世代传承。

关于流转年限,愿意参与10年以下土地承包经营权流转的农户占37.68%;愿意参与10~20年土地承包经营权流转的农户占26.31%;愿意参与20~30年土地承包经营权流转的农户占10.75%;愿意参与30年以上土地承包经营权流转的农户占25.26%。

关于土地流转后的农地经营模式和流转收益的支付方式,38.12%的农户支持按年付租金,由他人建立家庭农场;29.02%的农户支持建立农村合作社,自己也参与经营;18.78%的农户支持建立股份制农场,自己作为股东按股份分红;12.52%的农户支持一次性交清租金;其余农户对各支付方式没有偏好。

关于经营规模,34.69%的农户认为农用地面积需达到100亩以上,可以成为种粮专业户;31.33%的农户认为需达到50亩以上;13.81%的农户认为达到10亩以上即可;11.68%的农户认为需达到200亩以上;其余农户表示不清楚。

二、制约因素分析

1. 土地流转机制

泽州县农民有较强的土地流转意愿,当地自然条件和社会经济发展水平也有利于进行土地流转,但缺乏完善的农村土地市场,也没有成熟的土地流转市场机制。据调查,研究区有18.68%的农户参与了土地转入或转出,有部分农户有撂荒行为,说明该区域农村生产力的发展已经对土地流转提出了迫切的需求,但由于土地流转机制不健全,农业规模经营主体缺乏,使得当地土地流转受到了限制,从而为推进农地规模经营带来了困难。

调查样本中有125户农户发生了土地流转行为,其中64户农户转出了土地,61户农户转入了土地。在转出土地的农户中,有3户将承包土地全部转出,完全从事非农业生产。

研究区土地流转的方式主要是转租,土地转入转出基本在农户之间进行,甚至大部分主要在亲戚之间流转,他们之间几乎没有任何正式的协议或合同,主要通过口头协议的方式实现,转让行为非常随意,转让程序不规范,且转让年限很短,基本上都是"今年先这样,明年再说",常常出现"今年转让,来年收回"或者协议转让3年但第二年反悔等现象。由于当地土地流转主要在亲戚之间实现,流转没有明确的价格,即使有,也多以实物形式实现,因此当地土地流转容易产生纠纷,带来农户之间的矛盾。

此外,农户之间进行转租的土地大都来自不同农户的不同地块,很少集中连片,为农业机械化作业的实现和规模经营带来困难。

2. 农业现代化水平

农地规模经营的实现依赖于较高的农业现代化水平。因此,本书建立模型对泽州县农业现代化水平进行评价。

(1)模型及方法。本书运用多指标综合评价对泽州县农业现代化水平进行评价。其公式为：

$$A_t = \sum_{i=1}^{n} W_i B_i \quad (6-23)$$

式中：A_t——t 时期泽州县农业现代化水平；

B_i——影响泽州县农业现代化水平的指标层因子第 i 个因子的得分；

W_i——影响泽州县农业现代化水平的指标层因子第 i 个因子的权重。

(2)指标体系构建。评价指标体系包括3个层级：目标层、准则层和指标层。选取指标及其指标体系见表6-12。

选取指标的解释及计算公式见表6-13。

表 6-12 农业现代化水平评价指标体系

目标层	准则层	指标层
农业现代化水平（A）	农业生产投入水平（B_1）	人均农业固定资产投入（C_{11}）
		单位耕地面积农业机械总动力（C_{12}）
		第一产业人均用电量（C_{13}）
		有效灌溉率（C_{14}）
		第一产业人均化肥施用量（C_{15}）
		第一产业人员比率（C_{16}）
	农业综合产出能力（B_2）	土地生产率（C_{21}）
		劳动生产率（C_{22}）
		单位耕地面积粮食产量（C_{23}）
		农业生产总值占国民生产总值的比重（C_{24}）
	农民收入与消费水平（B_3）	城镇化率（C_{31}）
		恩格尔系数（C_{32}）
		农业人均纯收入（C_{33}）
	农业生产环境（B_4）	森林覆盖率（C_{41}）
		自然灾害成灾率（C_{42}）

表 6-13　各评价指标的释义及计算公式

指标	释义	计算公式	单位
人均农业固定资产投入（C_{11}）	农业生产过程中固定资产投入的人均水平	农业固定资产投入/乡村就业人员数量	元/人
单位耕地面积农业机械总动力（C_{12}）	单位耕地面积投入农业机械总动力	农业机械总动力/耕地面积	kW/hm^2
第一产业人均用电量（C_{13}）	农业用电总量的人均水平	农业总用电量/第一产业从业人员	$kW \cdot h$/人
有效灌溉率（C_{14}）	耕地中能实现灌溉用水的面积	水浇地面积/耕地面积	%
第一产业人均化肥施用量（C_{15}）	农业化肥用量的人均水平	农业化肥用量/第一产业从业人员	t/人
第一产业人员比率（C_{16}）	农业从业人员的比例	第一产业从业人员/社会从业人员	%
土地生产率（C_{21}）	投入到农业生产中的耕地单位面积产值	农林牧副渔增加值/耕地面积	$元/hm^2$
劳动生产率（C_{22}）	投入到农业生产中的农业从业人员人均产值	农林牧副渔增加值/第一产业从业人员	元/人
单位耕地面积粮食产量（C_{23}）	单位耕地面积的粮食产量	粮食产量/耕地面积	t/hm^2
农业生产总值占国民生产总值的比重（C_{24}）	农业生产总值占国民生产总值的比重	农业生产总值/国民生产总值	%
城镇化率（C_{31}）	城镇人口占总人口的比重	城镇人口/总人口	%
恩格尔系数（C_{32}）	农村居民食品支出占总支出的比重	食品支出/总支出	%
农业人均纯收入（C_{33}）	农村居民人均纯收入	农民纯收入总额/农民人数	元/人
森林覆盖率（C_{41}）	森林面积占土地面积的百分比	森林面积/国土资源总面积	%
自然灾害成灾率（C_{42}）	自然灾害带来损失的面积占自然灾害覆盖面积的比重	农业成灾面积/农业受灾面积	%

表 6-14 是泽州县 2005—2012 年农业现代化水平评价指标体系计算的基础指标值。

表 6-14　2005—2012 年泽州县农业现代化水平评价指标值

指标	单位	2005 年	2006 年	2007 年	2008 年	2009 年	2010 年	2011 年	2012 年
C_{11}	元/人	169.41	734.88	972.16	525.92	1 087.71	569.81	854.92	2 914.96
C_{12}	W/hm²	13.18	13.17	13.16	13.26	13.30	13.97	14.83	17.92
C_{13}	kW·h/人	968.13	867.26	1 067.25	6 895.47	1 338.03	1 386.14	1 449.96	1 519.17
C_{14}	%	25.40	25.40	25.40	21.23	20.61	20.61	17.21	18.60
C_{15}	t/人	3 903.51	3 839.29	3 950.30	1 091.57	4 197.95	4 235.14	4 300.30	4 334.40
C_{16}	%	53.26	52.31	53.08	51.28	49.46	48.94	48.47	47.70
C_{21}	元/hm²	8 149.94	8 703.03	10 930.53	11 383.87	13 181.67	15 987.76	22 667.15	28 333.01
C_{22}	元/人	3 123.68	3 342.39	4 102.06	4 369.56	5 273.32	6 379.81	9 059.20	9 801.78
C_{23}	t/hm²	5.08	5.10	4.63	5.04	4.27	5.13	4.96	6.61
C_{24}	%	5.08	4.58	5.44	4.58	4.81	4.95	5.63	5.24
C_{31}	%	33.53	34.66	35.61	36.90	39.43	36.50	38.36	40.52
C_{32}	%	32.10	32.20	30.10	30.07	29.30	28.50	25.65	23.39
C_{33}	元	4 218.00	4 590.00	5 060.00	5 517.00	5 967.00	6 646.00	7 940.00	9 044.00
C_{41}	%	29.21	28.89	30.04	31.05	32.22	32.88	34.08	34.08
C_{42}	%	16.40	13.20	14.20	14.40	19.90	11.30	16.40	15.20

(3)指标权重确定。运用层次分析法对指标权重进行确定,结果见表 6-15。

表 6-15　指标权重值

一级指标	二级指标	权重 W_i	三级指标	权重 W_{ij}
农业现代化水平（A）	农业生产投入水平（B_1）	0.27	人均农业固定资产投入（C_{11}）	0.29
			单位耕地面积农业机械总动力（C_{12}）	0.30
			第一产业人均用电量（C_{13}）	0.09
			有效灌溉率（C_{14}）	0.14
			第一产业人均化肥施用量（C_{15}）	0.05
			第一产业人员比率（C_{16}）	0.13

续表 6-15

一级指标	二级指标	权重 W_i	三级指标	权重 W_{ij}
农业现代化水平 (A)	农业综合产出能力 (B_2)	0.35	土地生产率 (C_{21})	0.36
			劳动生产率 (C_{22})	0.14
			单位耕地面积粮食产量 (C_{23})	0.36
			农业生产总值占国民生产总值的比重 (C_{24})	0.14
	农民收入与消费水平 (B_3)	0.21	城镇化率 (C_{31})	0.12
			恩格尔系数 (C_{32})	0.44
			农业人均纯收入 (C_{33})	0.44
	农业生产环境 (B_4)	0.17	森林覆盖率 (C_{41})	0.20
			自然灾害成灾率 (C_{42})	0.80

(4) 指标标准化。运用阈值法对指标值进行无量纲化处理,结果见表 6-16。

表 6-16 指标值标准化结果

指标	2005 年	2006 年	2007 年	2008 年	2009 年	2010 年	2011 年	2012 年
C_{11}	0.00	0.21	0.29	0.13	0.33	0.15	0.25	1.00
C_{12}	0.00	0.00	0.00	0.02	0.03	0.17	0.35	1.00
C_{13}	0.15	0.00	0.31	0.70	0.72	0.80	0.89	1.00
C_{14}	1.00	1.00	1.00	0.49	0.42	0.42	0.00	0.17
C_{15}	0.13	0.00	0.22	0.88	0.72	0.80	0.93	1.00
C_{16}	0.00	0.17	0.03	0.36	0.68	0.78	0.86	1.00
C_{21}	0.00	0.03	0.14	0.16	0.25	0.39	0.72	1.00
C_{22}	0.00	0.03	0.15	0.19	0.32	0.49	0.89	1.00
C_{23}	0.35	0.35	0.15	0.33	0.37	0.37	0.29	1.00
C_{24}	0.48	0.00	0.82	0.00	0.21	0.35	1.00	0.63
C_{31}	0.00	0.16	0.30	0.48	0.84	0.42	0.69	1.00
C_{32}	0.01	0.00	0.24	0.24	0.33	0.42	0.74	1.00
C_{33}	0.00	0.08	0.17	0.27	0.36	0.50	0.77	1.00
C_{41}	0.06	0.00	0.22	0.42	0.64	0.77	1.00	1.00
C_{42}	0.41	0.78	0.66	0.64	0.00	1.00	0.41	0.55

(5)评价结果。表 6-17 是泽州县农业现代化水平评价结果表。

表 6-17 2005—2012 年泽州县农业现代化水平评价结果表

指标	2005 年	2006 年	2007 年	2008 年
农业生产投入水平	0.162 0	0.222 4	0.267 9	0.265 9
农业综合产出能力	0.191 6	0.141 2	0.240 0	0.203 2
农民收入与消费水平	0.005 1	0.053 3	0.217 4	0.282 7
农业生产环境	0.337 9	0.623 3	0.574 5	0.594 9
农业现代化水平	0.169 3	0.226 6	0.299 7	0.303 4
指标	2009 年	2010 年	2011 年	2012 年
农业生产投入水平	0.354 0	0.363 8	0.416 7	0.883 5
农业综合产出能力	0.165 2	0.389 9	0.628 5	0.946 9
农民收入与消费水平	0.405 6	0.457 1	0.749 4	1.000 0
农业生产环境	0.128 3	0.953 8	0.525 6	0.637 2
农业现代化水平	0.260 4	0.492 8	0.579 2	0.888 3

3. 粮食作物商品化率

根据调查,几乎所有的农户都首先将自己生产的粮食作物用来满足家庭所需,剩余部分作为商品出售。由于种植规模不同,农户粮食产量和销售量有一定差异。表 6-18 是不同种植规模的农户粮食产量和销售量的统计结果。

可见,随着种植规模的扩大,产量不断增加,农民家庭剩余粮食增加,销售比重也随之增加。根据表 6-18,就小麦种植来看,被调查的 585 户农户中,有 466 户种植规模小于或等于 5 亩,占总户数的 79.66%,这些农户生产的小麦 75% 均用于家庭消费。随着种植规模的扩大,农户生产小麦用于家庭消费的比重减少,而销售比重增加。小麦种植规模超过 15 亩以上,就会有接近一半的产量用于市场供给;种植规模超过 20 亩的农户,其生产目的完全是为了满足市场需求,小麦销售比重为 100%,全部商品化。就玉米种植来看,96.48% 的农户种植规模小于或等于 5 亩,这些家庭生产的玉米 74% 可自给自足。同样,随着玉米种植规模的扩大,农户生产所得用于市场销售的比重不断增加。玉米种植规模超过 10 亩的农户,其产量的 40% 用于销售;种植规模超过 20 亩的,其产量的 90% 用于销售,商品化率大大提高。黄豆的种植规模普遍小于或等于 5 亩,其产量的 60% 用于销售,商品化率相对较高,这是由于当地以小麦、玉米为主要粮食作物,黄豆的家庭消费量小,剩余的黄豆较多,可以用于市场供给。

表 6-18 不同规模农户农作物产量和销售量

作物	播种面积范围	S≤5 亩	5 亩<S≤10 亩	10 亩<S≤15 亩	15 亩<S≤20 亩	S>20 亩
小麦	户数(户)	466	108	5	3	3
	总产量(kg)	752 629.65	327 715.80	27 650.00	29 000.00	52 750.00
	户均产量(kg/户)	1 615.08	3 413.70	5 530.00	9 666.66	17 583.33
	户均销售量(kg/户)	403.77	1 041.18	2 073.75	4 881.66	17 583.33
	户均销售比重(%)	25	30.50	37.50	50.50	100
玉米	户数(户)	466	13	2		2
	总产量(kg)	497 043.00	488 013.00	213 297.00		254 871.50
	户均产量(kg/户)	1 408.05	40 667.75	106 648.50		127 435.75
	户均销售量(kg/户)	366.09	13 013.68	42 659.40		114 692.18
	户均销售比重(%)	26	32	40		90
黄豆	户数(户)	336				
	总产量(kg)	79 925.00				
	户均产量(kg/户)	451.55				
	户均销售量(kg/户)	270.93				
	户均销售比重(%)	60				

尽管小麦、玉米在种植规模超过20亩的情况下,产品的商品化率很高,但研究区范围内种植规模达到20亩的农户非常少,只有3户,仅占农户总数的0.5%。因此,可以说在研究区范围内,粮食作物户均种植规模小,且商品化率较低,大多数农户种植粮食的目的都是为了满足自身需要。综上所述,粮食作物商品化率低,缺乏市场激励,成为限制土地规模经营的重要因素。

4. 生产者素质

在农业生产过程中,生产者作为重要的生产要素,对农业产出有较大影响。根据调查,研究区农业生产者素质普遍较低,仅有8%的人口受过专科及以上的教育,31.1%的人口仅受过小学教育。在调查过程中,大量的被调查者对国家政策毫无了解,很多被调查者对农业生产的多种技术闻所未闻,这给土地规模经营带来了较大的难度。

综上分析可见,土地规模经营既要求政府建立健全土地流转机制,也要求构建完善的农产品市场,促进粮食生产从自给性生产向商品化生产转变,同时,规模化经营需要通过农业机械化、现代化来实施。在政府制度完备、市场机制完善、农业科技水平高的情况下,只有农业生产者具备较高的素质,掌握高新农业技术,了解国家政策,有敏感的市场意识,才能真正实现农地规模经营,促进我国农业现代化。

第五节 土地规模经营的实现路径

一、完善农地流转机制规范农地流转程序

要实现土地规模经营,首先要解决目前一家一户分散经营带来的土地规模过小的问题,通过土地流转促进土地集中。土地流转的关键问题主要有"谁流转、怎么流转、流转收益归谁"。《中华人民共和国农村土地承包法》和《中共中央关于做好农户承包地使用权流转工作的通知》规定,土地流转的主体是承包农户,媒介是市场机制,土地流转收益全部归承包农户。

在研究区,以煤炭产业为中心的第二、第三产业较发达,相当一部分农民出现了兼业行为,农户之间也出现了自行流转的现象。这些土地流转行为,多发生在亲友之间,以口头协议的方式确定。由于没有经过村集体经济组织审批,也没有签订正式合同,土地流转没有法律保障,且流转行为没有稳定性,只是经营权的暂时转让。还有相当一部分农民有土地流转意愿却无法真正实现流转行为。在这种情况下,有些农民直接弃耕抛荒,一方面造成土地资源的极大浪费;另一方面,农民收益受到损失,农民土地承包经营权得不到尊重、保护和补偿,造成农民对土地承包经营权及土地的漠视,从而失去保护土地、可持续经营土地的积极性。

基于市场机制构建完善的土地流转制度,是促进土地流转顺利进行的必要途径。土地流转制度的构建能从法律上保护农民土地权益不受侵害。市场机制确定的有偿转让和等价交换的原则,能保证土地流转有序进行。基于等价交换原则,农民在土地流转前对土地进行的各种投入在流转真正发生时均可以实现补偿,这在很大程度上消除了农民进行土地投资尤其是进行长期投资的顾虑,有利于农民对土地进行可持续利用与管理,同时,可促进质量各异的土地流转。此外,需通过宣传、教育等手段不断加强农户土地流转的法律意识,要求农户无论与谁、用何种方式进行土地流转,在土地流转实施前都必须通过签订规范的土地流转合同予以法律上的确认,明确土地流转的数量、条件、形式、年限等,规定流转双方的权利、义务和责任,确定符合法律规范的长期、稳定的流转关系,确保土地可持续经营和利用。

根据土地流转后经营内容的不同,流转期限也不同。种植业流转期限应在5年以上,设施型农业流转期限应在10年以上,流转期限最长不能超过国家第二轮承包期限(延长30年)。流转双方签订流转合同,一式四份,转包方、接包方、村集体经济组织、鉴证单位各执一份,并做好合同资料的归档管理工作。只有规范流转合同,才能为转包方获取流转

收益、接包方获取稳定的土地经营权提供保障,确保流转双方的权利和义务。

从具体的流转形式来看,目前我国土地流转形式主要有转让、转包、反租倒包、入股、租赁、互换、拍卖、托管和退包等。如何确定适宜的流转形式,是完善农地流转机制中最重要的环节。根据调查可知,农民在农地流转过程中,最关心的问题是流转价格。也就是说,经济因素是农地流转主要的动力因素,按照收入水平将农户分为高收入、次高收入、中等收入和低收入4类,分别研究其适宜的农地流转形式。

年总收入超过5万元以上的为高收入家庭。这类家庭一般拥有家庭式的农副业,如养猪、养羊等,经营其他第三产业或非农业私人企业,收入较高但风险也较高,需要投入足够的时间和精力,因此对于农业生产既没有剩余的时间,也没有太多的精力,他们对于承包地的态度是"宁可没有",很多人甚至愿意无偿转出自己的承包地。对于这类家庭,退包是最适宜的土地流转形式。退包是指经村集体经济组织同意,农户自愿退还土地的承包经营权,由村集体经济组织收回后,可重新发包。需要注意的是,退包须办理土地承包权证变更手续。

年总收入在2万～5万元的为次高收入家庭。这些家庭的主要劳动力大多在企事业单位有固定工作或有较稳定的兼业工作,能实现可靠的非农收入。他们对于承包地的态度是"可有可无",如果只需要投入少量的时间和精力就可以满足自身的粮食需求,他们愿意继续承包农地进行农业生产,但如果投入过多,他们则不会继续,可以说,这些家庭的生存不再强烈依赖对土地的耕种和利用。因此,适合这类家庭的土地流转方式是转让,即农户将土地承包经营权转让给第三方,由获得土地经营权的第三方向农户支付一定租金并履行承包合同中规定的原农户需承担的义务、责任等。

年总收入在1万～2万元的为中等收入家庭。这类家庭的主要劳动力一般也从事非农业的兼业工作,但工作机会时有时无,工作不稳定且收入不高,因此,他们对于承包地的态度是"不能没有"。农地的承包权在很大程度上是他们失业后的重要保障。这类家庭适宜的农地流转方式是出租,农地出租不改变土地承包关系,租期可以自由协商。在农地出租后,能保证农地承包权在经济上的体现,从而增加农户收入;在自己或家人失业后,又可以较简便地收回经营权。因此,"进"能实现农户收益增加,"退"能为农户提供基本生活保障,出租是这类家庭较适宜的农地流转方式。

年总收入在1万元以下的为低收入家庭。这类家庭的收入主要来源于农业或社会低保金,他们对于承包地的态度是"高度依赖,不可或缺"。这类家庭适宜"入股"的流转形式,它是指承包者将土地承包经营权折价后作为股份入股于股份制或股份合作制农业企业,土地由股份制农业企业进行经营和管理,农民按期实现利益分红。同时,低收入农户的劳动者如果有意愿和能力从事农业耕作的,可以优先获得就业机会。也就是说,这类家庭将农地承包经营权入股后,首先可以享受承包权带来的经济收益;其次,如果有兴趣、有能力,可以进一步投入劳动力获得劳动报酬,从而增加农业收入。

经过分析可知,研究区适合的土地流转方式主要有退包、转让、租赁和入股。家庭收入水平不同,适合的土地流转方式不同,但这种对应关系并不绝对,土地流转形式也并非必须完全囿于这4种形式。在流转实施过程中,可以进行多种试验,结合当地的自然条件和社会经济状况,在农户自愿的前提下确定最佳的土地流转形式。

二、加强农民素质教育

生产力发展水平是推动社会不断进步的关键因素,而文化、宗教信仰等也有巨大的推动作用。历史发展的经验也证明了这一点,每一次生产力的重大变革都带来世界经济的长足进步。新制度经济学也认为,非正式制度包括人们的思想观念、意识形态、伦理道德、价值观念等,可以帮助人们形成对其他人行为的稳定预期,从而节约契约的监督成本,降低契约执行成本。因此,要加快实现土地规模经营,就要加强农民素质教育,提高农民的科技文化水平,真正把农业现代化的价值观念植入农民的思想意识,树立农民的市场意识,发挥农民的主观能动性,引导农民自主推进土地有序流转,实现土地规模经营。

要在我国发展现代农业,实现农业现代化,不仅需要高端先进的农业技术,更需要实现劳动力的"现代化",用知识和技能武装农业生产者,提高农业生产者的素质。首先,要加强农村基础教育,增加农村基础教育经费,改善农村基础教育的办学条件,增强农村教育的师资力量,从小抓起,不断提高农村人口整体的文化水平。其次,加强对农民进行农业知识、技术和技能的培训。可以结合农村产业化发展水平,根据农村产业结构调整的需要,有计划地开展专题讲座、专栏培训等,组织农民学习农业知识,参加农业技术培训,提高其农业生产技能。此外,还可以发展农村职业技术教育,对农业劳动力进行系统化教育和培养,为农村培养高素质的劳动者。

推进土地规模经营是一项长期的、复杂的系统工程,需要一批较高素质的农业规模化经营专业人才,既包括掌握高科技的农业生产者,也包括从事生产管理、商品营销等方面的高科技人才。只有在农村就地取材,加强素质教育,把广大农业生产者培养成高科技专业化人才,引导其发挥主观能动性,才能有效促进土地规模经营,促进我国农业现代化的实现。

三、促进农村剩余劳动力转移

基于土地规模经营发展现代农业意味着农业生产率有较大提高,意味着较大规模的农业生产仅需少量的农业劳动力投入,这必将导致农村出现较多的剩余劳动力,促进农村剩余劳动力转移就成为实现土地规模经营,解决农民、农村、农业"三农"问题的一个重要环节。

为了有效促进农村剩余劳动力的转移,研究区应充分利用当地的资源优势,进一步发展第二、第三产业,吸引农村劳动力就业,具体措施包括以下几项。

一是充分认识转移农村剩余劳动力的重要意义,把转移农村剩余劳动力纳入国民经济和社会发展的目标中,并作为一项基本政策,通过制定中长期规划等有效措施,有步骤地开展这项工作。

二是要求农村基层政府改变长期以来单纯就农业抓农业的工作思路,把促进剩余劳动力的转移作为农村工作中的一项重要任务。应鼓励和动员有兼业行为、农业生产已不是主业的农民,对家庭承包地进行流转,同时,尽快建立能为农民提供就业信息咨询的中介组织,为有能力、有意愿外出打工的农民提供及时、准确、有效的咨询服务。鼓励、动员和引导有条件的农民放弃农业生产,从事第二、第三产业,促进农村劳动力转移。另外,要采取相应措施避免已经转移出去的劳动力向农村回流。

三是制定相关政策制度,要求城市就业管理部门对进城务工人员进行劳动力就业统一管理,并为进城务工人员提供就业培训,鼓励城市企业和进城务工人员签订中长期劳动合同,通过培训提高进城务工人员素质,增加其进城务工的可能性,提高进城务工人员就业率。对能达到就业条件的进城务工人员,要尽可能提高其工资待遇,签订长期稳定的就业合同,保证其收入的稳定性。

四是注重小城镇建设,加速城市化进程,为农村劳动力创造更多的就业机会,为进城务工人员提供广阔的生产和生活空间。促进城镇第二、第三产业的发展,繁荣小城镇经济,为农民提供进城务工、经商等多种机会,为吸纳农村剩余劳动力创造条件。此外,小城镇不断发展,会产生较强的集聚作用,促进人口、经济、生产、信息等要素在城镇集中,加快城镇发展速度,逐渐形成农村政治、经济、文化、信息、交通等多要素的中心,进一步对周围的村庄产生辐射作用和集聚功能,从而带动整个农村区域的经济发展和社会进步。

五是通过多种方式进一步增加农民收入,减轻农民负担,不断增加农民的财富积累,提升农民的经济实力,为农民向城市转移积蓄经济实力。

四、建立健全配套的社会保障制度

农地规模经营要求大量农民放弃其土地经营权,也就使得农民失去了赖以生存的土地及其所提供的基本生活保障。目前,许多农民不愿意进行土地流转,主要是担心失去土地后会失去基本的生存保障,生活难以为继,因此,推行农地规模经营必须完善农村社会保障制度。

要完善农村社会保障制度,就要逐步淡化土地的就业、生存保障功能,淡化土地的社会福利功能,逐步实现农民家庭养老与社会养老相结合,减轻农村家庭保障的沉重负担,实现社会对农村人口的保障功能。构建包括农村最低生活保障制度、农村社会养老保险制度和农村医疗保障制度的内容完善、体制健全的农村社会保障制度体系。近年来,研究区积极推进农村社会保障制度体系构建,但随着农村农户间收入差距的不断扩大,一些中低收入家庭的住房、教育、医疗等问题仍是重要的经济难题,给农民生活带来较多困扰,因此农村社会保障制度体系构建还有很长的路要走。可以通过积极开拓多元融资渠道,建立农民社会保障基金制度等方式促进农村社会保障制度发展。比如,可以将农民转让土地所得投入社会保障基金,也可以将国家财政收入的一部分用于农村社会保障体系建设。

新型农村保障机制的建立可以弱化农地的生存保障功能,强化农地的生产功能和生态功能,有利于真正把农民从土地中解放出来,促进农地资源的可持续利用和农业的可持续发展。

五、大力发展农村社会化服务体系

社会化服务体系是农业规模经营的配套服务体系。农业规模经营的实现,意味着农业生产的社会分工会进一步细化,这就要求建立能提供多方位服务的社会服务体系,为农业生产提供生产资料购买和农产品储鲜、运输、销售等一系列产前、产中、产后服务,并向农户提供信贷支持、科技扶持、生产资料购销等社会化服务。而家庭农场只负责农产品的生产,利用现代科技提高农产品产量。

目前我国的农村社会化服务体系几乎是一片空白,其建立和完善需要一个长期的过程。从零发展农村社会化服务体系,一是要调动社会各界的积极性,充分发挥政府、企业、专业协会的功能。政府部门应侧重于生产、提供公共产品,企业、专业协会等则重点开展农产品保鲜、销售、技术、信息等农业社会化服务。二是要大力支持现代化经济组织的发展,加强农业生产的组织化程度。建立能提供产品推销、市场开拓、信贷服务、科技指导与服务、信息咨询等多种专业服务的组织或机构。三是培育农产品市场,发展中介组织,提高农业生产资料购买和农产品销售的效率,为农业规模经营提供产前、产中、产后全过程的配套服务。

本章小结

本章对北方村庄压煤山丘区土地综合整治中的农地适度规模经营问题进行了研究,主要包括研究区农业生产基本情况分析、土地适度规模确定、土地经营模式确定及其影响因素分析,并提出了土地规模经营的实现路径。本章分析所需数据主要来源于实地访谈和问卷调查,在研究区 47 个村共下发 650 份调查问卷,收回 589 份有效问卷,基于问卷结果统计并进行分析。

首先,本章分析了研究区农业生产基本情况,对农户人口、收入、农地经营情况、投入情况以及土地流转情况进行了分析,结果表明,样本农户中,60.9%的人口文化程度是初中以上,高中以下;家庭年收入 2 万元左右,其中种植业收入小于 30%;研究区纯农户仅占农户总数的 13.41%,大多数农户家庭有兼业现象。据调查,研究区人均耕地面积为 0.115hm^2,户均耕地面积 0.526hm^2,高于全国平均水平,但土地细碎化程度较高,户均耕地 3.5 块。研究区以种植小麦、玉米等粮食作物为主。种植过程中,平均每公顷土地的固定资本投入为 1 547.55 元/hm^2,地均每年的流动资本投入为 2 067.45 元/hm^2。大多数农民从事农业生产以满足粮食的自给自足。在满足自身粮食需求的基础上,部分农户发生了土地流转行为,有 64 户农户转出了土地,有 61 户农户转入了土地,但土地流转多发生在亲友间且大多是口头约定,没有确定的流转价格,流转程序较不正规。有较多农户有土地流转意愿,但没有形成土地流转行为,主要是担心失去承包地后生活没有保障。因此,大部分农户都或多或少地保留了承包地,仅有3户农户将自己的承包地全部转出。

其次,本章采用劳均下限分析法、生产函数分析法、综合平衡法和生活成本支出法等分别计算研究区农地适度经营规模,经过比较分析,认为生活成本支出法比较适合当地农地经营规模的确定,其思路是农业生产的适度规模能保障农户仅从事农业生产就可以解决所有生活生计问题,因此可以通过计算农户生活成本支出及单位面积农用地产出来确定农地经营规模。也就是说,假设农户成为专业的农业生产者,农民以农业生产为职业,经营一定规模的农地所获得的收入可以完全满足农民所有生产生活开支,这样就可以将农业生产者固定在农业生产中。这是我国实现农业专业化、现代化的必经之路,因此本章基于生活成本支出法确定农地经营规模,以期为我国实现农业专业化提供理论依据。基于生活成本支出法,农地适度经营规模是40.58亩。

实现农业专业化、现代化是目前我国社会发展的重要目标,土地规模经营是实现该目标的必要途径,那么,我国的土地规模经营适用于美国式的大农场模式还是法国式的中等规模模式,抑或是日本式的小农场模式?对此,本章通过对国外家庭农场发展模式进行分析和研究,提出研究区适合小农场模式的土地规模经营方式。

最后,本章在土地规模经营影响因素分析的基础上提出了规模经营的实现路径,主要包括农地流转机制构建、加强农民素质教育、建立健全社会保障机制等。

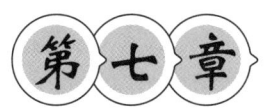

我国农村土地制度变迁研究

本章对我国农村土地制度变迁历史进行了梳理,分为6个阶段分别分析不同时期我国农村土地制度变迁的背景、内容、绩效等。

中华人民共和国成立以来,我国农村土地制度变革按照社会经济发展不同时期可以划分为以下几个阶段。

第一阶段:1949—1952年,中华人民共和国成立初期的国民经济恢复时期。

第二阶段:1953—1966年,社会主义改造和探索时期。

第三阶段:1966—1978年,停滞徘徊期。

第四阶段:1979—1985年,改革开放初期。

第五阶段:1986—2006年,城乡土地统管时期。

第六阶段:2007年至今,土地制度深化改革时期。

本章对中华人民共和国成立以来我国农村土地制度包括土地整治相关制度进行研究,主要包括制度变迁的背景(动力)、变迁过程、制度缺陷等,以期为研究区制定相关制度提供依据。

第一节 国民经济恢复时期

一、制度变迁背景

1949年中华人民共和国成立,但全国大部分地区仍在延续旧有体制。中华人民共和国成立的首要任务是巩固新政权,建立新秩序,维持社会稳定。为了打破农村旧秩序,重建组织,稳定新政权,建设农村基层政权成为首要任务;为了保障征税来源和粮食供应,从而为我国工业化发展奠定良好的基础,土地改革成为必经之路,其首要目标就是实现"耕者有其田"。

1949年以前的土地占有制度极不公平,地主和富农仅占农村人口的不到10%,却占有全部土地的70%~80%,而占农村人口90%以上的贫雇农和中农,只占有20%~30%的土地。

二、制度变迁内容

中国人民政治协商会议第一届全体会议于 1949 年 9 月 29 日通过《中国人民政治协商会议共同纲领》，规定必须取缔西方帝国主义国家在我国的全部特权，同时没收所有官僚资本，全部归人民和国家所有，并分步将没收的土地捐赠给农民。1949 年 10 月 10 日在中共中央华北局发布的《关于新解放区土地改革的决定》中指出，新区已无必要通过减租减息的过渡办法达到平分土地，并规定：没收地主土地及财产，没收富农多余土地及财产，留给地主、富农与农民同样的一份土地与财产。1950 年 1 月 13 日中央人民政府政务院举行第十五次政务会议，通过《关于处理老解放区市郊农业土地问题的指示》，针对中华人民共和国成立前即已进行土地改革的城市郊区的农业土地问题提出了一系列要求。

《中华人民共和国土地改革法》于 1950 年 6 月 28 日经中央人民政府委员会第八次会议审议通过，要求实行农民土地所有制。

《城市郊区土地改革条例》于 1950 年 11 月正式颁布，《城市郊区土地改革条例》主要内容有 3 个方面：一是当地市人民政府统一管理当地城市郊区所有没收和征收得来的土地，这些土地一律归国家所有，连同国家在郊区所有的其他农业土地全部以无偿的方式分配给无地、少地的农民进行耕种。同时要求所有在国有土地上从事农业的耕种者，必须向国家缴纳农业税，全面取消土地租金。而土地的经营者不能荒废、废弃任何国有土地，不得以出租或买卖的方式转让国有土地。当土地的原经营人不再需要该土地时，必须交还国家。二是私人所有的或农民耕种的国有土地在国家因建设需要必须征用和收回时，国家需要通过公平合理的安置和补偿的方式对待耕种该土地的农民，同时补偿农民之前生产过程中的相关投资及由于收回土地可能造成的相应损失，或以相等的国有土地调换，对失去土地的农民进行合理安置。三是对已分得国有土地的农民，在当地城市郊区土地改革全部完成以后，以市人民政府发放的国有土地使用证为准，确认农民对该土地的使用权。私有农业土地者则由市人民政府发放土地所有证，确认其土地所有权。

三、制度变迁逻辑分析

《中华人民共和国土地改革法》和《城市郊区土地改革条例》是中华人民共和国成立初期关于确立社会主义公有制最重要的两部法律。

到 1952 年底，全国大部分地区土地改革基本完成。3 亿多无地或少地的农民分得 7 亿多亩的土地（钱忠好，2000）。《中华人民共和国土地改革法》的实施，是中华人民共和国成立后土地制度的第一次重大变革。它废除了我国历史上长期占统治地位的封建土地所有制，建立了以农民土地所有制为主的社会主义土地制度，农民获得了土地的占有权和使用权，真正成为土地的主人，拥有土地的所有权、使用权和经营权，极大地提高了农民的生产积极性，为土地高效化利用创造了优越的条件。这一制度变革也为社会主义土地公有制的建立奠定了基础。

这一轮土地改革是必然的。

首先,土地资源配置不均与土地是农村不可替代的生产要素的冲突,必然诱发土地产权制度变迁。

长期以来封建地主土地产权制度,造成土地在村社成员之间配置不平均,导致了严重的农村社会经济问题,必然诱发土地产权制度变迁。一是土地地主占有土地的高度集中和农民租地使用的分散化、细碎化,难以形成土地经营和农业生产的规模化,农业生产仅维持在糊口水平上。二是农业生产技术和条件得不到有效改善。地主出租土地仅为了收取地租,对于改善农业生产经营条件缺乏兴趣。对于农民来说,农业生产收益的大部分以地租的形式转移到地主的手中,其所得份额很小,仅够糊口,有时甚至连温饱也很难达到,无力对农业生产和土地改良进行投资。由此,造成了土地生产条件不断恶化。由于土地高度集中,生产条件不断恶化,地主对农民的剥削进一步加重,阶级矛盾日益激化。

土地是农村不可替代的生产要素,在当时的社会背景下,农民对土地具有高度的依赖性。尽管 20 世纪 20 年代末,中华人民共和国成立前夕,中国资本主义生产方式有了一定程度的发展,市场化正在形成,但是中国的工业化并未发展起来,市场经济并没有占主导地位,自然经济仍然在广大农村占统治地位,这就意味着土地在农村仍然是不可替代的生产要素,农民既难以寻求土地的替代性资源,也难以寻求土地就业的替代性机会,因此,土地是农民赖以生存的要素,土地就业是农民的主要就业形式,土地是农民的主要生活来源。然而,在近代中国,在封建地主土地产权制度下,土地高度集中在大地主、大官僚和大资本家以及中小地主手中,广大农民强烈地渴求实现土地资源配置的均等性。土地资源配置的均等性对每一个农民生存权的平等性异常重要,土地越集中,则农民占有土地资源就越不平等,其生存权也越不平等。当这种不平等性超过了大多数农民的生存底线和承受能力时,制度变革便会出现。

其次,农民对平分土地的诉求,顺应了社会发展,能满足社会变革的政治目标。

对土地进行平分,实现土地在人口之间的平等配置是农民对土地的诉求。中国共产党领导的土地革命,以新的政权组织形式取代旧的政权,然后在新政权的辖区内,废除封建土地制度,在农民之间按人口平分土地,建立劳动者土地产权制度。这种制度使农民获得了对土地的实际支配权,实现了劳动者与土地的直接结合,农民真正成为了重要的生产资料——土地的所有者。

同时土地产权制度变迁又有很强的政治目标,它一方面要实现农民占有土地的要求;另一方面,更重要的是要实现革命的最终目标,即建立新的社会制度。它是制度创新者实现整个社会制度变迁的重要途径。这两者相互依存,互为条件。要满足农民平分土地的要求,必须通过革命的方式进行土地产权创新,而实现了农民的需求,就能调动农民参加到土地革命战争中来,从而为建立新的社会制度奠定基础。

可以说,以《中华人民共和国土地改革法》为依据的土地改革是中国历史上一次创造性的大变革,也是一次伟大的社会进步。这一轮土地改革重塑了国家与农民之间的关系,实现了国家经济、政治、文化诸多层面向乡村社会的全面扩张。

四、制度绩效与缺陷

中华人民共和国成立初期,国家通过强制力进行了土地改革,建立了农民土地所有制。这种强制性制度变迁取得了明显的绩效,极大地调动了农民生产的积极性,不仅使战争中荒废了的土地迅速得到复耕,耕地面积也逐步扩大,农业生产迅速恢复,农村经济不断发展。1952年,农业总产值比1949年增加48.5%(中央财经领导小组办公室,1999),粮食总产量比1949年增长44.8%。同时,土地改革也调动了农民参加革命的积极性。

土地改革所实现的土地制度变迁虽然在一定程度上取得了很大的成功,但还存在一些自身所固有的缺陷,主要是因为土地改革是在农村相对封闭的传统社会中进行的带有强制性、废止性的一次制度变迁。一是"耕者有其田"的愿景虽然实现了,可依然无法很好地解决农村社会分化及人地紧张问题。二是以分散经营为主的一家一户的生产方式,造成每个生产单位的农民生产工具、生产资料和生产资金严重缺乏,生产能力相当薄弱。从规模经济的角度来分析,大规模经济建设目标和工业化生产的目标要求无法与落后分散的小农经济所提供的生产率相适应。三是农民土地产权制度向小农经济发展后劲不足,抵御自然灾害的能力也比较低。正是由于农民土地所有制的内在缺陷,因而对国家来说,寻找潜在的、新的土地制度以满足其战略目标的需要就成为必然的要求。改革后所建立的农地制度,不是国家通过施加一定压力或限制对土地产权自发交易过程进行干预的产物,更不是在产权市场的环境中长期自发交易的结果,而是国家通过直接重新分配原有土地产权的方式,组织群众进行大规模斗争的成果。由于在土地改革运动中,政府具有决定权的作用和绝对的话语权,因此,当政府对土地改革的方向发生变化时,私有制也接着发生变化。随着土地改革的完成,互助合作便成为政府倡导的土地改革新的方向和道路,并建立多种形式的互帮互助组,希望通过互助合作来弥补小农经济的缺陷,从此便开始了第二次农地制度变迁。政府具有决定权和话语权,在土地制度变迁中占据绝对主导地位,是中华人民共和国农地制度二次变迁的主要原因,也是今后土地制度变迁动力所在,更是我国农地制度不断变迁的基本特征。

第二节 社会主义改造和探索时期

一、制度变迁背景

1953年6月15日,毛泽东在中央政治局扩大会议上发表重要讲话,对党在过渡时期的总路线和总任务的内容作了完整的叙述,即要在一个相当长的时期内逐步实现国家的社会主义工业化,并逐步实现国家对农业、手工业和资本主义工商业的社会主义改造。

我国国民经济发展的第一个五年计划,就是为了贯彻过渡时期的总路线而制定,"一五"计划中以苏联帮助我国建设的156个项目为中心,重点建设694个大中型工业项目,突出以发展重工业为主的思路,为我国构建社会主义工业化初步打下基础。

1953年是中国实施第一个五年计划的第一年,大规模进行工业化建设的结果是粮食供不应求,而且这种态势越来越严峻。首先,大规模的工业化建设带来城镇人口迅速增加,同时,居民收入不断增加。1953年城镇人口达到7 826万人,比1952年增加了663万人,比1949年增加2 061万人(薄一波,1991)。在人口增加的同时,城镇居民收入明显提高,带来粮食购买力的明显提高。其次,由于工业发展需要农村提供大量的原材料,造成农村种植结构以经济作物为主,而粮食作物的种植面积较少,再加上农村原有的缺粮人口,导致粮食需求量大而供给不足。1953年农村吃商品粮的人数增加到1亿人,全国需要国家供应粮食的城乡居民共达到近2亿人,国内粮食总消费量由1952年的233.9亿kg猛增到1953年的306.6亿kg。再次,土地改革以后,土地制度鼓励农业生产,提高了农村生产的自主性,带来农业效益不断增加,而农民的粮食消费量也随之增加。据统计,1949年农村人均粮食消费量为185kg,1952年增加到220kg,增加了18.92%(王瑞璞等,1999)。由于农民的粮食自给性消费增加,加上农民为了防灾多进行粮食储备而少有粮食出售,国家粮食收购量不断减少。1952年7月1日至1953年6月30日的一个粮食年度内,全国共收购粮食273.5亿kg,支出293.5亿kg,粮食赤字20亿kg(庞松,2003)。1953年的粮食年度内,计划收购粮食170亿kg,到1954年9月底仅完成29.4%,收购近50亿kg,可见,粮食供求缺口不断扩大,粮食需求与粮食来源的矛盾日益加剧。

二、制度变迁过程

中华人民共和国成立之后的土地改革,使得农民土地所有制建立。这一时期,又可以分为以下几个阶段:第一阶段是建立农业生产互助组,土地农民所有制不变,只是组内统一调配劳力、畜力,收获仍归土地所有者;第二阶段是建立初级社,土地入股,统一经营,按地股和劳力比例分配;第三阶段是建立高级社;第四阶段是高级社的运行阶段;第五阶段是实行人民公社制度阶段;第六阶段是实行以生产队为基础的"三级所有"的人民公社制度阶段,地权随着公社体制的演变而变化,最终形成"三级所有,队为基础"的格局。

1951年9月,中共中央在北京召开全国第一次农业互助合作会议,毛泽东主持会议,讨论并通过了《关于农业生产互助合作的决议(草案)》。同年12月,该草案正式印发各级党委试行。

1953年2月,中共中央正式颁布《关于农业生产互助合作的决议》,提出党在农村中工作的最根本的任务,是使农业能够由落后的小规模生产的个体经济变为先进的大规模生产的合作经济,以便逐步克服工业和农业这两个经济部门发展不相适应的矛盾,并使农民能够逐步完全摆脱贫困的状况而取得共同富裕和普遍繁荣的生活。《关于农业生产互助合作的决议》决定,在全国不同地区发展农业生产合作社。

1956年6月30日，第一届全国人民代表大会第三次会议通过了《高级农业生产合作社示范章程》，其第二条规定，农业生产合作社按照社会主义的原则，把社员私有的主要生产资料转为合作社集体所有；第十三条规定入社的农民必须把私有的土地和耕畜、大型农具等主要生产资料转为合作社集体所有；第十六条规定，农业合作社应该抽出一定数量的土地分配给社员种植蔬菜。

农民将土地所有权全部转为农业生产合作社集体所有后，农业合作化生产完成，合作社实行统一使用集体劳动，按劳分配。于是农民土地的所有权、使用权和收益权合一，市场不再起作用。

1957年9月，中共中央、国务院发布了《关于今冬明春大规模地开展兴修农田水利和积肥运动的决定》，全国各地迅速掀起大修水利的高潮。为便于农田水利建设，部分地区出现了农业社之间、乡之间以及县之间较大范围的协作。

1958年3月8日，中共中央政治局成都会议通过了《关于把小型的农业合作社适当地合并为大社的意见》，提出把小型的农业合作社有计划地、适当地合并为大型的合作社是有必要的。

1958年8月，中共中央政治局扩大会议在北戴河举行，会议通过了《关于在农村建立人民公社问题的决议》，明确人民公社创设问题。人民公社化运动开始在全国农村广泛推进。

1958年12月10日，中国共产党第八届中央委员会第六次全体会议通过《关于人民公社若干问题的决议》，着重指出在今后一个历史时期内，人民公社仍应保留"按劳分配"制度。

1959年4月，中国共产党第八届中央委员会第七次全体会议通过《关于人民公社的十三个问题》，之后中共中央政治局上海会议将其修改为《关于人民公社的十八个问题》，确定了以生产队为基础，公社、生产队大队、生产队三级所有的人民公社制度。

1962年9月，中国共产党第八届中央委员会第十次全体会议通过了《关于进一步巩固人民公社集体经济、发展农业生产的决定》和《农村人民公社工作条例（修正草案）》，指出要继续稳定地实行公社、生产大队、生产队三级所有，以生产队为基本核算单位的制度。

从此以后，集体土地所有制以三级所有、队为基础的形式在全国范围内基本建立，农民既不享有土地所有权，也不享有土地流转权。

农业土地集体化是继土地改革之后中华人民共和国土地产权制度变迁的第二个阶段，这一阶段先后经历了农业合作化、人民公社及在人民公社的调整。就土地产权而言，农民个人私有土地产权转变为集体土地产权；就经营方式而言，实行合作化和集体经营。

为了配合大规模经济建设工作，中央人民政府政务院财政经济委员会于1952年4月举行全国性的城市建设座谈会，提出部署城市规划设计工作。同年9月，中央人民政府建筑工程部设立了城市建设局，领导全国城市规划工作。1954年9月，国家计划委员会颁发了《关于新工业城市规划审查工作的几项暂行规定》。1955年5月，国务院设立城市建设总局,下设城市规划局和城市设计院。1956年5月,城市建设总局扩大为城市建设部,统一管理全国的城市规划和城市建设工作。1956年7月,国家建设委员会颁发了《城市规划编制暂行办法》。可见,这一时期,中央政府一方面不断构建城市规划行政管理机构,另一方面着手出台城市规划相关政策法规,为我国城市规划及管理工作奠定了基础。

在农村,农业合作化之后经营规模扩大,若想合理利用土地,提高生产效率,则必须开展土地利用规划。1954年,农业部在苏联专家的帮助下,第一次在黑龙江友谊农场进行土地规划工作,然后据此经验,开展国有农场的土地规划工作。1956年,开始了农业合作社的土地规划。1957年底,全国完成5 000个农业生产合作社的土地规划工作。通过土地规划,对水利设施的布置、田间道路的规划、插花地的利用等作合理安排,促进了农业生产建设。

1959年9月3日《关于加强人民公社土地利用规划工作的通知》由农业部颁布实施,从方针、任务、内容、要求和方法等方面对土地利用规划做了规定。

1960年农业部发出《关于善始善终地完成土壤普查进一步开展土地利用规划的通知》,对全国土地利用规划提出进一步的要求。从通知的内容来看,这一时期的土地利用规划是为现代化的大规模农业建设服务的,在内容上始终关注的是耕地这一方面。

三、制度变迁逻辑分析

这一时期的制度变迁,其动力主要来源于以下几个方面。

首先,马克思主义所有制理论是中国农村土地产权制度变迁的理论依据。《共产党宣言》中指出:共产党人可以用一句话把自己的理论概括起来,消灭私有制;共产主义革命就是同传统的所有制关系进行最彻底的决裂。在《法德农民问题》一书中,恩格斯指出,生产资料及土地掌握在个体生产者手中,并不是社会主义的任务,"社会主义的职责……在于使农业无产者占有——以公有的或者社会所有的形式——大地产,在于维护自食其力的农民占有自己的小块土地";"首先把他们的私人生产和私人占有变为合作社的生产和占有,但不是通过暴力,而是通过示范和为此提供社会帮助";农村土地所有制是农民在生产合作社下的联合所有制。而同时,马克思认为,"社会运动的结果是把土地交给联合起来的农业劳动者,就等于使社会仅仅听从一个生产者阶级的支配";"生产资料的全国性集中,将成为由自由平等的生产者的联合体所构成的社会的全国性基础,这些生产者将按照共同的合理的计划直接从事社会劳动",可见,马克思和恩格斯关于土地国有化的观点是一致的。土地改革后,中国农村土地产权集体化可以看作是中国共产党人对马克思恩格斯关于农村土地所有制理论的实践。

其次,建立公有制是社会主义制度的本质特征。中国共产党革命的最终目标就是要消灭私有制,建立社会主义制度,并最终过渡到共产主义。因此,革命和制度创新的目标追求决定了制度变迁的方向。革命目的就是改变农村土地制度,目标就是建立土地公有制。在社会主义制度的模式下,为农村土地设定了产权制度变迁的目标,设定了农村土地产权制度变迁的路径。社会主义制度模式内在的本质特征就是生产资料公有制,而土地改革后所建立的农民私人土地产权制度显然与社会主义制度不符。根据社会制度变迁的目标模式,农村土地产权制度变迁是通过过渡时期农业合作化改造,把农民土地私人所有制过渡到社会主义集体所有土地所有制。其变迁方式是采取渐进的由国家领导和组织的强制性制度变迁,由互助组、初级社、高级社再到人民公社逐步向公有产权制度过渡,并最终在人民公社体制模式下实现农村土地产权的高度公有化。

此外,土地改革后,随着土地的重新分配和农村经济的恢复及发展,中农化水平农户越来越高,这些农户开始买地、雇工和扩大经营,而另一部分农户则因懒惰或挥霍而卖地,受雇于人。农村中的贫富差距在悄悄拉开,中农化倾向日益明显,出现两极分化。马克思认为,建立在生产资料私人占有基础上的小农经济,在价值规律的作用下,必然导致大部分小生产者破产,成为丧失生产资料的劳动力出卖者。一部分小生产者发财致富,积累了资金和生产资料,成为生产资料的占有者。这样雇佣劳动便会出现,劳动者和生产资料也将重新组合,劳动者不占有生产资料,生产资料的占有者不劳动,形成资本主义生产关系。毛泽东指出,小生产者两极分化的结果,必将导致资本主义的发展和工农联盟的破坏,因而必须对建立在私有制基础上的小生产者进行社会主义改造。合作化运动实现了由农民私人土地产权制度向集体土地产权制度的转变,是社会主义制度的必然要求。

最后,农村土地集体化是国家实现工业化目标的保障。互助合作运动是在不改变农村土地产权制度下进行的,这符合小农经济的特点,但是随着大规模工业化建设的逐步展开,工业生产需要大量农产品的供应,而个体所有制的分散生产、小农经济束缚了农业生产力的发展,已越来越难以满足工业化生产的需要。工业化发展和农业之间的矛盾日益突出。为此,中央人民政府从1953年开始实行统购统销政策,以满足城市居民和国家工业化对农产品的需求。统购统销政策的顺利实施和国家工业化战略的实现,需要解决所有制的问题,需要一个强有力的组织和制度保障。既然如此,加快农业互助合作化的步伐,通过农业合作社和人民公社相结合对土地产权制度进行创新,将农民私人土地产权的旧制度转变为集体化土地产权的新制度,并把分散的农民统一到合作社和人民公社组织中,进行集体化的生产和平均分配就成为合乎逻辑的制度选择。

《关于发展农业生产合作社的决议》中提出,广大农民群众改善生活的需要、整个国民经济高涨的需要与小规模的农业生产之间的矛盾日益显现。为进一步全面发展生产力,就要将教育和促进农民群众逐步联合并组织起来作为党在农村工作的最根本任务,通过不间断的改革和创新,使不成规模的生产经营活动转变为大规模的生产经营活动。

要实现国家工业化的战略目标,就必须实现产权制度和组织制度创新,这样才有可能在生产力极端低下的条件下,在一个极端落后的农业国,迅速而有效地从农业部门攫取经济剩余,动用一切可利用的资源,集中投入到急需发展的领域,实现国家的既定目标。

可见,农业、手工业和工商业的社会主义改造与农村合作社及人民公社的公有制制度创新和组织创新是实现工业化目标的手段。通过农村土地产权制度创新和组织创新,让农民和农村高度组织起来,才能以较低的交易成本快捷、顺畅地从农业中抽取经济收益,完成国家工业化所必需的原始资本积累。所以,国家工业化从制度变迁的路径上约束了农村土地产权制度变迁的目标取向,使农民私人土地产权向集体土地产权制度转变。

四、制度绩效与缺陷

从互助组到初级社再到高级社的制度变迁,也是在国家政权的强制作用下实现的,农村土地产权逐步由农民个人私有、个人经营演变为集体所有、统一经营。

在互助组和初级社制度安排下,农民拥有完整的土地产权和对农产品的成本控制权。虽然农户已把土地和财产入股,构成初级社的集体公有产权结构,但农户可以凭借股权分红,保证产权权益的实现。可以说,这种制度安排既适应了农民长期以来对私有财产追求的行为模式,又沿袭了农村相传已久的农民间合作互助的传统,减少了制度运行的交易成本,保证了互助组和初级社的制度绩效。

但是,农民追求个人财富的行为目标函数和国家实现工业化的目标函数是不一致的。分散的农户追求对产权的控制和独立的财产权以及基于产权的个人收益的增加,使得国家不能有效控制工业化所需的资本积累,不利于国家对农产品的收购,而且农民分散经营以及产权分属于单个分散的农户,增加了国家对粮食收购的交易成本。因此,国家迅速集中资源,改变产权结构,加快合作化制度变迁,推动初级社向高级社发展,把"土地入股"转向"土地归公",构建集体土地产权制度。

在高级社土地产权制度下,农民丧失了对土地的直接占有权,成为集体生产组织中的一员,按劳动而不再是按产权分得报酬。在集体化生产的条件下,农业生产仍然采用传统的人畜结合的工作方式,这种工作方式并不因为集体化生产而明显提高效率。劳动成员在实践中发现,劳动监督很难有效进行,辛勤劳动既不能增加产量,也不能为自己和家庭成员带来更多的福利。同时,偷懒和不尽责任的人也并不会被惩罚,最终的结果是,只要是为集体生产,所有成员都会向偷懒的成员看齐,从而导致集体无效率。此外,高级社本身的强制性和激进式变迁,不仅超越了当时的生产力水平,也超越了农民的理性认知、传统观念、行为习惯,导致正式制度与非正式制度之间处于非均衡和不匹配的状态,制度绩效大打折扣,不仅不能完成粮食生产的计划任务,而且农民的收入也在减少。

人民公社是在高级社基础上的进一步升级和发展,其土地公有化程度更高。在高级社产权制度安排下,制度激励作用和绩效已明显不足,但高级社进一步发展为人民公社,一方面来源于制度创新领导者对制度变迁方向的重要影响作用,另一方面"政社合一"的人民公社制度有效地满足了国家工业化目标和赶超战略的要求。人民公社兼有基层政权组织和合作经济组织双重身份,这使国家能够直接通过它实现对农村资产、财力、物力、人力的直接控制和调拨。人民公社便于领导、便于管理,既为国家利用行政手段组织经济生产提供了制度保障,又为国家全面控制农村社会经济活动的各个领域提供了组织保障,是落后的农业国家实现快速工业化战略不得不选择的制度安排。

农业生产中集体组织对每个成员劳动的监督和计量不全面,从而对合作社成员的激励不足,导致人民公社的集体产权效率不高。生产队的监督者在公社体制下没有行政升迁的机会,没有剩余索取权,因而难以激励监督者对集体生产劳动进行有效的监督。

当制度绩效低到威胁生存底线时,底层人民基于生存需要而自发进行制度创新。当"大跃进"和人民公社导致1959—1961年国民经济陷入严重的经济困难时,国家开始对人民公社进行调整。与此同时,安徽、河南等省农民开始试行包产到户、责任田、借地。尽管包产到户不到一年便被纠正,但却为下一轮制度创新做了最好的试验。

第三节 停滞徘徊期

"文化大革命"期间(1966年5月—1976年10月),党、国家和人民遭受了自中华人民共和国成立以来最为严重的打击。这一时期,"农业学大寨",大寨模式在全国不少地区"复制"。1966—1978年,中央和地方的土地立法机构及管理机构被解散,土地立法工作进入停滞时期。但总体来说,"三级所有、队为基础"的农村集体土地所有制基本上得到了坚持。

第四节 改革开放初期

一、制度变迁背景

1978年12月18—22日,中国共产党第十一届中央委员会第三次全体会议召开,做出了实行改革开放的重大决策,启动了农村改革的新进程。全会还讨论了农业问题,认为农业是整个国民经济的基础,但这个基础还十分薄弱,必须大力发展农业生产,才能提高人民的生活水平,为经济发展奠定基础。

二、制度变迁过程

1978年12月,中国共产党第十一届中央委员会第三次全体会议通过《农村人民公社工作条例(试行草案)》,强调继续维持1959年以来"三级所有"的体制,同时允许社会经营少量的自留地。

1979年9月28日,中国共产党第十一届中央委员会第四次全体会议通过《关于加快农业发展若干问题的决定》,肯定了"包工到组,结合产量,科学计酬"的责任制,规定不许分田单干,除某些副业生产的特殊需要和偏远山区、交通不便的单家独户外,也不要包产到户。同时指出,社员自留地是社会主义经济的附属和补充。

1980—1981年,人民群众对包产到户、分田单干等问题展开了激烈的讨论。国家组织相关专业的专家通过对各种不同类型地区进行调查的方式,组织了大量人员对包产到户问题进行了实地调查。

1981年12月全国农村工作会议召开,形成《全国农村工作会议纪要》。1982年1月1日,该纪要以"中央一号"文件的名义下发到全党,文件确认包产到户、包干到户或大包干等方式都是农村生产方式的形式,从而转变了对"包产到户"的认识。同年12月,对我国《宪法》进行了修正,修正后的《宪法》对此作出了明确规定,农村和城市郊区的土地统一归集体所有,城市中的土地全部归国家所有。恢复原来的乡、镇、村三级行政体制。实行了20多年的人民公社集体所有制开始解体。

1983年1月,中共中央印发《当前农村经济政策的若干问题》,肯定了家庭联产承包责任制,提出稳定和完善农业生产责任制,是当前农村工作的主要任务。

1983年10月12日《关于实行政社分开,建立乡政府的通知》由国务院发布。

1984年1月1日,《中共中央关于一九八四年农村工作的通知》规定土地承包期一般应在15年以上。

1985年1月1日,《中共中央、国务院关于进一步活跃农村经济的十项政策》将联产承包责任制作为一项新的制度被确立,同时进一步规定农户家庭经营保持长期不变。

这一时期,以人民公社、农村合作社为代表的"三级所有、队为基础"的集体经营制度宣告解体,以包产到户为标志的包田到户、包干到户的家庭经营体制全面确立。

三、制度变迁逻辑分析

在集体产权制度安排下,农业生产中偷懒、"搭便车"的行为不可避免地发生。事实上,在集体化产权制度运行中,农业生产相关的各项产权不属于生产队,生产队也就没有对土地等生产要素及其产品的处置权,生产要素的占有、使用、收益、处分等权力主要掌握在公社手中,也就是由国家控制。国家通过下达征购、派购任务,在很大程度上挤占了农民的基本口粮,这虽然保证了国家发展工业化初期所需的工业资本积累,但工农产品长期以来存在的价格上的"剪刀差"却剥夺了农业发展和农村经济增长的基本积累,尽管农业产出大量增加,但农民生活水平并没有得到改善,有些农民甚至连温饱也难以实现。

由于国家限制农民从农村向城市流动和迁徙,农村人口被限制和固定在既定的生产队或村社。随着农村人口不断增加,生产队里劳动力的投入量也相应地增加,从而参与分配的工分数也相应增加,但由于集体劳动缺乏效率,农产品的总产量并没有相应增加,结果是人均分配到的报酬量不断减少,农民生活水平反而由于劳动力的增加不断下降。

此外,农业生产中对农民分配劳动报酬的依据是工分,因此,农民在生产过程中非常重视自己的工分数,能保证出勤率,但却不关心农业生产的实际和绩效,出现了大量的"出工不出力"的现象,严重影响了农业生产效率。

人民公社集体化生产模式效率低下,使得农业生产在完成了国家的征购、派购任务后,所剩无几的农业剩余甚至不能满足农民的生存需要,农民在温饱线上挣扎,出于自救,农民开始制度创新。同时,农村社会中血缘关系和社员关系的重叠,形成特定的熟识社会圈层,有利于达成制度创新风险共同分担的契约。在我国的广大农村,一个自然村社可能就是由血缘关系构成的社会网络。这种血缘关系不仅有亲子血缘,还包括姻亲血缘。村民之间既是社员关系,又是亲缘关系,这种亲密熟识的人际关系广泛地影响着农村经济活动。它一方面降低了制度创新谈判的交易成本,有利于对制度创新达成一致意见;另一方面,建立在血缘和亲缘关系基础上的人际关系,使农民彼此之间易于信任,有利于达成制度创新共同分担风险的契约。因此,20世纪70年代末,小岗村分田单干的制度创新契约得以在21户农户之间秘密建立,从而揭开了农村家庭承包制改革的序幕。

从家庭承包制制度创新的产权安排来看,它并没有从根本上改变土地集体产权制度,只是改变了土地集体产权的经营方式,由原来的集体化统一生产转变为独立分散的家庭经营。土地的所有权、处置权仍属于集体组织,农民家庭拥有土地的经营权和部分剩余产品的控制权。在土地的初始分配上,家庭承包制产权制度创新性地把生产队或村社所有的土地按人口进行平分,既延续了传统上村社成员平等的生存权,又体现了社会主义制度下劳动者平等地获得生产资料的权利。在收益分配关系上,农民分田单干、包产到户,对收益分配遵循"交够国家的,留够集体的,剩下都是自己的"原则,兼顾了国家、集体和个人的利益。新制度下的利益分配制度不仅保证了国家原有的利益,而且实践证明国家的利益因新制度的实施而得到了增进;同时,集体利益和农民个人的利益也因制度创新而得到了平衡。正是由于在新制度中三方利益得到合理的兼顾,从而大大减少了制度创新的阻力和风险,使得制度创新得以成功实践。

四、制度绩效与缺陷

家庭承包责任制土地产权制度创新是农民自发进行的,属于诱致性制度变迁。家庭承包责任制改变了我国有史以来的产权制度框架,实现了"两权分离",即农村集体土地所有权和实际使用权的分离。这极大地鼓舞了农民的生产积极性,制度绩效极其显著。农村改革后,经济迅速发展。1985年,全国农业总产值为3 575亿元,比改革前的1980年增长了51.9%。粮食总产量为40 731万斤,比1980年增长27.1%;棉花产量增加154%;油料产量增加146%。1984年全国农副产品商品率增加到52.7%。1985年起,我国扭转了自1961年以来20多年粮食依赖进口的局面,成为粮食净出口国。

家庭承包责任制的制度创新,对国家、集体和农民来说是一种帕累托改进。对于国家来说,制度创新没有从根本上触动国家在农村的基本经济制度,而且在制度变迁的收益分配上,通过"交够国家的,留够集体的,剩下都是自己的"利益分配契约,保证了国家的利益不仅不受损失,而且能够从制度创新中获得利益增进;对于集体来说,制度创新没有改变农村集体的土地产权,也没有影响农村集体的利益;对于农民来说,由于拥有了土地经营权,意味着可在一定程度上追求更多的农业剩余,通过自身努力就可以实现家庭收益的增加。

尽管家庭承包责任制创造了我国农业生产新的历史,但它也存在缺陷。这种制度虽然赋予了农民对土地的经营权,但没有对产权主体进行明确的界定,出现产权主体模糊化和多元化。产权界定不清、承包期不稳定、土地使用短期化等缺陷,随后相继暴露出来。同时,农民土地权益受损,在城市化、工业化进程中,因产权不清而侵犯农民土地权益的问题日益严重,成为当前农村亟待解决的主要问题之一。

第五节 城乡土地统管时期

一、制度变迁背景

改革开放后,社会经济快速增长,工业化、城市化进程不断推进,城市快速发展起来,第二、第三产业的繁荣导致出现较大劳动力缺口。而农村农业生产力的提高使农村出现大量剩余劳动力,部分农民涌入城市,寻求农业生产以外的就业机会和非农收入,出现了大量农民兼业现象。一方面,许多农民农忙时回农村务农,农闲时到城市务工,但随着农业收入与非农收入的巨大差异,越来越多的农民对待农业生产越来越不积极,出现撂荒、弃耕等现象。另一方面,工业化进程中,工业建设占用耕地迅速增加,导致大量农地快速非农化,同时,人口数量快速增长,对粮食的需求不断增加。因此,土地利用过程中出现了严重的"吃饭"与"建设"争地的矛盾,人地矛盾日益突出。

1992年10月12—18日,中国共产党第十四次全国代表大会确定建立社会主义市场经济体制是我国经济体制改革的目标,土地制度顺应经济体制改革和实践的需要而发生变化。

2001年我国加入世界贸易组织,市场化进程加快发展。

2002年11月党的十六大报告第一次提出"统筹城乡经济社会发展"的思想。

二、制度变迁过程

1986年1月1日,《关于一九八六年农村工作的部署》提出改革统购统销制度,改革流通体制。

1986年2月国务院第100次常务会议决定,组建国家土地管理局。

1986年3月,中共中央、国务院发布《关于加强土地管理进一步制止乱占耕地的通知》。

1986年6月25日,《中华人民共和国土地管理法》发布。这是我国第一部关于土地管理的部门法规。《中华人民共和国土地管理法》提出了我国城乡土地统一管理制度,土地管理法律法规体系的框架初步形成,土地利用开始走向有序轨道。

1987年1月25日,国务院办公厅转发《关于加强土地统一管理的会议纪要》,重申了城市和农村的土地地政实行统一管理的原则。

社会经济不断发展和前行,顺应社会发展和经济体制改革之势,土地制度也不断地发生变化,农村土地制度变迁主要涉及农村集体土地所有权、使用权,耕地保护,土地复垦整理等方面。

1. 农村集体土地所有权制度变迁

1986年4月《中华人民共和国民法通则》规定,集体所有的土地根据法律规定属于全村农民集体所有。《中华人民共和国农村土地承包法》规定,"农民集体所有的土地依法属于村农民所有的,由村集体经济组织或者村民委员会发包;已经分别属于村内两个以上农村集体经济组织的农民集体所有的……不得改变村内集体经济组织农民集体所有的土地所有权",这里将"集体"限定为"农民集体",并把"农民集体所有的土地"解释为"村农民所有"或"村内两个以上集体经济组织的农民集体所有"。

2004年第十届全国人民代表大会常务委员会第十一次会议修订通过《中华人民共和国土地管理法》,其中仍把"集体"笼统地限定为"农民集体"。

2. 农村集体土地使用权制度变迁

1986年《中华人民共和国土地管理法》明确了土地使用权可以转让。

1998年《中华人民共和国土地管理法》和2004年《中华人民共和国土地管理法》均规定,农民集体所有的土地不得用于非农业的建设。

2002年8月29日,《中华人民共和国农村土地承包法》由第九届全国人民代表大会常务委员会第二十九次会议审议并通过。农村土地可进行流转。

3. 家庭承包制制度变迁

1991年11月《中共中央关于进一步加强农村和农村工作的决定》在中国共产党十三届八中全会上通过,指出将家庭联产承包责任制、双层经营体制作为一项基本制度长期坚持下去。

1993年部分早在1978年就开始包产到户的地区,第一轮承包期到期。1993年11月,《中共中央、国务院关于当前农业和农村经济发展的若干政策措施》发布,指出原定的耕地承包期到期后再延长30年;允许土地使用权依法有偿转让;少数地区可以从实际出发,实行适度的规模经营。

1997年8月《关于进一步稳定和完善农村土地承包关系的通知》由中共中央办公厅、国务院办公厅联合发布,明确指出土地承包期再延长30年,并要求各地在第二轮土地延包时必须按照中央规定执行。

1998年10月《中共中央关于农业和农村工作若干重大问题的决定》要求落实土地承包期再延长30年的政策,同时结合当地实际情况,对多种形式的土地适度规模经营模式进行探索。

4. 耕地保护制度变迁

1998年进行的《中华人民共和国土地管理法》修订中,首次提出"十分珍惜、合理利用土地和切实保护耕地是我国的基本国策。"

1998年耕地保护写进了《中华人民共和国刑法》。

2004年《中央关于促进农民增加收入若干政策的意见》的中央一号文件明确要求,不断提高耕地质量,切实落实最严格的耕地保护制度。

2005年颁布的《省级政府耕地保护责任目标考核办法》,要求省级人民政府负责土地利用规划确定的本行政区的耕地保有量和基本农田保护面积。

2006年《关于加强土地调控有关问题的通知》进一步强调耕地保护是我国土地调控的重中之重。

关于耕地保护,我国主要有以下几项制度。

(1)基本农田保护制度。1992年,《关于在全国开展基本农田保护工作批示的通知》中正式确定"基本农田"的概念。

1994年国务院颁布《基本农田保护条例》,标志着我国基本农田保护进入法制管理的轨道。《基本农田保护条例》颁布后,在全国实施了农田规划和保护工作。依据《基本农田保护条例》的规定,基本农田保护规划是土地利用总体规划的一项重要内容。

2005年2月《关于加强和改进土地开发整理工作的通知》提出通过提高农业综合生产能力,大力开展基本农田整理工作。

2005年9月颁布的《关于进一步做好基本农田保护有关工作的意见》,要求全国各级做好基本农田保护工作。

2005年10月全国基本农田保护工作会议中明确提出"以建设促保护"的新思路。

(2)耕地总量动态平衡制度。1996年6月19—21日全国土地管理厅局长会议在北京召开,会议通过分析研究实现耕地总量动态平衡的客观必然性和现实可能性后,确立了"实现耕地总量动态平衡的土地管理战略目标"。

1998年第九届全国人民代表大会常务委员会第四次会议在通过修订并于1999年开始实施的《中华人民共和国土地管理法》中明确提出,必须做到耕地总量动态平衡,并将其上升到法律层面。

(3)土地整理、复垦与开发。我国的土地复垦工作始于20世纪50年代。随着工矿企业的发展,生产建设过程中不可避免地破坏了大量土地。在各级政府的重视下,企业开始了有组织的土地复垦,成为新中国土地复垦工作的雏形。1988年,国务院第二十二次常务会议通过《土地复垦规定》,这是我国首部关于土地复垦的规定,它对土地复垦的概念进行了界定,确立了"谁破坏,谁负责"的基本原则,制定了一系列土地复垦制度,土地复垦工作从此纳入了法制管理的轨道。从1989年起,我国先后在全国建立了煤炭、冶金、化工、农村旧宅基地等20多个不同类型的土地复垦试点。1995年,国家土地管理局颁布实施了《土地复垦技术标准》,对土地复垦技术进行了规范。1998年修订的《中华人民共和国土地管理法》规定,"谁破坏谁负责复垦",并根据复垦情况承担相应经费,优先用于农业生产。2003年,国土资源部将《土地复垦规定》修订为《土地复垦条例》。2006年,《关于加强生产建设项目土地复垦管理工作的通知》由国土资源部、财政部、国家发展和改革委员会等7个部委联合下发，具体提出土地的复垦数量和破坏数量的平衡关系，并制定了"不欠新账、快还旧账"新的目标。《关于加强生产建设项目土地复垦管理工作的通知》确立了土地复垦约束机制、监督机制和激励机制，进一步明确土地复垦义务人的义务。

1997年4月，《关于进一步加强土地管理切实保护耕地的通知》要求推进土地整理和土地建设。整理的概念第一次被正式写入中央文件，并明确了土地整理的内涵。1997年8月，根据国家要求在国家土地管理局组建土地整理中心，并于1998年1月正式成立。1998年修订《中华人民共和国土地管理法》，鼓励土地整理。2000年，《土地开发整理标准》包含土地开发整理规划编制标准、设计规范、验收规程3项标准。同年还颁布实施了《国家投资土地开发整理项目管理暂行办法》和《土地开发整理项目资金管理暂行办法》。2003年3月，国土资源部发布关于印发《全国土地开发整理规划》的通知，同年7月，发布《关于做好土地开发整理权属管理工作的意见》，10月下发《土地开发整理若干意见》。2005年国土资源部发布《关于加强和改进土地开发整理工作的通知》，至此土地整理制度体系基本完善。

关于土地开发，2004年《中华人民共和国土地管理法》第38条规定："国家鼓励单位和个人按照土地利用总体规划，在保护和改善生态环境、防止水土流失和土地荒漠化的前提下，开发未利用的土地，适宜开发为农用地的，应当优先开发成农用地。"2006年《国务院关于加强土地调控有关问题的通知》出台，建设占用未利用地指标也被纳入计划管理之列，与建设占用农用地和耕地一样，作为土地利用计划年度考核的依据。

(4)18亿亩耕地红线。2006年3月14日，《国民经济和社会发展第十一个五年规划纲要》在第十届全国人民代表大会第四次会议上审议通过明确将18亿亩耕地以法律的形式作为一项重要的约束性指标，同时用"不可逾越"一词表达"一道红线"的重要性，这是18亿亩耕地"红线"首次出现在官方公开的文件中。

此外，2006年废止《农业税条例》，取消了在我国存在了两千多年的农业税。

三、制度变迁分析

改革开放后，国家全面展开经济建设，第二、第三产业蓬勃发展，各类生产用地、公共服务用地及其配套设施用地需求不断增加，同时，人口数量不断增加也带来日益增长的粮食需求，这些需求的满足都靠土地供给来解决，因此，"吃饭"与"建设"争地矛盾日益尖锐。如何合理安排土地利用，是优先解决"吃饭"问题还是优先满足"建设"需要，成为亟待解决的重要问题。

如果优先满足"建设"需要，那么"吃饭"问题的解决就有赖于粮食进口。而作为一个人口大国，依靠粮食进口解决"吃饭"问题不仅具有现实的困难性，更可能带来政治上的不稳定性——对粮食进口国的依赖。所以，在"吃饭"与"建设"的矛盾面前，迫切需要解决的首要问题是"吃饭"问题。只有解决不断增加的人口的粮食供应问题，实现粮食自给自足，国家才能独立自主，才能进一步考虑发展问题。因此，我国的首要问题是粮食安全问题。

基于此,这一时期,我国提出了世界上"最严格的耕地保护制度",通过基本农田保护、耕地总量动态平衡、土地复垦、整理与开发等政策保证耕地数量不减少,耕地质量不降低。

在农村,家庭承包制的优势还没有完全发挥出来,有些地区第一轮承包期已到期。稳定家庭承包制并延长承包期,可以继续发挥制度优势,进一步为工业化提供积累,加强农业的基础地位,同时,长期以来,农民对于土地极度依赖,不仅把土地当作基本的物质资料和生产要素,更重要的,由于我国长期以来城乡二元分割政策,国家在农村所提供的社会保障和公共品缺失,土地承担着农村社会保障的功能。可以认为,农村土地产权制度在一定程度上甚至异化成农村社会保障制度。从事农业生产的农民家庭与其他产业的生产者不同,其目的不是为了追求利润最大化,而是为了最大限度地保证所有家庭成员的基本生存权。家庭承包制是土地产权制度保障性功能和福利性功能的体现。这种功能保障了农村劳动力就业,使得农民通过土地就业实现了土地的保障功能。

改革开放以来,我国经济迅速增长,农业在经济结构中的比重不断降低,而农业税征收费用乃至高于税自身,取消此税,在根本上不会影响国家经济发展能力。而且对于地方行政部门,可以节省征税成本。城乡税负的不平衡,造成农民不公平的税收负担。因此,取消农业税政策,是中央对城乡经济和社会发展不平衡政策做出的重大调整。

四、制度绩效与缺陷

中华人民共和国成立以来,我国土地制度逐渐完善,特别是改革开放以来,土地权利制度建设取得了显著进展,逐步形成了以土地所有权为基础,土地使用权为核心的土地权利体系。农村土地制度不断完善,构建了较完整的制度框架,对土地开发、利用、整治、保护等多方面问题都能实现有法可依,但也存在着某些制度缺陷。

1. 法律对国家土地所有权和集体土地所有权区别对待,对集体土地所有权存在歧视

从集体土地所有权形成过程来看,它不是市场化交易的结果,而是国家在过渡时期对农业改造和合作而实现的。从这个意义上来说,是国家制造了集体所有权,国家成了集体所有制的最终所有者,因此也造成了国家土地所有权和集体土地所有权的区别对待,主要表现在以下几个方面。

(1)国家土地所有权和集体土地所有权的法律地位不平等,所有权的转移只能是单向的、唯一的。集体所有的土地可以经由征地制度转变为国有土地,国家土地所有权不能向集体所有权转换。根据2004年《中华人民共和国土地管理法》规定,必须通过依法申请的方式使用国有土地。

(2)法律提供的保护不同,立法上采取了有利于国家的政策。农民集体对土地所有权提出主张必须举证,举证失败即断定该土地归国家所有。根据《确定土地所有权和使用权的若干规定》,在土地所有权有争议时,凡是不能从法律角度证明争议土地属于农民集体所有,全部归国家所有。

(3)国家土地所有权和集体土地所有权的权能不同。根据 2004 年《中华人民共和国土地管理法》,国家所有的土地可以采用招标、拍卖、挂牌的方式有偿、有限期地出让,集体所有的土地却不具有出让权。

2. 集体土地所有权主体不明确、不清晰

《农村土地承包法》将"集体"限定为"农民集体",并把"农民集体所有的土地"解释为"村农民所有"或"村内两个以上集体经济组织农民集体所有",但是对"村农民"的范围以及"村内两个以上集体经济组织的农民"范围,没有做出明确的界定。乡(镇)政府,村民委员会和村民小组在理论上都不是集体土地所有权的代表。乡(镇)政府属于国家行政机构,在法律上并不是农村集体土地的所有者,但在实际中却代表农村集体履行土地所有者的职能并对集体土地进行管理。村民委员会是村民自治组织,从法律上来说不具备经济法人资格,因而不是农村集体经济组织,难以作为农村集体土地的产权主体承担相应的产权职责。而村民小组早已名存实亡,也不能作为所有权的代表。由此可见,农村集体土地所有权所有人存在虚设、缺位的问题,造成了产权模糊,权、责、利不清,作为集体土地所有权的重要组成部分,农民的土地承包权益也受其影响,实现形式模糊不清,影响了权益的落实和保证。

3. 农民土地承包经营权权能残缺,没有有效的土地产权

基于家庭承包制,农民对农村集体土地拥有承包经营权,是土地的实际占有者和使用者,但其权能残缺,缺乏完整的土地使用权、收益权和处置权,主要表现在以下几个方面。

(1)处分权不完整。现行法律只赋予土地承包人部分处分权,包括转包、互换、转让等,且规定了诸多限制。例如,2005 年 3 月 29 日最高人民法院审判委员会第 1 346 次会议通过的《关于审理涉及农村土地承包纠纷案件适用法律问题的解释》(2005 年 9 月 1 日起施行)第 13 条规定,转让需经发包方同意,否则,转让无效。也就是说,承包人对土地承包经营权进行流转首先要取得发包方的同意,土地承包人对所承包土地的处置在程序上受制于发包方。

(2)收益权不完整。收益权在很大程度上体现为在交易时拥有出价权,但农民和农村集体组织在交易过程中都不具有独立的谈判权。例如,在征地过程中,价格主要是由不拥有产权的一方——地方政府来确定,尽管国家出台了多项制度保障征地时农民的权益得到合理补偿,但事实上,补偿不到位的现象仍不断出现。在此过程中,农民和集体组织都没有讨价还价的权利。

(3)承包权与经营权的关系缺乏界定。土地经营权是由承包权派生出来的。随着城镇化快速推进,农民进城务工的现象越来越普遍,出现了土地所有权与使用权分离,进城务工的农民将承包地交给他人代耕代种,农民仍然拥有承包权,而经营权属于实际耕种者。由于长期以来,"承包经营"是密切联系的,没有对"承包"和"经营"分别进行界定,因此,这种做法有时会带来承包者的利益损失。在某些地方,代理人将经营权的流转替代为

承包权的流转,并以此为借口收回承包地,将承包经营权重新界定给后来的耕种者,使得原土地承包者丧失承包权。

第六节 土地制度深化改革时期

一、制度变迁背景

随着市场经济体制改革的不断深入,特别是我国加入WTO之后,作为特殊商品的土地权利,全面走向市场化。尽管所有权依然公有,但是大量的土地权利已经转移到了企业和个人,土地利益格局已多元化。

2007年10月,中国共产党第十七次全国代表大会召开,提出建设社会主义核心价值体系,建设和谐文化。

2008年10月,十七届三中全会明确农业、农村、农民的"三农"问题关系党和国家事业发展全局,同时指出要坚定不移地落实科学发展观,要坚定不移地推进农村改革发展,要坚定不移地全面推进社会主义新农村建设,要坚定不移地走具有中国特色社会主义的现代化农业道路,要坚定不移地推进城乡统筹发展,要坚定不移地坚持工业反哺农业、城市支持农村的发展方针,全面调动农民群众的自主性、自觉性、创新性。促进农村公共事业的发展,提高农业的生产能力,鼓励进行改革创新,促进农村经济社会进一步发展和进步。本次会议还就"土地流转"问题进行了讨论,认为不得出租、出让、转让、买卖村集体所有的土地用于非农业建设的法律规定,是新农村改革的突破口。相关专家提出,只要按照规划,流转将有利于保护耕地,流转有利于土地相对集中,流转有利于扩大土地经营规模,不会对耕地构成威胁,关键在于通过何种方式实现土地流转。

二、制度变迁过程

2007年3月第十届全国人民代表大会第五次会议召开,会议讨论并通过了《中华人民共和国物权法》,3月16日公布,自2007年10月1日起施行。《中华人民共和国物权法》确认了土地承包经营权的物权地位。

2007年10月中共中央十七大报告中提出,健全土地流转市场,发展多种形式的适度规模经营。

2008年10月12日《关于推进农村改革重大问题的决定》由中国共产党第十七届中央委员会第三次全体会议审议并通过。《关于推关于推进农村改革重大问题的决定决定》提出,要在全国建立城乡统一的、规范的建设用地市场,全面规范农村土地承包经营权流转方式和形式。

2009年,中央一号文件明确指出,"强化对土地承包经营权的物权保护"。

2013年11月12日《中共中央关于全面深化改革若干重大问题的决定》提出,通过出让、租赁、入股等形式转让农村集体经营性建设用地,实行"同等入市、同权同价",同时进一步完善土地租赁、转让、抵押的二级市场。

2014年1月19日《关于全面深化农村改革加快推进农业现代化的若干意见》由中共中央国务院正式印发,提出农地"三权分置",保障农户宅基地用益物权,搞活农民住房财产经营权,在符合现行法律法规的前提下,通过出让、租赁、入股的方式,实行与国有土地"同等入市、同权同价"的规则,加快建立农村集体所有的经营性建设用地产权流转和增值收益分配制度。

2014年9月29日,中央全面深化改革领导小组第五次会议召开,会议审议通过了《关于引导农村土地承包经营权有序流转发展农业适度规模经营的意见》《积极发展农民股份合作赋予集体资产股份权能改革试点方案》,建议根据会议讨论情况进一步修改完善后按程序报批实施。习近平总书记在会议上表示,深化农村土地制度改革,要更多地考虑农村问题、农民问题、农业问题,要更多地考虑改革与中国农业现代化发展的关系。要在农村土地集体所有不动摇的前提下,稳定推进承包权和经营权分离,稳定推进家庭承包制,稳定推进经营权在法律允许的范围内进行流转。

《关于引导农村土地经营权有序流转发展农业适度规模经营的意见》要求,建立健全土地承包经营权登记制度,对承包合同取得权利、登记记载权利、证书证明权利等进行登记。在坚持土地承包经营权属于农民家庭的前提下,鼓励承包农户依法采取转包、出租、互换、转让及入股等方式流转承包地。土地流转方式、价格等问题由承包农户自主决定,土地流转过程中产生的收益归土地承包农户所有。

2014年12月2日《关于农村土地征收、集体经营性建设用地入市、宅基地制度改革试点工作的意见》在由习近平总书记主持召开的中央全面深化改革领导小组第七次会议上审议通过,指出土地流转必须坚持土地所有制的性质不能改变、18亿亩耕地红线不能突破、农民群众根本利益不能受损3条基本原则,在试点总结经验的基础上稳定、有序推进。

三、制度变迁分析

随着社会经济发展,我国工业化、现代化取得令人瞩目的成就,但长期以来的城乡二元结构,使工业、农业差距不断扩大,落后的农业生产成为影响我国现代化进一步发展的绊脚石。2007年,中央一号文件提出,现代农业建设是我国经济发展的客观需要,是当今世界农业发展的一般规律,有助于农民增收,有助于提高农业生产能力,有助于社会主义新农村等各项农村事业建设,必须当作一项长期而艰巨的任务,切实抓紧抓好。发展现代农业,重视"三农"问题,实现农业现代化成为我国社会经济发展的重中之重。而发展现代农业的首要任务是实现农业产业化。农业产业化的一个重要问题是我国农业基本上属于自给自足的小农经济,没有形成规模经济。而相对固定的家庭承包经营制在制度框架上限制了我国农业生产的规模化经营。要发展现代农业,首先要对固定的家庭承包经营制进行变革,增加生产要素的流动性。

农村家庭承包责任制确定之初是按照农村集体人口平均分配到农户的,其分配结果是农户经营规模较小,耕地严重细碎化。这种分配方式主要体现了公平原则,但却带来了效率损失。因为在集体内部,其成员的生产能力并不是整齐划一的,有的农户是种田能手,而有的农户生产能力相对较弱。随着社会目标的转变,农业生产的发展也要求"效率优先",要求效率高的生产者代替效率低的生产者,从而带来整个农业生产效率的提高。

经过几十年的发展,我国形势发生了较大变化。技术进步能在很大程度上实现生产过程机械化、现代化,同时也能为农业生产提供各种各样的农业机械,这些含有较高技术水平的农业机械设备完全能够满足农民扩大经营规模的要求。在农村,有的农户已经积累了较多的资本及较丰富的经营管理知识,掌握了较先进的农业技术,而有的农户却没有太多的改善,造成不同农户农业生产效率的差异。同时,随着农业以外的其他部门的发展,在城市化进程中,很多农民获得了非农就业的机会,越来越多的劳动力从农业生产中转移出去。这些转移出去的劳动力,大多已经无力也无心耕种其承包经营的土地,造成大面积耕地撂荒、弃耕或粗放经营的局面。

可见,随着经济形势的发展,农户间农业生产能力差距会越来越大,从农业中转移出去的劳动力数量也将越来越多。经济发展带来了劳动力的重新配置,也要求对农地资源进行重新配置。农地流转制度顺应社会发展需要,可以解放农村剩余劳动力,通过农地流转,实现农地规模经营,可以促进农业机械化生产,从而推进现代农业的发展。

四、制度绩效与缺陷

我国现行农地产权制度仍然存在产权界定不清晰、承包经营权产权残缺等问题。土地承包经营权流转相关制度存在以下缺陷。

1. 对土地承包经营权的流转设置了诸多限制,土地流转不能真正市场化

《土地管理法》第14条规定,农民集体所有的土地,只能由村集体成员承包经营,从事农业相关的生产。《农村土地承包法》第48条规定,如需村集体以外单位或个人承包土地,必须经2/3以上村民代表的同意,并报上级乡(镇)人民政府批准。《中华人民共和国物权法》也有类似的规定。可见,土地承包经营权流转时要受到集体经济组织成员资格限制,土地承包经营权不能真正作为可交易的财产进入市场,也就限制了其自由流转。因此,这种土地承包经营权流转不能完全遵从当事人的意愿,不能满足土地经营规模的需要,从而在很大程度上降低了土地权利人的期望值。

2. 土地承包经营权流转中对土地的保护制度不健全

尽管现行的《中华人民共和国农村土地承包法》《中华人民共和国农村土地物权法》及有关政策文件规定了土地承包经营权的流转应遵循不得改变土地所有权性质和土地的农业用途的原则,规定了承包方违法将承包地用于非农业建设的,由县警方以上地方人民政府有关

行政主管部门依法予以处罚。但是,对于改变农业用途的受流转方应采取何种处罚、是否可以直接要求其承担相应的责任的问题却没有明文规定,也就是说仅规定了流转双方的义务,但对于违反该义务的行为却没有配套的制裁行动,可见农地保护制度还不够健全。

3. 土地仍然承担着经济和社会保障双重功能

近年来,随着我国国家实力的增强,国家政策越来越关注民生问题,财政对农村社会保障的支出正在大幅增加,农村低保、农村合作医疗等社会保障正在发展。但是,由于农村人口众多,经济发展整体水平落后,而且我国长期以来实行的是城乡分割的二元社会保障制度,在该制度下,包含社会救济救助、合作医疗、养老保险3个主要方面的农村社会保障始终处于国家社会保障的边缘。在社会保障水平较低的情况下,土地一直承担着农村社会保障功能,它能保障农民最基本的生活水平和最基本的就业机会。在我国现有的政治经济条件下,土地关系农民的生产、生活,关系农村的经济、社会发展,有多重功能。社会保障能力不足导致农民恋土情结增强,制约了农用地的有序流转。

本章小结

本章对我国农村土地制度变迁历史进行了梳理,按照社会经济发展不同时期,我国农村土地制度变革可以划分为6个阶段:中华人民共和国成立初期的国民经济恢复时期、社会主义改造和探索时期、停滞徘徊期、改革开放初期、城乡土地统管时期和土地制度深化改革时期。

中华人民共和国成立初期的国民经济恢复时期,我国农村土地实行全面的土地改革,通过强制性制度变迁,废除了封建地主阶级的土地所有制,实行了农民的土地所有制,历史上第一次真正实现了"耕者有其田"。这一轮改革解决了长期以来土地资源配置不均与土地在农村生产中不可替代性之间的冲突,顺应社会发展,是必然的。

社会主义改造和探索时期,同样在国家政权的强制作用下,我国农村从互助组到初级社再到高级社,最终建立了"三级所有、队为基础"的人民公社制度,土地产权逐步由农民个人私有、个人经营演变为集体所有、统一经营。这种变革,符合马克思主义所有制理论,是社会主义制度的本质特征和必然要求,是实现国家工业化目标的重要手段。但这种强制性制度变迁,超越了当时的生产力水平,超越了农民的理性认知、传统观念、行为习惯,同时,农民追求个人财富的行为目标和国家实现工业化的目标不一致,导致正式制度与非正式制度之间处于非均衡和不匹配的状态,制度绩效低,农民收入不断减少,粮食生产任务不能完成,1959—1961年国民经济陷入严重的经济困难。

停滞徘徊期,土地立法工作进入停滞时期,但"三级所有、队为基础"的农村集体土地所有制基本得以执行。

改革开放初期,我国农村自下而上实现了诱致性土地制度变迁,"三级所有,队为基础"的集体经营制度宣告解体,家庭经营体制全面确立。这一制度既延续了传统上村社成员平等的生存权,又体现了社会主义制度下劳动者平等地获得生产资料的权利,同时兼顾了国家、集体和个人的利益。这一制度实现了"两权分离",赋予了农民对土地的经营权,符合农民意愿,为我国农业生产带来新的活力,农业生产率大幅度提高,农业产出不断增加。但这种制度存在产权界定不清、承包期不稳定、土地使用短期化等缺陷,随后相继暴露出来,成为当前农村亟待解决的主要问题之一。

城乡土地统管时期,工业化、城市化进程不断推进,我国出现了大量农民兼业行为,越来越多的农民撂荒、弃耕土地。而工业化的发展,使得工业建设占用耕地迅速增加,导致大量农地快速非农化,同时,人口数量快速增长,对粮食的需求不断增加。土地利用过程中出现了严重的"吃饭"与"建设"争地的矛盾。在"吃饭"与"建设"的矛盾面前,迫切需要解决的首要问题是"吃饭"。因此,我国提出了世界上"最严格的耕地保护制度",提出"十分珍惜、合理利用土地和切实保护耕地是我国的基本国策",出台一系列耕地保护的政策制度。此外,取消农业税政策,确认土地流转行为的合法性,出台土地承包期再延长30年的政策。我国农村土地权利制度建设取得了显著进展,逐步形成了以土地所有权为基础、土地使用权为核心的土地权利体系,农村土地制度不断完善,构建了较完整的制度框架,但也存在一定程度的制度缺陷:法律对国家土地所有权和集体土地所有权区别对待,对集体土地所有权存在歧视;集体土地所有权主体不明确、不清晰;农民土地承包经营权权能残缺,没有有效的土地产权。

土地制度深化改革时期,我国农村土地制度改革的内容主要有:公布《中华人民共和国物权法》,在法律上正式确认了土地承包经营权的物权地位;确认土地流转的合法性;提出建立城乡统一的建设用地市场,实行"同等入市、同权同价";提出农地"三权分置",所有权、承包权、经营权分离。土地流转制度、农地"三权分置"的提出,顺应社会发展需要,可以解放农村剩余劳动力,促进土地规模经营,从而推进现代农业的发展。但土地承包经营权流转制度也存在缺陷:对土地承包经营权的流转设置了诸多限制,土地流转不能真正市场化;对土地的保护制度不健全;土地仍然承担着经济和社会保障双重功能。

可见,我国的农村土地产权制度,通过强制性制度变迁和诱致性制度变迁,不断适应生产力发展,顺应时代变化,逐渐实现了从满足国家、集体利益的自上而下的变革向满足农民、农村利益的自下而上的变革转变。历史经验表明,符合生产力发展,以国家产权制度为总方向,能满足农民需求的土地产权制度,可以提高农业生产率,实现农业产出的增加,真正促进农业发展和农村进步,是我国未来土地制度改革和变迁的基本原则。

北方村庄压煤山丘区土地综合整治利益均衡分析

北方村庄压煤山丘区土地综合整治涉及多方利益主体,本章对研究区土地综合整治过程中的利益均衡问题进行了分析。首先界定利益相关者,其次分析各利益主体的利益诉求,然后基于成本收益分析,构建模型研究利益均衡机制。

压煤山丘区土地综合整治是一项复杂的系统工程,涉及"村庄搬迁—土地整治—新型城镇化—生态文明协调建设"等过程,具有很强的综合性。压煤村庄搬迁是土地综合整治的一项重要工程。对地表下压覆煤炭资源的村庄进行整体移民搬迁,可以减小压煤村庄对煤炭开采的阻力,扩大矿井生产规模,使国有资产得到合理有效的保护性开发,同时可以改善农民生产生活环境,改善矿区生态环境。但搬迁过程涉及多个主体,关系到多方利益:首先,与当地农民的生产生活息息相关。村庄整体搬迁,一方面意味着面临改善生产生活条件的机遇,但另一方面也意味着面临远离甚至失去赖以生存的土地的危机,而且要承受远离故土的不适。其次,与采煤企业的利益息息相关。采煤企业是压煤村庄搬迁的发起方,其目的是通过村庄搬迁,实现地下煤炭资源的开采。此外,与政府息息相关。政府为了增加税收等财政收入,期待采煤企业收入增加,但作为公共管理的主体和实施者,政府在维护社会稳定、解决"三农"问题、治理生态环境等社会效益方面更肩负着重要的责任和使命。可见,针对村庄整体搬迁,政府、企业、农民各有其利益诉求,如何对各方利益进行协调,最大限度地满足各利益主体的要求,实现"共赢",是迫切需要解决的现实问题。

本章运用利益相关者、利益均衡等理论,分析压煤村庄搬迁过程中各利益相关者的利益诉求,运用博弈论模型对各利益相关者的利益均衡路径进行研究,为压煤村庄顺利搬迁提供理论依据。其基本结构是:首先,应用"利益集团"理论划分压煤村庄搬迁的利益主体;然后,对农用地不同经营模式下各利益主体的成本—收益进行分析;最后,运用博弈论模型进行利益均衡分析,并据此提出促进压煤村庄顺利搬迁的制度框架。

第一节 利益相关者界定

一、利益相关者的概念

1963年,美国斯坦福研究院首次从经济角度定义"利益相关者",认为对企业来说,存在一些非常重要的利益群体,离开他们的支持,企业将无法生存(Clark,1998),这些利益群体就是利益相关者。之后,对于谁是利益相关者的问题,学术界作了多种讨论,主要从两个角度来界定利益相关者:第一,从与企业之间的关系界定。利益相关者对企业有重要影响,企业对利益相关者又有较大依赖。如,1964年,雷恩曼提出,企业依靠利益相关者的支持来维持生存,而利益相关者依靠企业来实现其个人目标;1984年,弗里曼提出,利益相关者是受到一个组织实现其目标过程的影响同时又能够影响这个组织的目标实现的人。第二,从利益相关者与企业缔结契约规定权利、责任的角度界定。如1990年弗里曼等提出,利益相关者是与企业有契约关系的人;1995年克拉克森提出,利益相关者是对企业及其活动拥有索取权、所有权和权益要求的人。

国内学者关于利益相关者的概念也有较多研究,不断拓宽利益相关者的范畴。有人认为,利益相关者首先包括与企业有官方的、正式的契约关系的主体,如财务资本所有者、人力资本所有者、政府、供应商和顾客等;其次,社会公众、环境保护组织、消费者权益保护组织、所在社区、市场中介组织、新闻媒体等可以在一定程度上影响企业的生产、利益、形象等,也属于利益相关者的范畴。另外,有学者认为,从可持续发展的角度看,企业在资源配置、使用和生产过程中,会对较大范围的各种生物、非生物种群产生长期、持续的影响。这种影响可能涉及当代人,也可能进一步涉及后代人;这种影响可能不仅关乎人类种群,更关系到其他种群甚至客观的生态环境……因此,理论上可以将社会、经济、人口、资源和环境等系统的一些问题如环境问题、资源问题、社会问题统一到一个研究范式之中。随着利益相关者的概念范畴不断扩大,其应用也开始超越企业管理的研究,逐渐应用于旅游管理、公共事务等领域。

本书的利益相关者是指能对压煤村庄搬迁产生影响的人,或者受村庄搬迁影响的人。利益相关者是对压煤村庄搬迁有所有权、决策权、索取权和利益要求的人。

二、利益相关者的范围

美国学者米切尔曾经详细地对利益相关者理论进行深入研究,对不同学者提出的利益相关者定义进行归纳,得出30种有代表性的定义,并提出基于利益相关者的3个属性的评分法,以界定利益相关者。

1999年,索特等绘制出"旅游规划相关利益主体图解",对旅游利益相关者进行研究,并提出利益主体具有动态性的特点,不同事物、不同问题,甚至同一问题的不同阶段,利益主体及其行为模式都不相同。因此,它们所绘的结构图不具有普遍适用性,不能用来分析所有类似问题。

在市场经济体制下,人们的经济价值观越来越强,所有利益主体都是"理性经济人",以追求经济利益最大化为目标。为了有效地应用利益主体理论,针对性地解决土地综合整治中的利益矛盾问题,首先要对利益相关者和利益主体进行准确的甄别。本书借鉴索特等的方法,根据利益相关者的概念界定,结合利益相关程度,对我国村庄搬迁过程中的利益相关者和利益主体进行划分。压煤村庄搬迁中的利益相关者包括以下两类。

一类是可以影响村庄搬迁的,对搬迁工作有所有权、决策权的人。

压煤村庄搬迁工作首先受到当地政府的影响,包括县(市)级政府、村集体组织(村委)、相关行政管理部门(土地管理部门)。压煤村庄搬迁主要是农村居民在居住空间上的重新配置,首要的要求是迁入地即安置区有空闲的建设用地,这就要求当地政府和相关行政管理部门协调土地资源的空间重新配置,选择适宜的地址进行搬迁。在确定安置区后,当地政府需对搬迁工作进行有效管理,通过制订公平合理的搬迁方案指导搬迁工程顺利进行,并对搬迁过程中可能出现的纠纷进行预先估计,确定处理方案。

村庄搬迁的发起方并非政府,也非当地农民,而是当地煤炭企业。为了获得村庄压覆煤炭资源开采的可能并实现低成本开采,煤炭企业积极投入货币资本、实物资本和人力资本等促进村庄搬迁,并承担某些形式的风险,因此,煤炭企业对村庄搬迁与否有较大的影响,且有确定的决策权,从而,也是村庄搬迁的利益相关者。

另一类利益相关者是受村庄搬迁影响的人。

受村庄搬迁影响的人主要包括当地农民。当地农民又分为旧村被搬迁农民、旧村不搬迁农民和安置区原有居民。

旧村被搬迁农民,在未搬迁时,生产、生活受到煤炭开采的严重影响,有强烈的搬迁或者受偿意愿。当搬迁可能实现时,他们非常关心搬迁方案的公平合理性,以及个人、家庭的搬迁方案是否能满足个人需求,表现为对搬迁方案的接受过程。村庄搬迁迫使农民离开原来熟悉的生活环境,对其生产、生活以及心理都产生较大影响。

村庄搬迁可能涉及整个行政村,也可能只涉及行政村的一部分。针对搬迁只涉及部分农民的情况,旧村不搬迁农民尽管不参与村庄搬迁,没有直接的建筑物、构筑物的损失,但可能会受到间接的影响,比如公共用地等集体财产的流失带来的损失,其使用的土地可能被包含在项目区内从而带来损失等,因此,针对其损失,当地农民有被补偿的权利,从而属于利益相关者的范畴。

村庄搬迁还会对安置区原有居民产生影响。首先,安置区需要提供足够的建设用地;其次,更重要的,安置区要为新增加的人口提供各种公共设施和基础设施,并面临人口增加带来的各种问题,如交通拥挤、基础设施缺乏等。因此,安置区原有居民也会受到村庄搬迁的影响,从而也属于利益相关者的范畴。

当然,煤炭企业、当地政府也会受到村庄搬迁的影响。村庄搬迁会给煤炭企业带来压覆煤炭资源开采的便利,从而实现企业产值和利润的增加,而当地政府也会由于当地企业产值增加带来税收收入增加。

可见,村庄搬迁的利益相关者主要包括县(市)级政府、村集体组织(村委)、相关行政管理部门(土地管理部门)、当地煤炭企业、旧村被搬迁农民、旧村不搬迁农民和安置区原有居民。

根据不同利益相关者在村庄搬迁过程中的地位、功能不同,可以把利益相关者概括为3类:①村庄搬迁工程的发起方——煤炭企业;②村庄搬迁工程的决策主体,主要包括县(市)级政府部门、搬迁村集体组织、安置区集体组织以及各级土地资源管理部门;③村庄搬迁工程的主要受影响者,包括旧村被搬迁农民、旧村不搬迁农民和安置区原有居民(图8-1)。

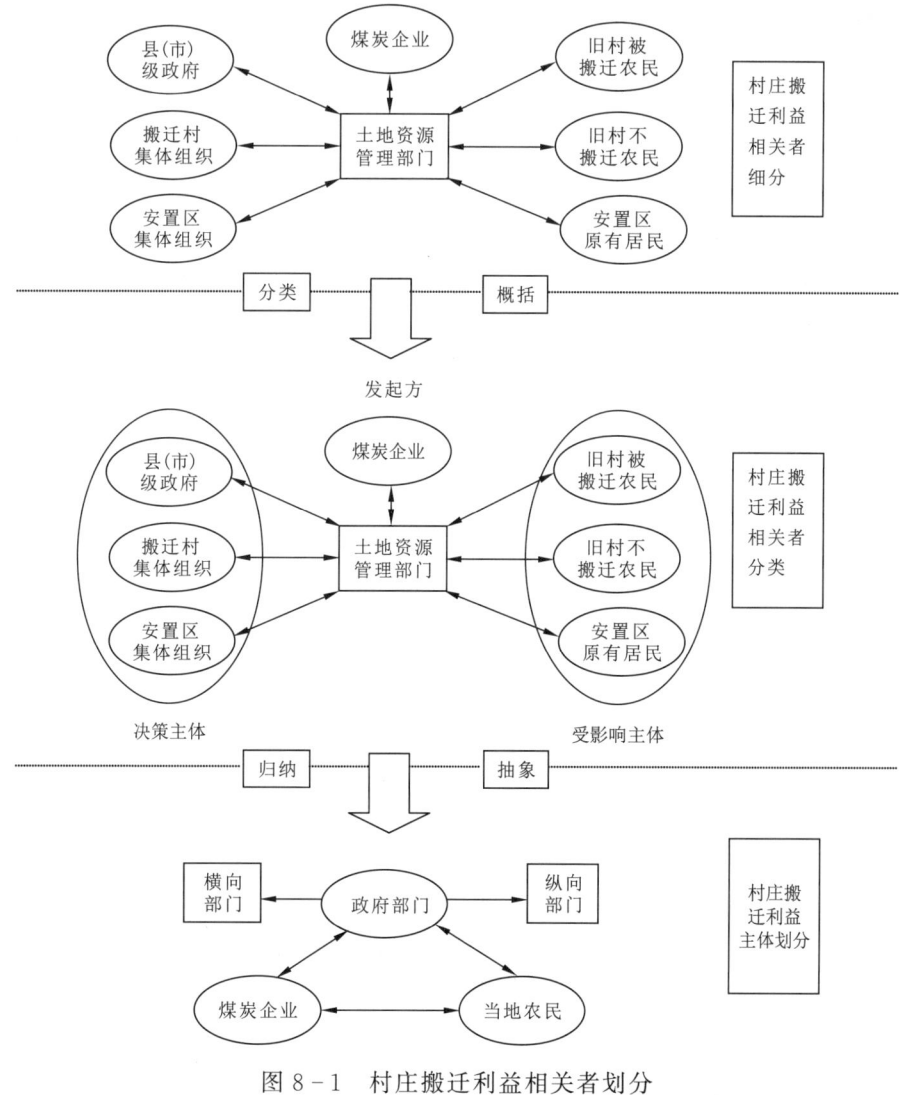

图8-1 村庄搬迁利益相关者划分

三、利益主体的确定

在压煤村庄搬迁过程中,有多个决策主体,既包括县(市)级政府部门,也包括村集体组织;既包括县(市)级土地资源管理部门,也包括乡镇级基层土地资源管理所。他们之间是有层级关系的,因所处地位、职责不同,其行为也会有差异,但作为政府公共管理主体,在村庄搬迁工程中,各级政府以及土地资源管理部门的宏观管理目标是一致的,即推进搬迁工程顺利进行,解决好"三农"问题,保持社会和谐稳定,促进社会主义新农村建设。因此,从这一角度出发,可以假设不同层级的政府部门在宏观管理目标一致的前提下,也具有行为的一致性,在相同的环境下,他们会选择同样的决策方案,做出同样的行为反应,最终得到同样的结果。因此,村庄搬迁工程的第一类利益主体是政府部门。

煤炭企业作为村庄搬迁工程的发起方,是第二类利益主体。

在村庄搬迁工程的受影响者中,只有旧村被搬迁农民直接参与搬迁。旧村被搬迁农民是实施村庄搬迁的直接行为人,其特定的索取权是由法律和道义共同赋予的。只要是在被搬迁的旧村居住的属于该村的居民,就有村庄搬迁补偿的索取权。旧村被搬迁农民对搬迁方案的态度将直接影响搬迁工作,如果某农民或家庭不接受搬迁补偿方案,就会在很大程度上阻碍搬迁的实施,他们是被搬迁主体,这体现出旧村被搬迁农民具有权力性。紧急性是指被搬迁农民的要求能立即引起管理层的关注。因此,旧村被搬迁农民是第三类利益主体。而其他两类受影响主体,由于没有直接参与搬迁,属于搬迁过程中的次要矛盾或者主要矛盾的次要方面,在本书中,不被纳入利益主体的范畴。

第二节 不同利益主体行为及其利益识别

根据调查,研究区压煤村庄搬迁涉及面积$20.5hm^2$,共包含13个村,涉及3 000多户农户,可见其涉及范围大,涉及面广,是一项需要综合考量的复杂工程。在村庄搬迁过程中,涉及不同的利益主体,各主体作为"理性经济人",都追求利益最大化。

一、当地政府行为及其利益诉求

在土地综合整治中,当地政府既是博弈规则的制定者,又是土地综合整治过程中非常重要的参与者和受益者。当地政府需要制定合理的土地综合整治管理制度,一方面对企业行为边界进行约束,另一方面对当地农民的安置补偿要求进行限制,同时,还要能有效推进整个项目有序进行。因此,当地政府作为权利的拥有者、规则的制定者和项目的受益者,需要对多方利益进行协调,促进土地综合整治的顺利实施。

当地政府的利益包括政治利益、经济利益、社会利益与生态利益。

政治利益是指当地政府通过土地综合整治可以获得的政治资源,包括政府在民众心目中的公信力和支持率得到提高,政府部门的形象得到提升等。中央要求促进社会主义新农村建设,落实发展小城镇建设,政府可以利用压煤村庄搬迁的资金对建房新址进行统一规划,集中安排,以协调区域发展,推进新农村建设;压煤村庄搬迁后,可以延长企业服务年限,帮助农民拓宽就业渠道,增加农民收入,可以促进农村和地区经济发展,从而增强农民对政府的信任度,提高政府的公信力,让政府部门得到农民的拥戴,提升政绩。

经济利益是指政府可以通过土地综合整治获得的经济收益,实现地方经济增长、增加财政收入等。通过土地综合整治,能实现村庄压煤山丘区土地资源优化配置,提高土地利用效率,促进农村和地区经济增长;能延长企业服务年限,增加企业收入,从而增加地方政府的税收收入。

社会利益是指通过土地综合整治,政府能实现社会问题的解决。压煤村庄搬迁后,企业服务年限延长,需要更多的劳动力。根据前文分析可知,研究区有大量兼业劳动者在当地煤炭企业打工。可以推测,未来新增劳动力需求的满足也将主要来源于周边农村剩余劳动力。因此,压煤村庄搬迁能够间接解决部分就业问题,提高农民收入,一定程度上促进"三农"矛盾问题的解决,为政府带来社会利益。

通过村庄压煤山丘区土地综合整治可以有效增加耕地,并有效解决土地资源破坏、水土流失、环境污染等问题。

二、煤炭企业行为及其利益诉求

煤炭企业是土地综合整治的主要参与者,是村庄搬迁的实施者。通过村庄搬迁,煤炭企业可以减少煤炭开采的投入,因降低采煤成本而获得的利益就是成本利益。村庄压覆煤炭资源在很大程度上阻碍了煤炭资源开采,增加了开采成本。在现有技术水平下,有些地区由于煤炭资源被村庄压覆,甚至直接导致资源开采技术上的不可行,极大地浪费了煤炭资源。即使由煤炭企业出资进行搬迁,村庄搬迁仍然比不搬迁直接进行开采更节约成本,而且能实现村庄下压覆煤炭资源的开采,增加企业收入。由煤炭企业出资实施村庄搬迁,煤炭企业必然会严格控制搬迁过程的各种费用,尽可能降低成本。

三、被搬迁农民行为及其利益诉求

被搬迁农民是村庄搬迁的主体,是土地综合整治工程的参与者和受益者。农民在整个社会中是弱势群体,在土地综合整治、村庄搬迁过程中处于被动地位。虽然土地综合整治、村庄搬迁与当地农民的切身利益直接相关,但农民对于土地综合整治方案、搬迁补偿方案如何制定却没有发言权。只有在搬迁补偿方案出台后,农民才有机会表达个人意愿。如果大部分农民都采取不合作态度,将会严重影响搬迁工作的实施,因此,制定公平合理的搬迁补偿方案是村庄搬迁工程有效推进的重要环节。

当地农民的利益是指由于土地综合整治,造成农民既得利益受损,而应获得相应补偿和安置,主要包括生存利益、财产利益和生产利益。

生存利益是指由于土地综合整治,要求农民进行搬迁,其生存利益受到影响,需由煤炭企业或政府保护其生存或生活的利益。

财产利益是指当地农民的房屋被拆除后造成的财产损失应得到相应补偿和安置,农民因此所获得的收益。

生产利益是指当地农田由于长期煤炭开采带来损毁,影响农业生产,造成农民损失而应得到的补偿。

在研究区,长期的煤炭开采导致大部分农田地表都出现了不同程度的塌陷和裂缝,影响农业生产,有些地区地表土地沉陷严重,甚至直接导致农田被毁,无法耕种。煤炭开采引起的地表土地沉陷,不仅影响农业生产,还导致农民的房屋墙体出现裂缝甚至坍塌,农村道路、桥梁、输电线等基础设施的损毁,也会对农民生活产生严重影响,甚至直接威胁农民财产安全和生命安全。而土地综合整治要求农村进行搬迁,将进一步影响当地农民的生存利益和财产利益,因此,应该得到及时、合理的补偿。通过村庄搬迁,农民可以迁往统一规划的基础设施齐全的住宅小区,不仅生活条件能得到很大改善,生活质量也将提升。通过土地综合整治,可以对农田地表出现的问题进行恢复治理,并对农田进行田、水、路、林等配套设施的建设,形成良好的农业生产环境,促进农业生产率的提高。

第三节 土地综合整治中的博弈模型

通过分析可以看出,在土地综合整治过程中,各利益主体都从自身出发追求不同的利益目标,因此,多主体之间发生相互影响甚至产生矛盾冲突是不可避免的。然而,如果各个利益关联方能够找到一个相对利益均衡点,那么这个复杂的利益系统就会呈现出短时、相对稳定的运行状态。

下文针对3个利益主体构建博弈模型,用 A 代表当地政府,B 代表煤炭企业,C 代表被搬迁农民,对三者之间的利益博弈进行分析,以期解决土地综合整治过程中利益均衡问题。

一、前提假设

1. 经济人假设

本书对土地综合整治过程中的博弈主体及其行为进行分析,首先假设所有博弈主体都是"理性经济人"。"理性经济人"是西方经济学研究的基本前提假设。首先,作为经济人,所有人都具有利己性。英国古典经济学家亚当·斯密认为,人类在生产中的分工与协作完成了社会大生产。由于劳动分工的存在,每个人固定地从事某一种特定的生产活动进而发展为职业,并因此获得收益,但仅靠社会分工不能实现个人多样化的需求。不同分工的劳动者需要互通有无,相互交易,通过交易实现多种需求的满足。交易的动机是自我满足,交易的出发点是利己,交易的完成同时满足了交易双方的需求,实现了互利。这种基于分工与协作的利己行为在满足每一个个体需求的同时,有效地增加了整个社会的收益。利己性,是经济人的基本特征。其次,具有利己性的经济人都是理性的。经济人会充分利用自己所有的时间、精力、资金、技术等以及自己周边环境所能提供的信息、舆论等一切资源,基于个人的偏好,经过周密的计算,在深思熟虑后,选择最优方案,最大限度地满足个人的偏好和需求。本书对土地综合整治过程进行博弈分析,当地政府、煤炭企业和被搬迁农民作为彼此独立的利益主体,假设三方均为"理性经济人",他们与市场经济中的其他经济主体一样,其目的是实现自身利益最大化,为了实现此目的,他们会采取理性行为,进行理性的决策。对于当地政府来说,其利己性主要表现在对其行政辖区利益最大化、政府利益最大化以及个人政绩等利益最大化的追求;对于煤炭企业来说,其利己性表现为村庄搬迁后实现煤炭资源开采获得经济收益最大化;对于被搬迁农民来说,其利己性表现为追求搬迁收益最大化,包括补偿收入等。在压煤村庄搬迁过程中,各个主体的利益诉求有一致的地方,但更多的是相互冲突,为了追求自身利益最大化,各主体之间不可避免地会出现矛盾。三方利益主体将在近似完全信息条件下展开非合作博弈。所有博弈参与方都在一定程度上了解彼此的效用函数,知道各主体可能采取的行为,但也都存在一定的趋利性和短视性。压煤村庄搬迁工作在三方不断冲突又不断协调的过程中完成。

2. 自主适应性假设

现代系统理论假设经济主体具有自主的适应性。其基本含义是指经济活动主体在对其他主体做出的行为决策及周围环境进行综合考虑后,适时做出适应性、调整性决策,最终形成了复杂的经济活动。由于经济活动主体具有适应性,在行为过程中可以对其周围环境做出适应性的方案、对策和行为选择。由于不同主体在社会中所处地位不同,其行为动机和目的也不同,所以不同主体对同样的环境会做出不同的反应,采取不同的对策和行为,从而形成了复杂的社会经济系统。在该系统中,经济活动主体的反应和行为会随着周围环境和其他主体行为的变化而产生适应性的调整,以达到预期目标。在压煤村庄搬迁过程中,地方政府、煤炭企业和农民都具有这种自主适应性,会在自身利益最大化目标不变的基础上,对其他主体的决策、行为和外界环境变化不断做出合理的适应性调整和反应,使村庄搬迁过程变得更为复杂。

3. 主体行为的一致性假设

假设当地政府、煤炭企业和农民都具有行为的一致性。

(1)当地政府行为的一致性。当地政府是土地综合整治过程中的主要管理者与参与方,涉及的政府部门既包括市(县)国土资源管理部门,也包括基层的乡镇国土所。由于我国行政管理体制的设计,他们之间是有层级关系的,不同层级的管理部门所处地位不同,职责不同,因此,他们的行为可能会存在差异性。为了方便研究,本书假设不同层级的政府部门宏观管理目标一致,行为一致。

(2)煤炭企业行为的一致性。在压煤村庄搬迁和土地综合整治过程中,涉及多家煤炭企业,他们的技术水平、投产年限、生产条件、生产规模等方面不尽相同。为了研究的方便,假设多家煤炭企业同样具有行为的一致性。在面临同样的外界环境时,他们会有同样的行为反应,得到同样的结果。

(3)农民行为的一致性。面对市场经济,收益最大化是"理性经济人"行为的永恒目标和进行决策、判断等的标准。在现实中,农民的个人素质、收入水平、土地承包情况等各方面特点千差万别。但为了研究的方便,忽略农民之间的差异性,假设所有的农民都是同质的。在土地综合整治过程中,他们面临相同的周围环境,会做出同样的行为反应,并得到一样的结果。

各参与方在制定决策时都服从自身既有条件下收益最大化原则。各博弈方的策略、概率分布及其收益情况如下。政府有两种策略:支持(A_1)和不支持(A_2);煤炭企业有两种策略:合作(B_1)和不合作(B_2);被搬迁农民也有两种策略:同意(C_1)和不同意(C_2)。各博弈参与方的概率分布为:假设政府积极支持的概率为α,则不支持的概率为$1-\alpha$。煤炭企业合作的概率为β,则不合作的概率为$1-\beta$。被搬迁农民同意的概率为γ,则不同意的概率为$1-\gamma$。假设U_{ijkl}($i=1,2;j=1,2;k=1,2;l=1,2,3$)为某一利益主体在不同策略下的纯收益情况。其中,$l$代表利益主体,其取值范围是$\{1,2,3\}$,分别代表政府、煤炭企业、被搬迁农民三方利益主体;i代表政府的策略选择,其取值范围是$\{1,2\}$,分别代表政府支持(A_1)、政府不支持(A_2)两种策略;j代表煤炭企业的策略选择,其取值范围是$\{1,2\}$,分别代表企业合作(B_1)、企业不合作(B_2)两种策略;k代表被搬迁农民的策略选择,其取值范围是$\{1,2\}$,分别代表农民同意搬迁(C_1)、不同意搬迁(C_2)两种策略。

另外,假设在决策过程中,如果被搬迁农民选择不同意搬迁的策略,则项目失败;如果煤炭企业选择不合作的策略,项目仍能成功。

二、各利益主体的成本收益分析

假设土地综合整治工作完成后,实现了农田整治、村庄搬迁,释放了被压覆煤炭资源,社会主义新农村建设取得一定成效所获得的全部利益之和为R。

1. 当地政府的成本收益

如果当地政府支持土地综合整治项目,则可获得的收益为R_1,包括土地综合整治后当地经济增长及开采压覆煤炭资源给政府带来的税收收益即经济利益r_a;土地综合整治项目实施完成,促进了社会主义新农村建设,提高了政府的公信力和支持率,获得政绩即政治利益r_b;项目完成后,通过城乡建设用地增减挂钩增加新增建设用地指标带来的收益r_c;项目实施完成后,当地水土流失、土地破坏等资源破坏和环境污染问题在一定程度上得以缓解甚至解决,带来的环境效益r_d;项目实施后,当地农民就业率提高,收入增加,促进"三农"问题的解决带来社会利益r_e。那么当地政府获得的总收益R_1是经济利益r_a、政治利益r_b、新增建设用地指标收益r_c、环境收益r_d及社会利益r_e之和,记为$R_1=$

$r_a+r_b+r_c+r_d+r_e=kR$。

如果当地政府不支持土地综合整治,则该项目失败,政府所能获得的收益为 E_1,此收益仅包括煤炭企业继续开采带来的税收收入 r'_a,但这种情况下的税收收入水平明显低于村庄搬迁带来的税收收入,则 $E_1=r'_a=\delta r_a=\theta kR$。

如果当地政府支持土地综合整治,则需要付出的成本为 C_1,主要包括两个方面:一是政府为促进项目顺利实施需要付出的成本 c_a,比如政府制定管理政策并推行政策的成本、项目规划的成本、项目基础设施建设的投资成本等;二是政府在项目实施过程中需要承担的社会风险 c_b。因此,政府的总成本可记为 $C_1=c_a+c_b$。

如果当地政府不支持,其成本为零。

2. 煤炭企业的成本收益

如果煤炭企业对土地综合整治项目采取合作态度,则可获得的收益为 R_2,包括村庄搬迁后开采比条带开采多采出的压覆煤炭资源带来的收益和村庄搬迁后开采效率提高带来的效益,记为 r_{I}。参与方煤炭企业合作带来的总收益 $R_2=r_{\mathrm{I}}=lR$。

如果煤炭企业不合作,则仍可获得煤炭开采收益 E_2,但这种情况下的收益由于受技术限制,大部分村庄下压覆的煤炭资源无法采出,导致收益明显低于村庄搬迁情况下的开采收益,而且由于村庄对煤炭资源的压覆,其开采成本上升,而生产效率下降,此时的收益记为 r_{II},$E_2=r_{\mathrm{II}}=\varepsilon R_2=\varepsilon lR$。

如果煤炭企业选择合作的策略,假设付出的成本为 C_2,包括村庄搬迁成本 c_{I},其构成有旧村拆除费用、新村建设用地使用权的取得费用、新建房屋费用、建筑物实物补偿和人口安置补偿费用;土地复垦和农田建设成本 c_{II};给农民的远距离种植补偿为 c_{III}。另外,煤炭企业的成本受到政府决策的影响,如果政府不支持搬迁,则煤炭企业的成本会增加,增加的部分包括两部分:c_{I}' 是在政府不支持的情况下,企业单独组织力量实施村庄搬迁,项目实施难度较政府支持时增加,从而带来额外增加的成本,例如征地难度变大,与农民谈判难度增加等带来的成本;c_{II}' 是在政府不支持的条件下,企业需要承担的基础设施建设成本。因此,参与方煤炭企业的成本 $C_2=c_{\mathrm{I}}+c_{\mathrm{II}}+c_{\mathrm{III}}+c_{\mathrm{I}}'+c_{\mathrm{II}}'$。

如果煤炭企业不愿意合作,那么煤炭企业的开采成本会增加,而可采范围会缩小,其成本为 D_2,增加的开采成本记为 c_{IV},$D_2=c_{\mathrm{IV}}$。

3. 被搬迁农民的成本收益

如果农民采取同意的策略,土地综合整治项目完成后,被搬迁农民获得的总收益为 R_3,它由以下几部分构成:房屋拆迁和人口安置补偿 r_1;远距离耕种补偿 r'_1;在土地平整、土壤培肥、配套设施建设等土地综合整治工程完成后,农业生产率提高,带来农业种植收益的增加,其增值收益为 r_2;村庄搬迁后,新村比旧村更靠近城镇中心,教育、医疗、卫生等配套设施得以改善,同时,新村的房屋公共设施齐全,有供水、排水系统、集中供热、供气设施等,农民生活和居住条件得以改善,因此,搬迁为提高农民生活质量创造了便利条件,也可以认为这是农民获得的收益 r_3;村庄搬迁后,更接近城镇中心,为农村剩余劳动力提供了更多可选择的就业机会,且就业变得更为便利,由于我国工农业存在"剪刀差"问题,农民一旦有新的工作,其收入就会高于原务农收入,增加的收益为 r_4。被搬迁农民获得的总收益 R_3 是上述各项收益之和,即 $R_3 = r_1 + r'_1 + r_2 + r_3 + r_4 = (1-k-l)R$。

如果农民不同意,则无法获得增值收益,即 $E_3 = 0$。

如果农民选择同意的策略,需要付出的总成本为 C_3,具体包括房屋、院落等地上建筑物、构筑物及其附属设施的损失 c_1;历史上对耕地进行投资的损失和现有农作物的损失 c_2;远距离种植成本 c_3;对新的居住环境和生活方式的适应成本 c_4,则 $C_3 = c_1 + c_2 + c_3 + c_4$。

如果农民选择不同意的策略,则项目失败,农民需要付出的总成本为 D_3。项目失败,意味着村庄没有搬迁,那么煤炭企业有两个选择:继续开采煤炭资源或者停止生产。无论企业选择停产还是继续,煤炭开采造成的农村基础设施损毁、农业生产条件破坏、农民生活环境污染等问题将持续影响农民生活、农业生产和农村发展,给农民带来物质和精神上的损失 d_1(这里忽略停止生产和继续开采给农民带来损失的差异性);由于项目失败,煤炭企业的生产受到影响甚至停止生产,以煤炭产业为主导产业的当地经济增长会受到限制,同时,当地农民就业渠道减少,这都会影响农民的物质生活水平,预期这部分损失为 d_2。因此,项目失败的话,农民需要付出的总成本 $D_3 = d_1 + d_2$。

三、博弈模型分析

(1)博弈参与主体:当地政府、煤炭企业和被搬迁农民。

(2)博弈参与方的策略及概率分布。

当地政府——支持的概率为 α,则不支持的概率为 $1-\alpha$;

煤炭企业——合作的概率为 β,则不合作的概率为 $1-\beta$;

被搬迁农民——同意的概率为 γ,则不同意的概率为 $1-\gamma$。

(3)在当地政府支持的情况下,则博弈矩阵见表 8-1。

表 8-1 当地政府与煤炭企业利益博弈矩阵

政府 A_1		被搬迁农民 C	
		合作(γ)	不合作($1-\gamma$)
煤炭企业 B	支持(β)	$U_{1111}, U_{1112}, U_{1113}$	$U_{1121}, U_{1122}, U_{1123}$
	不支持($1-\beta$)	$U_{1211}, U_{1212}, U_{1213}$	$U_{1221}, U_{1222}, U_{1223}$

$U_{1111} = R_1 - C_1 = (r_a + r_b + r_c + r_d + r_e) - (c_a + c_b) = kR - (c_a + c_b)$;

$U_{1112} = R_2 - C_2 = r_I - (c_I + c_{II} + c_{III}) = lR - (c_I + c_{II} + c_{III})$;

$U_{1113} = R_3 - C_3 = (r_1 + r'_1 + r_2 + r_3 + r_4) - (c_1 + c_2 + c_3 + c_4) = (1-k-l)R -$

$(c_1+c_2+c_3+c_4)$；

$U_{1121}=E_1-c_a=r'_a-c_a=\delta\theta kR-c_a$；

$U_{1122}=E_2-C_2=r_{II}-c_{II}$；

$U_{1123}=R_3-D_3=-(d_1+d_2)$；

$U_{1211}=R_1-C_1=(r_a+r_b+r_c+r_d+r_e)-(c_a+c_b)=kR-(c_a+c_b)$；

$U_{1212}=R_2-D_2=r_I-c_{IV}$；

$U_{1213}=R_3-C_3=(r_1+r'_1+r_2+r_3+r_4)-(c_1+c_2+c_3+c_4)=(1-k-l)R-(c_1+c_2+c_3+c_4)$；

$U_{1221}=E_1-c_a=\delta\theta kR-c_a$；

$U_{1222}=E_2-D_2=r_{II}-c_{IV}$；

$U_{1223}=E_3-D_3=-(d_1+d_2)$。

① 政府选择支持策略 A_1 的期望收益 $E(A_1)$ 为：

$$E(A_1)=U_{1111}\beta\gamma+U_{1121}\beta(1-\gamma)+U_{1211}(1-\beta)\gamma+U_{1221}(1-\beta)(1-\gamma)$$
$$=[(r_a+r_b+r_c+r_d+r_e)-r'_a-c_b]\gamma+r'_a-c_a \tag{8-1}$$

② 企业选择合作策略 (B_1) 的期望收益 $E(B_1)$ 为：

$$E(B_1)=U_{1112}\gamma+U_{1122}(1-\gamma)$$
$$=[r_I-r_{II}-(c_I+c_{III})]\gamma+r_{II}-c_{II} \tag{8-2}$$

企业选择不合作 (B_2) 策略的期望收益 $E(B_2)$ 为：

$$E(B_2)=U_{1212}\gamma+U_{1222}(1-\gamma)=(r_I-c_{II})\gamma+r_{II}-c_{IV} \tag{8-3}$$

则企业以 β 选择合作策略 B_1、以 $(1-\beta)$ 选择不合作策略 B_2 的期望收益为：

$$E(B)=\beta E(B_1)+(1-\beta)E(B_2)$$
$$=\beta c_{IV}+\gamma(r_I-r_{II})-\beta\gamma(c_I+c_{III})+r_{II} \tag{8-4}$$

如果农民的混合应对策略是给定的，无论企业选择哪种策略，其总效用相等，那么意味着该混合策略的效应是最优的，企业不会单方面选择其他策略来提高自己的效用。

由 $E(B_1)=E(B_2)$ 得到：

$$\gamma^*=\frac{c_I-c_{II}}{-c_{II}-c_{IV}} \tag{8-5}$$

γ^* 的含义是：当农民同意的概率大于 γ^*，则企业将会选择合作的策略；当农民同意的概率小于 γ^*，企业将会选择不合作的策略；当农民同意的概率等于 γ^* 时，企业对合作还是不合作没有偏好。

③ 对于农民来说，农民选择同意策略 (C_1) 的期望收益 $E(C_1)$ 为：

$$E(C_1)=U_{1113}\beta+U_{1213}(1-\beta)$$
$$=(r_1+r'_1+r_2+r_3+r_4)\beta-(c_1+c_2+c_3+c_4) \tag{8-6}$$

农民选择不同意策略 C_2（不同意）的期望收益 $E(C_2)$ 为：

$$E(C_2)=U_{1123}\beta+U_{1223}(1-\beta)=-(d_1+d_2) \tag{8-7}$$

则农民以 γ 选择同意策略 C_1、以 $(1-\gamma)$ 选择不同意策略 C_2 的期望收益为：

$$E(C) = \gamma E(C_1) + (1-\gamma) E(C_2)$$
$$= [(r_1 + r'_1 + r_2 + r_3 + r_4)\beta - (c_1 + c_2 + c_3 + c_4)]\gamma - (d_1 + d_2)(1-\gamma) \quad (8-8)$$

对企业给定的混合应对策略，无论农民选择哪一种策略，其总效用相等，这意味着，先前的混合策略是一个最优回应，不存在进一步改善的空间。

$$E(C_1) = E(C_2)$$
$$\beta^* = \frac{c_1 + c_2 + c_3 + c_4 - (d_1 + d_2)}{r_1 + r'_1 + r_2 + r_3 + r_4} \quad (8-9)$$

β^* 的含义：当企业合作的概率大于 β^* 时，被搬迁农民将会选择同意的策略；当企业合作的概率小于 β^* 时，被搬迁农民将会选择不同意的策略。当企业合作的概率等于 β^* 时，被搬迁农民在同意或不同意两个策略之间没有偏好，也就是既可能选择同意的策略也可能选择不同意的策略。

由 $\beta^* = \frac{c_1 + c_2 + c_3 + c_4 - (d_1 + d_2)}{r_1 + r'_1 + r_2 + r_3 + r_4}$ 可知，为了促使企业选择合作的策略，一方面，由于 $(r_1 + r'_1 + r_2 + r_3 + r_4) = (1-k-l)R$，可以通过减小农民的收益分配系数 $(1-k-l)$ 来实现；另一方面，需减小 $(d_1 + d_2)$ 的值，可以通过矿区环境治理、农村环境恢复、地质灾害防治等减少农民的损失，通过推动城镇化、增加农民就业等来提高农民收入。

由 $\gamma^* = \frac{c_{\mathrm{II}} - c_{\mathrm{IV}}}{-c_{\mathrm{I}} - c_{\mathrm{III}}}$ 可知，一方面，为促使被搬迁农民选择同意的策略，应尽可能增加 c_{I} 和 c_{III} 的值，即增加村庄搬迁对农民的建筑物、人口安置和远距离耕种等经济补偿；另一方面，应该增大 c_{II} 的值，即增加煤炭企业对土地复垦和农田建设的投资。

因此，在政府积极支持土地综合整治项目的情况下，就构成了一个（企业以 $\beta^* = \frac{c_{\mathrm{I}} + c_{\mathrm{II}} + c_{\mathrm{III}} + c_{\mathrm{IV}} - (d_{\mathrm{I}} + d_{\mathrm{II}})}{r_{\mathrm{I}} + r'_{\mathrm{II}} + r_{\mathrm{III}} + r_{\mathrm{IV}} + r_{\mathrm{V}}}$ 的概率愿意合作实施土地综合整治项目，以 $1-\beta^* = \frac{(r_{\mathrm{I}} + r'_{\mathrm{II}} + r_{\mathrm{III}} + r_{\mathrm{IV}} + r_{\mathrm{V}}) - (c_{\mathrm{I}} + c_{\mathrm{II}} + c_{\mathrm{III}} + c_{\mathrm{IV}}) + (d_{\mathrm{I}} + d_{\mathrm{II}})}{r_{\mathrm{I}} + r'_{\mathrm{II}} + r_{\mathrm{III}} + r_{\mathrm{IV}} + r_{\mathrm{V}}}$ 的概率拒绝合作；农民以 $\gamma^* = \frac{c_{\mathrm{II}} - c_{\mathrm{IV}}}{-c_{\mathrm{I}} - c_{\mathrm{III}}}$ 的概率同意项目实施，以 $1-\gamma^* = \frac{c_{\mathrm{IV}} - (c_{\mathrm{I}} + c_{\mathrm{II}} + c_{\mathrm{III}})}{-c_{\mathrm{I}} - c_{\mathrm{III}}}$ 的概率不同意项目实施）企业与农民的混合策略纳什均衡解。

(4) 在政府选择不支持策略的情况下，则博弈矩阵见表 8-2。

$U_{2111} = R_1 - D_1 = r'_a$；

$U_{2112} = R_2 - C_2 = r_a - (c_{\mathrm{I}} + c_{\mathrm{II}} + c_{\mathrm{III}} + c'_{\mathrm{II}} + c'_{\mathrm{III}}) = lR - (c_{\mathrm{I}} + c_{\mathrm{II}} + c_{\mathrm{III}} + c_{\mathrm{II}}' + c_{\mathrm{III}}')$；

$U_{2113} = R_3 - C_3 = (r_1 + r'_1 + r_2 + r_3 + r_4) - (c_1 + c_2 + c_3 + c_4) = (1-k-l)R - (c_1 + c_2 + c_3 + c_4)$；

表 8-2 煤炭企业与被搬迁农民利益博弈矩阵

政府 A_2		被搬迁农民 C	
		合作(γ)	不合作($1-\gamma$)
煤炭企业 B	支持(β)	$U_{2111},U_{2112},U_{2113}$	$U_{2121},U_{2122},U_{2123}$
	不支持($1-\beta$)	$U_{2211},U_{2212},U_{2213}$	$U_{2221},U_{2222},U_{2223}$

$U_{2121}=E_1-D_1=r'_a$;
$U_{2122}=E_2-C_2=r_{\text{II}}-(c'_{\text{I}}+c'_{\text{II}})$;
$U_{2123}=E_3-D_3=-(d_1+d_2)$;
$U_{2211}=E_1-D_1=r'_a$;
$U_{2212}=E_2-D_2=r_{\text{II}}-c_{\text{IV}}$;
$U_{2213}=E_3-D_3=-(d_1+d_2)$;
$U_{2221}=E_1-D_1=r'_a$;
$U_{2222}=E_2-D_2=r_{\text{II}}-c_{\text{IV}}$;
$U_{2223}=E_3-D_3=-(d_1+d_2)$。

①政府选择不支持策略(A_2)的期望收益 $E(A_2)$ 为：

$$E(A_2)=U_{2111}\beta\gamma+U_{2121}\beta(1-\gamma)+U_{2211}(1-\beta)\gamma+U_{2221}(1-\beta)(1-\gamma)$$
$$=(r_a+r_c+r_d+r_e)\beta\gamma+r'_a\beta(1-\gamma)+r'_1(1-\beta) \tag{8-10}$$

②对于企业来说。企业选择合作策略(B_1)的期望收益 $E(B_1)$ 为：

$$E(B_1)=U_{2112}\gamma+U_{2122}(1-\gamma)$$
$$=[(r_{\text{I}}-r_{\text{II}})-(c_{\text{I}}+c_{\text{II}}+c_{\text{III}})]\gamma+r_{\text{II}}-(c'_{\text{I}}+c'_{\text{II}}) \tag{8-11}$$

企业选择不合作策略(B_2)的期望收益 $E(B_2)$ 为：

$$E(B_2)=U_{2212}\gamma+U_{2222}(1-\gamma)=r_{\text{II}}-c_{\text{IV}} \tag{8-12}$$

则企业以 β 选择合作策略 B_1 以($1-\beta$)选择不合作策略 B_2 的期望收益为：

$$E(B)=\beta E(B_1)+(1-\beta)E(B_2)$$
$$=\beta\gamma[(r_{\text{I}}-r_{\text{II}})-(c_{\text{I}}+c_{\text{II}}+c_{\text{III}})]-$$
$$\beta(c'_{\text{I}}+c'_{\text{II}}-c_{\text{IV}})+r_{\text{II}}-c_{\text{IV}} \tag{8-13}$$

如果农民的混合应对策略是给定的，无论企业选择哪种策略，其总效用相等，意味着该混合策略的效应已经是最优的，企业不会单方面选择其他策略来提高自己的效用。

由 $E(B_1)=E(B_2)$ 得到：

$$\gamma^*=\frac{c'_{\text{I}}+c'_{\text{II}}-c_{\text{IV}}}{r_{\text{I}}-r_{\text{II}}-(c_{\text{I}}+c_{\text{II}}+c_{\text{III}})} \tag{8-14}$$

③对于农民来说，农民选择同意策略(C_1)的期望收益 $E(C_1)$ 为：

$$E(C_1) = U_{2113}\beta + U_{2213}(1-\beta)$$
$$= [(r_1 + r'_1 + r_2 + r_3 + r_4) - (c_1 + c_2 + c_3 + c_4)]\beta$$
$$- (d_1 + d_2)(1-\beta) \tag{8-15}$$

农民选择不同意策略(C_2)的期望收益 $E(C_2)$ 为：

$$E(C_2) = U_{2123}\beta + U_{2223}(1-\beta) = -(d_1 + d_2) \tag{8-16}$$

则农民以 γ 选择同意策略 C_1、以 $(1-\gamma)$ 选择不同意策略 C_2 的期望收益为：

$$E(C) = \gamma E(C_1) + (1-\gamma) E(C_2)$$
$$= [(d_1 + d_2) - (c_1 + c_2 + c_3 + c_4)]\beta\gamma$$
$$+ (r_1 + r'_1 + r_2 + r_3 + r_4)\gamma - (d_1 + d_2) \tag{8-17}$$

若对应企业已经给出的混合应对策略，无论农民给出哪一种应对纯策略，其总效用都相等，这意味着，先前的混合策略是一个最优回应，不会再有改善的空间。

$$E(C_1) = E(C_2) \tag{8-18}$$
$$\beta^* = \frac{(d_1 + d_2)}{(r_1 + r'_1 + r_2 + r_3 + r_4) - (c_1 + c_2 + c_3 + c_4) + (d_1 + d_2)}$$

因此在政府不支持土地综合整治项目的情况下，就构成了一个（企业以 $\beta^* = \dfrac{(d_1 + d_2)}{(r_1 + r'_1 + r_2 + r_3 + r_4) - (c_1 + c_2 + c_3 + c_4) + (d_1 + d_2)}$ 的概率愿意合作，以 $1 - \beta^* = \dfrac{(r_1 + r'_1 + r_2 + r_3 + r_4) - (c_1 + c_2 + c_3 + c_4)}{(r_1 + r'_1 + r_2 + r_3 + r_4) - (c_1 + c_2 + c_3 + c_4) + (d_1 + d_2)}$ 的概率拒绝合作；农民以 $\gamma^* = \dfrac{c'_{\mathrm{I}} + c'_{\mathrm{II}} - c_{\mathrm{IV}}}{r_{\mathrm{I}} - r_{\mathrm{II}} - (c_{\mathrm{I}} + c_{\mathrm{II}} + c_{\mathrm{III}})}$ 的概率同意项目实施，以 $1 - \gamma^* = \dfrac{r_{\mathrm{I}} - r_{\mathrm{II}} - (c_{\mathrm{I}} + c_{\mathrm{II}} + c_{\mathrm{III}}) - (c'_{\mathrm{I}} + c'_{\mathrm{II}} - c_{\mathrm{IV}})}{r_{\mathrm{I}} - r_{\mathrm{II}} - (c_{\mathrm{I}} + c_{\mathrm{II}} + c_{\mathrm{III}})}$ 的概率不同意项目实施的）企业与农民的混合策略纳什均衡解。

四、博弈模型求解

(1) 政府支持与不支持的期望效用为：
$$U_1 = E(A) = \alpha E(A_1) + (1-\alpha) E(A_2)$$
$$= \alpha\{[(r_a + r_b + r_c + r_d + r_e) - r'_a - c_b]\gamma + r'_a - c_a\}$$
$$+ (1-\alpha)[(r_a + r_c + r_d + r_e)\beta\gamma + r'_a\beta(1-\gamma) + r'_a(1-\beta)] \tag{8-19}$$

(2) 企业合作与不合作的期望效用为：
$$U_2 = E(B) = [\beta c_{\mathrm{IV}} + \gamma(r_{\mathrm{I}} - r_{\mathrm{II}}) - \beta\gamma(c_{\mathrm{I}} + c_{\mathrm{III}}) + r_{\mathrm{II}}] \times \alpha$$
$$+ \{\beta\gamma[(r_{\mathrm{I}} - r_{\mathrm{II}}) - (c_{\mathrm{I}} + c_{\mathrm{II}} + c_{\mathrm{III}})] - \beta(c'_{\mathrm{I}} + c'_{\mathrm{II}} - c_{\mathrm{IV}})$$
$$+ r_{\mathrm{II}} - c_{\mathrm{IV}}\} \times (1-\alpha) \tag{8-20}$$

(3) 农民同意与不同意的期望效用为：
$$U_3 = E(C) = \{[(r_1 + r'_1 + r_2 + r_3 + r_4)\beta - (c_1 + c_2 + c_3 + c_4)]\gamma$$

$$-(d_1+d_2)(1-\gamma)\} \times \alpha + \{[(d_1+d_2)-(c_1+c_2)]\beta\gamma$$
$$+(r_1+r'_1+r_2+r_3+r_4)\gamma-(d_1+d_2)\} \times (1-\alpha) \tag{8-21}$$

要实现政府、企业、农民各自的期望效用最大,则:

$$k^* = \frac{c_1+\gamma c_b}{\gamma(1-\beta)(1-\theta)R}$$

$$l^* = \frac{(c'_{\mathrm{I}}+c'_{\mathrm{II}}-c_{\mathrm{IV}})+\gamma(c_{\mathrm{I}}+c_{\mathrm{II}}+c_{\mathrm{III}})-\alpha(c'_{\mathrm{I}}+c'_{\mathrm{II}}+\gamma c_{\mathrm{II}})}{(1-\alpha)(1-\varepsilon)\gamma R}$$

$$(1-k-l)^* = \frac{(\alpha+\beta-\alpha\beta)[(c_1+c_2+c_3+c_4)-(d_1+d_2)]}{[1-\alpha(1-\beta)]R}$$

也就是说,当地政府、煤炭企业、被搬迁农民3个博弈主体博弈的混合策略纳什均衡解为:

$$\left\{\begin{array}{c} \dfrac{c_a+\gamma c_b}{\gamma(1-\beta)(1-\theta)R}, \\ \dfrac{(c'_{\mathrm{I}}+c'_{\mathrm{II}}-c_{\mathrm{IV}})+\gamma(c_{\mathrm{I}}+c_{\mathrm{II}}+c_{\mathrm{III}})-\alpha(c'_{\mathrm{I}}+c'_{\mathrm{II}}+\gamma c_{\mathrm{II}})}{(1-\alpha)(1-\varepsilon)\gamma R}, \\ \dfrac{(\alpha+\beta-\alpha\beta)[(c_1+c_2+c_3+c_4)-(d_1+d_2)]}{[1-\alpha(1-\beta)]R} \end{array}\right\} \tag{8-22}$$

第四节 案例分析

本书选取川底乡车郭庄村为案例进行分析。

一、川底乡车郭庄村概况

泽州县川底乡位于县域西部,长河岸畔、岳圣山下,东靠大东沟镇和晋城市城区,西邻阳城县,北连沁水县,南与周村镇、南村镇相接。全乡南北长约 14.5km,东西宽约 4.85km,总面积 68.6km²。

车郭庄村位于岳圣山脚下,是岳圣煤矿采矿权范围内所涉及的压煤村庄,目前正在进行整村搬迁。车郭庄村由 3 个自然村车街、拐庄、同保庄组成。建新区位于川底乡焦河村西北。

车郭庄村属于典型的低山丘陵区,地形高低起伏。土壤主要为重壤土,土层深厚,但土质黏重,耕种阻力大,通水透气性差,耐旱不耐涝。车郭庄村野生生长的植物主要有刺槐、椿树、狗尾草、山艾等,适宜种植的粮食作物有小麦、玉米、谷子、大豆等,适宜的经济作物有柿子、花椒等。该村自然灾害主要是旱灾。

车郭庄村全村共有村民 231 人,89 户。旧村农村居民点占地面积 65 亩,共有耕地 507 亩。车郭庄村压煤量约 604 万 t,所涉及工作面编号为 4224、4226、42128。车郭庄村近3年经济情况见表8-3。

表8-3 车郭庄村近三年经济情况统计表

	2010年	2011年	2012年
总收入(万元)	300	360	385
农业收入(万元)	26	43	46
农民人均纯收入(元)	8 712	9 981	10 779
人口(人)	233	232	239
耕地面积(亩)	507	507	507
粮田面积(亩)	393	393	393
粮田亩产(kg)	374	442	366
粮田总产量(t)	147	174	144
其中小麦面积(亩)	334	334	334
小麦亩产(kg)	173	314	165
小麦总产量(t)	58	105	55
畜牧业(羊)(只)	500	500	500

经实地勘察,车郭庄村房屋多为砖瓦结构的单层或二层民居,另有部分土坯、砖木、砖包结构的房屋,大部分建筑于20世纪50年代至90年代,房屋陈旧。该村耕地分布在村庄周边,较集中成片。土地为村集体所有,不存在权属争议或纠纷。

车郭庄村房屋布局零散,用地粗放,村内道路纵横交错,规划不合理。

二、利益主体确定

利益主体有泽州县川底乡人民政府、山西泽州天泰坤达煤业有限公司和车郭庄村被搬迁农民三方。

2012年,川底乡总收入141 610万元,其中农业收入12 138万元,工业收入114 107万元。工业收入占总收入的比重为80.58%,是川底乡经济增长的重要支柱性产业,而其中又以煤炭采掘业为重点。进行土地综合整治,密切关系到川底乡政府的税收收入和政绩,关系到川底乡经济增长和社会发展,是推进川底乡城镇化进程、促进社会主义新农村建设的重要举措,因此,川底乡政府对该项目高度重视。

山西泽州天泰坤达煤业有限公司为山西泽州天泰能源有限公司全资国有子公司,核定生产能力90万t/a,是泽州县工矿骨干矿井之一,位于山西省泽州县川底乡,是一个以煤炭开采为主的综合性企业。其前身为山西晋城天户煤业有限公司,是始建于1957年的老矿。2009年经山西省煤炭企业整合办批准,以天户煤业为主,整合原天胜煤业、沙沟煤矿、西坪沟煤矿组建坤达煤业,整合主体山西泽州天泰能源有限公司。2012年8月,公司90万t/a矿井兼并重组整合项目完成六证换发并顺利通过转产验收。其采区范围内有多个压煤村庄,目前已探明压煤总量达4 500万t。因此,天泰坤达煤业有限公司生产面临的最大问题就是尽快实施压煤村庄搬迁、充分释放被压覆煤炭资源。

由于长期采煤带来各种资源破坏、生态污染等问题,严重影响当地农民的生产、生活,车郭庄村拟进行整村搬迁。

三、非合作博弈模型计算

车郭庄村农民人均纯收入为10 779元/年,农村居民人均居住面积29.3 m^2。拆迁的建筑面积为23 069 m^2。参考以往案例,远距离耕种补偿标准定为300元/亩·年。

根据调查,车郭庄新村用地面积21 333.44 m^2,有主体工程5栋,共180套住房,总建筑面积为24 094.30 m^2。

预测压覆煤炭资源的开采可获得的经济效益为3亿元。

根据前文计算结果,即公式(8-22),求3个博弈主体的利益分配:

$$\left\{ \begin{array}{l} \dfrac{c_a + \gamma c_b}{\gamma(1-\beta)(1-\theta)R}, \\ \dfrac{(c'_{\mathrm{I}} + c'_{\mathrm{II}} - c_{\mathrm{IV}}) + \gamma(c_{\mathrm{I}} + c_{\mathrm{II}} + c_{\mathrm{III}}) - \alpha(c'_{\mathrm{I}} + c'_{\mathrm{II}} + \gamma c_{\mathrm{II}})}{(1-\alpha)(1-\varepsilon)\gamma R}, \\ \dfrac{(\alpha + \beta - \alpha\beta)[(c_1 + c_2 + c_3 + c_4) - (d_1 + d_2)]}{[1 - \alpha(1-\beta)]R} \end{array} \right.$$

$\{k^*, l^*, (1-k-l)^*\}$

$\{k^*, l^*, (1-k-l)^*\}$

$$\left\{ \begin{array}{l} \dfrac{c_1 + \beta\gamma c_2}{\beta\gamma R}, \\ \dfrac{(c_b + c_c)[\alpha\gamma + (1-\alpha)\gamma\theta] + \alpha c_a + (1-\alpha)[1 - (1-\theta)\gamma](c_a + c'_a + c'_b)}{[\alpha(\gamma - \theta) + \gamma\theta]R}, \\ \dfrac{[\alpha + (1-\alpha)\beta\theta](c_{\mathrm{I}} + c_{\mathrm{II}} + c_{\mathrm{III}} + c_{\mathrm{IV}}) + (1-\alpha)(1-\beta)C_3}{[\alpha\beta + (1-\alpha)\beta\theta]R} \end{array} \right.$$

根据实际调查,确定不同利益主体的成本收益状况:

$R = 3$亿元;

建筑物补偿:300元/m^2 × 23 069 m^2 = 692万元;

人口安置补偿:239人 × 1万元/人 = 239万元;

建新费:6 328万元(建筑安装工程费用) + 674万元(基本预备费) + 396万元(项目管

理费)＝7 398万元；

取得建新区土地使用权费用：448万元；

拆旧费：24元/m²×23 069m²＝55万元；

c_I＝692万元＋239万元＋7 398万元＋448万元＋55万元＝8 832万元，$c_a{}'c_I{}'$取c_I的10%；

c_{II}＝1 058.4万元，$c_b{}'c_{II}{}'$取c_{II}的10%；

c_{III}＝300元/亩·年×507亩×30年＝456.3万元；

c_1＝692.07万元；c_2＝30万元；c_3＝20万元；

c_a＝425.13万元；

d_1＝100万元；d_2＝120万元。

通过走访调查，按照政府工作人员支持和不支持、煤炭企业员工合作与不合作、被搬迁农民同意和不同意的人数比例粗略统计 α＝82%，β＝95%，γ＝76%，得出 α＝82%，β＝95%，γ＝76%；α＝85%，β＝96%，γ＝81%。考虑 θ＝10%，$\in$＝10%；同时，不考虑政府承担的社会风险和农民搬迁后的适应成本，即 c_2＝0，c_{IV}＝0时，三方博弈的最优解为：

$$\{6.5\%, 70.6\%, 22.9\%\}$$

四、结果分析

根据计算结果，研究区土地综合整治首先能释放村庄压覆煤炭资源，从而为煤炭企业带来巨大的收益，因此，在当地政府、煤炭企业、被搬迁农民三方利益主体进行博弈的过程中，在各方选择均衡策略实现三方利益均衡即三方利益组合最优的情况下，煤炭企业所得到的利润最大，当然，煤炭企业为之所付出的成本也最大。在煤炭企业付出搬迁成本、补偿费用促进搬迁成功后，可通过村庄压覆煤炭资源的开采获取高额利润，同时也为地方经济增长起到良好的带动作用。当地政府在积极支持项目实施过程中，承担了行政成本、基础设施建设等费用，不仅有效增加了当地政府的税收收入，更进一步地，有力地促进了政府经济目标的实现，同时，为政府带来更多的社会收益和环境收益。经过三方博弈，被搬迁农民依据对宅基地的使用权和对农村集体土地的承包经营权，取得了相关权利的补偿，可以提高生产、生活条件，改善居住和生活环境，提升生活质量。尽管从数值上看，他们的利益分配份额较小，但其基本权利得以保障，生产、生活条件得以改善，总体福利较之前有较大改善。

以上计算得出的利益分配系数是基于博弈主体各自的成本收益分析所得的，其前提假设是各主体是"理性经济人"，收益大于成本是选择策略的基础。在计算过程中，有些数据来源于项目实地收集资料，有些来源于走访调查，有些是笔者根据经验的估计，因此，计算有一定的误差，结果仅供参考。

本章小结

本章对研究区土地综合整治过程中的利益均衡问题进行了分析。

首先界定了压煤村庄搬迁过程中的利益相关者,可以概括为 3 类:一类是村庄搬迁工程的发起方——煤炭企业;一类是村庄搬迁工程的决策主体,主要包括县(市)级政府部门、搬迁村集体组织、安置区集体组织以及各级土地资源管理部门;一类是村庄搬迁工程的主要受影响者,包括旧村被搬迁农民、旧村不搬迁农民和安置区原有居民。而其中,核心的利益主体主要是政府部门、煤炭企业和旧村被搬迁农民。本章通过构建博弈模型对这 3 个核心的利益主体之间的利益均衡问题进行分析。

在分析各利益主体的行为及其利益诉求的基础上,对各利益主体的成本收益分别进行研究,之后构建博弈模型,求博弈模型的纳什均衡解。结果表明,当地政府、煤炭企业、被搬迁农民 3 个博弈主体博弈的混合策略纳什均衡解为:

$$\left\{ \frac{c_1 + \gamma c_2}{\gamma(1-\beta)(1-\theta)R}, \frac{(c'_{\text{I}} + c'_{\text{II}} - c_{\text{IV}}) + \gamma(c_{\text{I}} + c_{\text{II}} + c_{\text{III}}) - \alpha(c'_{\text{I}} + c'_{\text{II}} + \gamma c_{\text{II}})}{(1-\alpha)(1-\varepsilon)\gamma R}, \frac{(\alpha + \beta - \alpha\beta)[(c_1 + c_2 + c_3 + c_4) - (d_{\text{I}} + d_{\text{II}})]}{[1-\alpha(1-\beta)]R} \right\}$$

最后,以川底乡拟搬迁村庄——车郭庄村为例进行了实证研究。

政策建议

北方村庄压煤山丘区土地综合整治是一项复杂的工程,具有区域性、综合性和复杂性等特征。本书对其管理中的资源环境承载力、土地适度规模经营、利益均衡等问题进行了分析,基于分析结果提出以下社会经济发展以及政策建议。

(1)区域土地综合整治是一项综合性工程,其管理范围涉及区域所有土地及其开发利用过程。在研究区,农业生产、农民生活和工矿区生产在空间上重叠,因此,该区域土地综合整治的核心包括农用地、建设用地的整治及矿区土地复垦。农用地整治主要是通过农用地整理,对采煤破坏带来的农用地塌陷、裂缝进行修复,对田、水、路、林、村进行统一布局和安排,提高耕地质量。建设用地整治的内容是对研究区的建设用地尤其是农村居民点进行整治,改变农村原有的混乱无序的建筑格局,改变脏、乱、差的村容村貌,配套农村基础设施,改善农民居住环境,提高农民生活质量,建设社会主义新农村。在研究区,农村居民点整治主要通过村庄搬迁来实现。矿区土地复垦主要是对矿区采煤造成的挖损、压占、塌陷等土地破坏问题进行治理,以增加农用地尤其是耕地面积,改善矿区生态环境。可见,北方村庄压煤山丘区土地综合整治涉及范围广、内容多样,在管理过程中,需构建农用地、建设用地等内容全面的管理制度体系,实现全方位管理。

(2)从短期来看,研究区的土地资源、水资源、矿产资源都不会成为社会经济发展的约束条件,相反,在未来一定时期内,研究区的经济增长仍需要依赖当地资源条件,以矿产资源采掘业为核心布局产业发展。但根据分析,研究区的环境质量较差。首先是大气环境,多种大气污染物排放浓度接近甚至超过浓度限值,造成较严重的大气污染,而大气污染物多来源于工业生产,尤其是煤炭资源产业以及以煤炭资源为原材料的电力、化工等行业。其次,研究区地表水环境质量较差,氨氮、总氮浓度和排放量超标,COD浓度尽管在目标值范围内,但其排放量已达到水环境容量的80%,不容乐观,出现该情况的主要原因是工业生产尤其是煤炭资源开采企业的废水排放。另外,研究区的土地生态环境状况不佳,土地生态承载力呈现生态赤字,且人均赤字水平较高,其中以化石能源地的生态赤字水平最高,也就是说,煤炭资源的开采在很大程度上带来了生态环境破坏。因此,在未来继续开发利用煤炭资源实现经济增长的情况下,需要加强生产过程的全面管理,包括生产过程中及生产完成后等。管理者可以从以下几方面加强管理:第一,通过制定清洁生产相关政策制度,加强生产过程中的管理。出台清洁生产相关规定,要求企业采用先进的环境友好型生产工艺和设备,实现产业升级,尽可能减少生产过程中废水、废气、废渣等副产品的生产,实现"密闭式""零排放"生产。第二,制定严格的大气污染物、水环境污染物等废弃物排放标准或排放收费制度,对于不可避免的工业"三废"排放进行严格监督和管理。可以同时建立排放标准和排放收费制度,对符合排放标准的污染物,仅收取相当于增加的外部环境成本水平的补偿费用;对于超过排放标准的污染物,收取高于增加的外部环境成本水平的惩罚性的费用,运用经济工具对企业污染物排放进行管理。第三,建立流域生态补偿制度。鼓励人们积极投入,治理和保护长河流域生态环境。通过对保护(或损害)流域生态环境的行为进行补偿(或收费),提高该行为的收益(或成本),从而激励保护(或损害)行为的主体增加(或减少)其行为,从而增加(或减少)由此带来的外部经济性(或外部不经济性),达到保护长河流域生态环境的目的。

北方村庄压煤山丘区土地综合整治的目标是实现土地资源合理配置,满足生产、生活、生态"三生"用地需求。研究区产业结构以工业为重点,以农业为基础,而第三产业薄弱。今后的发展过程中,应不断优化第一产业、提升第二产业、拓展第三产业,促进产业结构调整,逐渐形成农业基础较稳固、农业产业化、现代化水平较高,工业较发达、主导带动作用明显,服务业加速发展的产业格局。

在土地资源配置过程中,首先要以产业结构调整为主线,推动产业结构优化升级。在农业发展中,要继续调整内部结构。要优化粮食生产结构,稳定增加粮食生产能力,逐步实现农业产业化、现代化;要促进畜牧养殖业进一步发展,实现标准化养殖;同时,要逐步提高林业、渔业在产业结构中的比例。这就要求促进农村土地依法合理流转,实行适度规模经营,促进农业产业化发展;要重视农业高新技术开发与应用,鼓励农业科技创新,推进农业科技进步,促进农业现代化发展。在构建新兴工业格局的过程中,要充分发挥资源优势,选择合适的产业集群发展规模,通过优势产业带动和引导新兴产业发展,促进产业升级。在第三产业发展中,既要进一步强化传统产业,如运输业、商贸业等,更要积极发展科技含量高、附加值高的产业,如信息、科技等。要挖掘研究区的旅游资源,推进旅游业及其服务业迅速繁荣。另外,要培育汽车、教育、文化等消费热点。

其次,要加强土地整治、土地复垦工作,加快土地置换。产业升级需要大量建设用地,而研究区煤炭开采过程中大量损毁、压占土地,要有序推进土地整治、土地复垦工作,增加有效耕地,实现建设用地的置换。

另外,要积极推进"双优化"即产业结构优化与土地资源优化配置相互促进。要实现产业结构优化,需要土地资源配置为其提供物质基础,因此,产业结构优化是以土地资源优化配置为前提的。而合理的土地资源配置能够协调工业化进程中各产业用地之间的矛盾,降低产业发展对环境的影响,并能指导各产业布局,使土地利用效益达到最高水平。因此,在确定土地资源配置方案时,要以产业结构调整为原则,对鼓励发展的新兴产业和第三产业,应多供地,或予以政策倾斜,如提供有利区位的土地;对不鼓励或者限制发展的产业,则要少供地,甚至不供地。

(3)经过分析,研究区的农地适度经营规模为40.58亩,但目前农民的农地经营规模较小。要实现农地规模经营,首先要实现农地经营权向种植能手集中,这就要求进行土地流转,因此,应尽快出台土地流转制度,构建土地流转市场,规范土地流转程序,引导农民合法流转土地,保证农民的合法权益不受侵犯,为现代农业的发展创造基础条件。

土地流转到少部分农村劳动力手中,就会带来大量农村剩余劳动力,解决农村剩余劳动力就业将成为维持农村政治稳定的重要问题。农村剩余劳动力就业的解决有赖于小城镇的发展。通过发展小城镇,可吸引农村转移人口在小城镇就业。在研究区,可以依托资源优势,发展东沟镇、下村镇、川底乡为特色城镇。一方面,发展依托煤炭资源的煤炭开采、洗选和加工等产业,逐步沿长河流域打造煤炭产业集聚带;另一方面,发展依托农业资源的特色农业,在段都、东沟、辛壁、峪南等村建设小麦生产基地,在黑泉沟、庾能、北村等村建设玉米、高粱生产基地,在郭河、中街、沟西、西王庄等村发展小杂粮种植,建设特色农业种植园区。

研究区土地规模经营适合发展小农场模式,精耕细作,向集约化、专业化发展,这将带来农业生产内部进一步的分工与合作,对建立农业社会服务体系、培育成熟的农产品市场提出了要求。首先,农业生产向专业化发展,家庭农场只负责农产品生产,其他产前、产中、产后的一系列事务包括生产资料购买、农产品储存、运输、销售等均由农业社会服务体系完成。因此,建议政府出台相关政策制度,扶持农民进行农业产业内部分工,鼓励企业从事农业生产服务,为农户提供信贷支持、科技扶持、生产资料购销等社会化服务。其次,农地规模经营要求农产品生产从满足自给自足向农产品商品化转变,提高农产品的商品化率,进一步促进农产品专业化生产。这就要求构建完善的农产品市场机制,通过市场需求引导农业生产。

另外,需要建立健全农村社会保障机制,替代传统的"土地保障"。其内容主要包括农村养老保险制度、农村医疗保障制度、最低生活保障制度等。

(4)在很长一段时间内,农村土地承包经营制度发挥了优越的制度功能和绩效,大力促进了农民进行农业生产的积极性,有效地提高了农业生产率,为我国粮食生产实现自给自足做出了卓越贡献。随着生产力进一步发展,农村出现大量剩余劳动力,而同时我国城市化进程快速推进,为实现城市发展,城市对劳动力的需求不断增加,因此,农村剩余劳动力有了用武之地,他们大量进城务工,满足了城市建设的需要,同时增加了农民收入。但与此同时,农民对农业生产、农用地的态度在慢慢变化,他们一方面希望保留土地承包经营权,解决日常生活所需口粮,同时为日后失业留有后路,解除后顾之忧,为自己年迈丧失劳动竞争力时提供最基本的生活保障;但另一方面,他们在进城务工获得非农收入的过程中,不重视农业生产,有些人半工半农,有些人把土地流转出去,有些人甚至直接抛荒撂耕农用地,造成土地资源的浪费。为了平衡农用地在此时期对农民的保障功能,又不致农用地浪费,建议依据由中共中央办公厅、国务院办公厅印发的《关于完善农村土地所有权承包权经营权分置办法的意见》,出台农村土地所有权、承包权、经营权三权分置的地方政策和实施办法。

同时,为确保"三权分置"的实施,需做好多项基础工作。

首先,需建立健全土地流转规范管理制度。加强农村产权交易市场建设,建立管理制度规范市场运行;建立市场咨询机构,为流转双方提供发布信息、产权交易的平台,提供法律咨询、权益评估、抵押融资等多项服务;加强土地流转合同的管理,编制流转合同的示范文本作为流转双方签订合同的基本模式,要求流转双方签订规范的合同文本,以合同为流转行为法律确认的重要要件;完善工商资本租赁农地的监管机制,构建风险防范机制;建立农村土地承包权、经营权纠纷调解仲裁体系,妥善处理土地承包经营纠纷,维护各权利主体的合法权益,确保土地经营权规范有序流转。

其次,要做好农村土地确权登记发证工作。以农村集体土地所有权确权登记工作为基础,加快以土地承包权为对象的确权、登记、发证工作,确认权利主体,明确权利归属,稳定土地承包关系。可以构建承包合同网签管理系统对土地承包合同进行统一管理,作为承包关系确立的重要步骤和凭证,依此进行承包权确权登记发证。可通过流转合同鉴证、交易鉴证等多种方式确认土地经营权。

再次,需通过政策扶持,培育新型土地经营主体。要实现土地规模经营,需要培养素质高、管理能力强的土地经营主体,需要政府通过财政、信贷、保险等项目扶持政策鼓励和支持生产者从事农业规模生产。可依托现代农业人才支撑计划,健全新型职业农民培育制度,不断为农业生产培育高素质、高水平、有知识、懂技能的现代农业生产者和新型土地经营主体。

(5)出台关于北方村庄压煤山丘区土地综合整治各利益主体的权利义务等规范制度。北方村庄压煤山丘区土地综合整治尤其是村庄搬迁过程中各利益主体冲突较多,需要出台相关规章制度对其权利、义务进行明确界定,并设置相应的奖惩措施,促进搬迁工作的有效进行。

结论与讨论

第一节 结 论

本书以北方村庄压煤山丘区为研究范围,对其土地综合整治相关问题进行了研究,研究结论包括以下几项。

(1)提出北方村庄压煤山丘区土地综合整治全新的理念。北方村庄压煤山丘区土地综合整治是指我国北方部分处于低山丘陵地带的煤炭资源型城市,既是重要的粮食产地,又是国家煤炭生产基地,在发展过程当中,由于功能相互重合,带来一系列土地利用问题,从而对其土地资源进行包含山、水、田、林、路、村各要素相互协调的综合性整治,它涉及资源环境、社会、经济等多方面问题的解决,将农民生活、农业生产和农村发展问题统筹考虑,是一项复杂的系统工程,包括"煤炭开采—村庄搬迁—新型城镇化—生态文明协调建设"等一系列过程,具有很强的综合性。

经过计算,研究区土地资源、矿产资源承载力较强,水资源承载力略有欠缺,为实现社会经济稳定发展,需通过工程措施增加水资源供给量,提高其承载力。研究区土地生态承载力呈现"生态赤字"状态。大气环境质量不佳,多种大气污染物排放浓度接近甚至超过浓度限值。研究区重要的流域——长河水质较差,尤其是氨氮、总氮严重超标,COD总排放量已经达到水环境容量的80%。研究区地下水质量较好,大部分项目符合国家Ⅲ类水(生活饮用水水源)标准,但受当地地质条件和人类活动影响,有个别地区部分指标超标。

研究区农地适度经营规模为40.58亩,这一规模可以保障农户仅从事农业生产就能解决所有生活生计问题。研究区部分农户发生了土地流转行为,但土地流转多发生在亲友间,且大多是口头约定,没有确定的流转价格,流转程序较不正规。研究区适合小农场模式的土地规模经营。为了保证规模经营的实现,应尽快构建农地流转机制、加强农民素质教育、建立健全社会保障机制。

(2)揭示北方村庄压煤山丘区土地综合整治过程中各利益关系治理的一般模式。研究区土地综合整治的一项重要内容是村庄搬迁。在村庄搬迁过程中,涉及多方利益主体,主要包括地方政府、煤炭企业和被搬迁农民。地方政府的利益诉求包括经济利益、社会利益、生态利益与政治利益。煤炭企业的利益诉求包括成本利益和效率利益。被搬迁农民的利益诉求包括生存利益、财产利益和生产利益。在地方政府、煤炭企业、被搬迁农民三方利益主体进行博弈的过程中,在各方选择均衡策略实现三方利益均衡即三方利益组合最优的情况下,煤炭企业所得到的利润最大,地方政府可以有效增加其税收收入,促进政府经济目标的实现,同时,实现一定的社会收益和环境收益。被搬迁农民依据对宅基地的使用权和对农村集体土地的承包经营权,可取得相关权利的补偿,提高生产、生活条件,改善居住和生活环境,提升生活质量。

(3)构建类型区域土地综合整治管理的完整体系,包括资源环境管理、农业生产管理、收益分配管理、制度体系构建等内容。其中,资源环境管理是区域土地综合整治管理的基础,农业生产管理是实现区域土地综合整治管理目标的重要途径,收益分配管理是区域土地综合整治管理的核心,制度体系构建是土地综合整治管理的保障,几方面的内容相互联系,共同构成区域土地综合整治管理较完整的体系。

第二节 讨 论

北方村庄压煤山丘区土地综合整治是一项复杂的系统工程,涉及社会经济活动的多个方面,本书仅对其部分问题进行了探讨,且由于作者知识、能力有限,对问题的研究深度不足,有较多欠缺。该课题还有待进一步研究的问题有如下几点。

(1)交易成本分析不足。在北方村庄压煤山丘区村庄搬迁过程中涉及多方利益关系,本书探讨的利益相关者主要包括当地政府、煤炭企业和被搬迁农民,三者在村庄搬迁利益博弈的过程中,均会尽可能付出较多交易成本,以期获取最大的收益。比如花费时间、精力通过会议、谈判等多种形式进行博弈。从广义角度来说,花费的时间、精力等都属于交易成本的范畴,但由于作者能力有限,未能把所有的交易成本进行量化并计入成本分析,因此分析的结果可能不具有完全准确性和客观性。

(2)土地综合整治管理过程中的利益均衡实现机制。本书仅对土地综合整治过程中利益均衡问题作了理论分析,但利益分配是土地综合整治过程中多方主体共同关心的重要问题,只有在实践中妥善解决利益分配问题,实现利益均衡,才能保证土地综合整治的顺利实施,因此,土地综合整治的利益均衡实现机制需要进一步深入研究。

(3)区域土地综合整治管理过程中的制度体系构建。本书对我国农村土地产权制度变迁做了系统分析,以期为区域土地综合整治管理机制和制度体系构建提供参考与借鉴,但并没有提出制度构建的具体方案、措施等,需进一步从法律、制度等角度深入研究,提出类型区域制度均衡的实现路径,构建有指导意义的制度体系。

附件1　农村家庭土地承包经营权流转研究农户意愿调查问卷

您好！为深入开展农村家庭土地（农用地）承包经营权流转研究，掌握当前农用地的生产效益，农用地经营的合理规模，广大农民对农用地流转的意愿以及影响因素，分析在目前我国农用地政策框架下农用地流转的机理及制约因素，特进行本次问卷调查。本问卷采用匿名调查的方法进行，调查结果仅用于课题研究，请您按真实情况和实际想法填写。感谢您的关心与支持。

您所在＿＿＿＿＿＿＿＿＿＿＿＿镇（乡）＿＿＿＿＿＿＿＿＿＿＿＿村
您所在村的地理环境是：□平原　　□丘陵　　□山区

户主情况

性别：□男　　　　□女
年龄：□18～25岁　　□25～35岁　　□35～45岁　　□45～55岁　　□55岁以上
1. 您的文化程度：
   □初中及以下　　　　□高中　　　　□大中专　　　　□本科及以上
2. 户主所从事职业：
   □纯农业（种植业、林牧渔业）　　□以农为主兼业　　□以非农为主兼业　　□非农业
3. 您家庭年平均收入大概是：
   □3 000元以下　　□3 000～5 000元　　□5 000～1万元　　□1万～2万元
   □2万元以上
4. 您家庭年收入中,种植业收入大概是：
   □2 000元以下　　□2 000～5 000元　　□5 000～1万元　　□1万元以上
5. 您家庭收入的主要来源：
   □土地耕作　□自己经营小本生意　□在本地企业打工　□外出务工　□自己创办企业

承包经营土地情况

6. 您家共有承包土地＿＿＿＿＿＿亩,承包年限＿＿＿＿＿＿年。实际经营土地＿＿＿＿＿＿亩,流入（承包他人的）土地＿＿＿＿＿＿亩,流出（转包出去的）土地＿＿＿＿＿＿亩。
7. 您经营的土地中,最大一块地的面积是＿＿＿＿＿＿亩。
8. 您经营的土地中,有没有闲置或撂荒地　□没有　□有,面积是＿＿＿＿＿＿亩。

劳动力投入情况

9. 您家人口数_____人。

10. 您家有青壮劳动力_____人,外出人口_____人。

11. 您家每年平均有_____人进行农作物生产。按一天工作4小时算,每年每人平均在地里工作_____天。

其他投入

12. 您进行农业生产过程中,投入的化肥种类、数量是多少？购买农药、化肥的费用是多少？

　　□N 氮肥,数量_____千克/亩,费用_____元/亩；

　　□P 磷肥,数量_____千克/亩,费用_____元/亩；

　　□K 钾肥,数量_____千克/亩,费用_____元/亩；

　　□复合肥,数量_____千克/亩,费用_____元/亩；

　　□尿素,数量_____千克/亩,费用_____元/亩；

　　□其他,数量_____千克/亩,费用_____元/亩；

　　□共计_____元/亩

13. 您进行农业生产过程中,机械投入量大概有多少？雇佣机械的费用是多少？自己的机械使用量大概有多少？费用是多少？

　　□拖拉机,时间_____小时/亩,费用_____元/亩；

　　□收割机,时间_____小时/亩,费用_____元/亩；

　　□脱粒机,时间_____小时/亩,费用_____元/亩；

　　□其他:_____,时间_____小时/亩,费用_____元/亩；

　　　　　_____,时间_____小时/亩,费用_____元/亩；

　　　　　_____,时间_____小时/亩,费用_____元/亩；

　　　　　_____,时间_____小时/亩,费用_____元/亩；

　　□共计_____元/亩

产出情况

14. 您每年种植的作物种类有哪些？产量分别有多少？

　　□小麦,产量_____斤/亩；　　□玉米,产量_____斤/亩；

　　□小米,产量_____斤/亩；　　□黄豆,产量_____斤/亩；

　　□绿豆,产量_____斤/亩；　　□绿豆,产量_____斤/亩；

　　□其他:_____,产量_____斤/亩；_____,产量_____斤/亩

15. 您每年生产的农作物_____%自用,_____%出售。

16. 您每年生产的农作物剩余部分带来的收益大概是_____元/亩。

土地流转情况

17. 如果您有意愿流转,您将选择哪种方式?(可多选,选"其他"的请具体说明)
    □租赁　　□委托代耕　　□土地互换　　□土地入股　　□转让
    □招标拍卖　　□其他:_____

18. 如果您要将自己的土地流转是出于什么原因?(可多选,选"其他"的请具体说明)
    □缺乏劳动力　　　　□种地太辛苦　　　　□从事第二或第三产业
    □流转出去所得比自己种植收益高　　　　□满足自用即可
    □自己种投入大产出小　　□其他:_____

19. 这么多年您没有流转自己的土地,原因是什么?(可多选,选"其他"的请具体说明)
    □除了务农,没有其他工作可干　　□自己完全有能力耕种,不需要流转
    □转出去比自己耕种的收入低　　　□与转包人谈判太麻烦
    □担心收益得不到保证　　　　　　□担心转出去,自己想种时难以收回
    □想转出去,但不知道谁愿意接受　　□其他:_____

20. 您现在没有从他人那里转入土地的原因是什么?(可多选,选"其他"的请具体说明)
    □土地负担太重,不愿承包　　　□耕种土地的效益太低
    □不知道有谁愿意转出土地　　　□没人愿意转让土地
    □与转让人谈判太麻烦　　　　　□受目前土地承包期限约束(太长或太短)
    □缺乏劳动力　　　　　　　　　□没有能力经营(缺乏技术、资金、好项目等)
    □其他:_____

21. 如果租金价格合理,您是否愿意流转您的土地?
    □愿意　　　　□不愿意

22. 您认为每年每亩租金在_____范围内,您愿意流转您的土地?

23. 您家土地流转的方式是?
    □租赁　□委托代耕　□土地互换　□土地入股　□转让　□招标拍卖　□其他

24. 您于下列哪个时间段开始采用这种流转方式?
    □1992—1997年　　□1997—2002年　　□2002—2007年　　□2007年至今

25. 您流转的土地占您所拥有土地的比例是多少?
    □1%～25%　　　□25%～50%　　　□50%～75%　　　□75%～100%

26. 您是自愿流转土地的吗?(可多选)
    □自身需要　　　　□集体要求　　　　□别人这样,我就这样
    □无所谓,反正地闲着　　□不愿意,村委会要求

27. 您从他人那里转入土地的原因是什么？（可多选，选"其他"的请具体说明）
  □有多余的劳动力　　　□给亲戚朋友帮忙　　□能够明显增加收入
  □其他：_____

28. 土地流转时，合同方式是？
  □口头协议　　　□书面协议　　　□没有任何协议

29. 您家土地流转的方式是？（选"其他"的请具体说明）
  □自主流转　　□镇或村统一组织或协调　　□农村专业合作组织
  □其他：_____

30. 您家土地流转的价格是_____元/亩？承包他人土地的价格是_____元/亩？

31. 您家土地流转付款方式是？（选"其他"的请具体说明）
  □分年度以现金支付　　□一次性全部以现金支付　　□按一定数量的粮食支付
  □无偿　　　　　　　□其他方式：

32. 请问土地流转后您家的生活有没有得到改善？
  □有了很大的改善　　□无发生变化　　□有一点改善　　□变差了

33. 请问您对国家土地流转政策是否了解？
  □很熟悉　　□了解　　□知道一点　　□完全不了解

34. 土地流转中，政府提供了何种形式的服务？（可多选，选"其他"的请具体说明）
  □政府没有提供服务　　□土地流转信息　　　　□土地政策宣传
  □社会保障体系确立　　□土地流转的监督与管理　□土地流转合同的规范
  □其他：_____

35. 您认为，目前政府提供的土地流转服务完善吗？
  □很完善　　　　□一般　　　　□不完善

36. 目前，您都想有哪些社会保障？（选"其他"的请具体说明）
  □养老保险　　□医疗保险（或新农村合作医疗）　　□失业保险
  □最低生活保障　　□其他：_____

37. 关于农村土地流转，您最希望政府提供哪些方面的服务？
  □信贷　　□技术　　□人才　　□技能培训　　□政策扶持

温馨提示：您有不懂的问题可随时问调查者，谢谢您的参与！

附件2 土地综合整治项目已搬迁村庄情况调查问卷

_____村(已搬迁)基本情况调查(调查对象:村干部)

1. 总人口:_____,户数:_____,搬迁距离:_____千米。
2. 人口的年龄结构:20岁以下_____人,20~50岁_____人,50~60岁_____人,60~70岁_____人,70岁以上_____人。
3. 搬迁事宜协商历时:_____年至_____年。
4. 搬迁协议签订后实施历时:_____年_____月至_____年_____月。
5. 搬迁补偿款总额:_____元。搬迁补偿总面积:_____亩。
6. 承包土地情况:1999年第二轮土地承包协议签订后是否有变动?　□是　□否

搬迁前

7. 距中心镇:_____千米,距最近的公路_____千米。
8. 交通条件:□交通便利　□交通条件基本能满足需要　□交通不便利
9. 搬迁前土地总面积:_____亩,其中,住宅用地_____亩,农用地_____亩,容积率_____。
10. 有(无)企业:□有　□无
    若有,名称_____,业务范围_____,类型_____。
11. 人口的劳动结构:务农(种地)_____人,从事副业_____人,打工_____人。打工的工作种类:煤矿_____人,零工_____人,乡镇其他企业_____人。
12. 耕地面积:_____亩。种植结构:小麦_____,玉米_____,谷子_____。
13. 年平均单位面积产量(亩产量):_____千克/亩,年平均单位面积产值(亩产值)_____元。
14. 国家补贴类型:农业补贴_____,标准_____,其他补贴_____。
15. 年人均收入:_____元,其中,种植业收入所占比例_____。
16. 教育设施:小学_____,距离_____千米;中学_____,距离_____千米。
17. 医疗设施:医院名称_____,级别_____,距离_____千米。
18. 医疗保险:_____元,标准_____。
19. 养老:_____,国家补助_____。
20. 村/乡镇发放福利:类型_____,数量(金额)_____。
21. 煤炭企业发放福利:类型_____,数量(金额)_____。
22. 搬迁前水、暖、电、燃料情况:
    是否交水费:□是　□否,水源(地)_____,水质:□好　□中　□差

是否交电费:□是　□否,_____

采暖方式:□自己烧暖气　□火炉　□集中供暖

燃料:□煤球　□煤炭火　□电　□煤层气　□其他

搬迁后

23. 距中心镇距离:_____千米。距最近的公路_____千米。
24. 交通条件:□交通便利　□交通条件基本能满足需要　□交通不便利。
25. 搬迁后土地总面积:____亩,其中,住宅用地____亩,农用地____亩,容积率____。
26. 有(无)企业:□无　□有

    若有,名称:_____,业务范围_____,类型_____。
27. 人口的劳动结构:务农(种地)_____人,从事副业_____人,打工_____人。打工的工作种类:煤矿_____人,零工_____人,乡镇其他企业_____人。
28. 耕地面积:_____亩。种植结构:小麦_____,玉米_____,谷子_____。
29. 年平均单位面积产量(亩产量):_____,年平均单位面积产值(亩产值):_____元。
30. 国家补贴类型:农业补贴_____,标准_____,其他补贴_____。
31. 年人均收入:_____元,其中,种植业收入所占比例_____。
32. 教育设施:小学_____,距离_____千米;中学_____,距离_____千米。
33. 医疗设施:医院名称_____,级别____,距离_____千米。
34. 医疗保险:_____元,标准_____。
35. 养老:_____,国家补助_____。
36. 村/乡镇发放福利:类型_____,数量(金额)_____元。
37. 煤炭企业发放福利:类型_____,数量(金额)_____元。
38. 搬迁后水、暖、电、燃料情况:

    是否交水费:□是　□否,水源(地)_____,水质:□好　□中　□差

    是否交电费:□是　□否,_____

    采暖方式:□自己烧暖气　□火炉　□集中供暖

    燃料:□煤球　□煤炭火　□电　□煤层气　□其他

_____村(已搬迁)入户调查(调查对象:村民)

1. 户主:_____,年龄:_____,人口:_____,几代人:_____。
2. 搬迁事宜协商历时:_____年至_____年。
3. 搬迁协议签订后实施历时:_____年_____月至_____年_____月。
4. 搬迁模式:□先盖好楼房,后协商搬迁　□先搬迁,再协商,等待盖楼房;

　　　　□先协商,签协议后搬迁,等待盖楼房　　　□其他:＿＿＿＿＿＿。
5. 搬迁补偿款总额:＿＿＿＿＿＿元。搬迁补偿总面积:＿＿＿＿＿＿亩。
6. 承包土地情况:1999 年第二轮土地承包协议签订后是否有变动?　　□是　　□否
7. 您家实际种植＿＿＿＿＿＿亩,分为＿＿＿＿＿＿块,最大一块承包耕地面积＿＿＿＿＿＿亩。
8. 国家补贴类型:农业补贴＿＿＿＿＿＿标准＿＿＿＿＿＿其他补贴＿＿＿＿＿＿。
9. 近几年有何大事?
　　□子女结婚　　□子女(孙)上学　　□买车　　□其他

搬迁前

10. 家人外出务工情况:＿＿＿＿＿＿。家庭年收入:＿＿＿＿＿＿元。
11. 搬迁前宅基地总面积:＿＿＿＿＿＿亩,耕地面积:＿＿＿＿＿＿亩,播种面积:＿＿＿＿＿＿亩。
12. 种植结构:小麦＿＿＿＿＿＿亩,每亩产量＿＿＿＿＿＿斤;玉米＿＿＿＿＿＿亩,每亩产量＿＿＿＿＿＿斤;谷子＿＿＿＿＿＿亩,每亩产量＿＿＿＿＿＿斤。
　　小麦价格＿＿＿＿＿＿元/斤,玉米价格＿＿＿＿＿＿元/斤;谷子价格＿＿＿＿＿＿元/斤。
13. 种植业生产投入:购买种子＿＿＿＿＿＿元,化肥、农药＿＿＿＿＿＿元。机械(购买/租用):购买＿＿＿＿＿＿元,耕作＿＿＿＿＿＿元,收割＿＿＿＿＿＿元,交通＿＿＿＿＿＿元,其他＿＿＿＿＿＿元。
14. ①食品支出:蔬菜＿＿＿＿＿＿元,肉类＿＿＿＿＿＿元,水果＿＿＿＿＿＿元,米面＿＿＿＿＿＿元,其他＿＿＿＿＿＿元。②交通运输支出:＿＿＿＿＿＿元。③衣着支出:＿＿＿＿＿＿元。④教育支出:学杂费＿＿＿＿＿＿元,其他＿＿＿＿＿＿元。⑤水费:＿＿＿＿＿＿元,水源地＿＿＿＿＿＿。⑥电费:＿＿＿＿＿＿元。⑦取暖:＿＿＿＿＿＿元。⑧燃料:＿＿＿＿＿＿元。
15. 医疗费用:＿＿＿＿＿＿元,医疗保险＿＿＿＿＿＿元,标准＿＿＿＿＿＿。
16. 养老:＿＿＿＿＿＿,国家补助(不同年龄分别)＿＿＿＿＿＿。
17. 村/乡镇发放福利:类型＿＿＿＿＿＿,数量(金额)＿＿＿＿＿＿。
18. 煤炭企业发放福利:类型＿＿＿＿＿＿,数量(金额)＿＿＿＿＿＿。
19. 搬迁前存款金额＿＿＿＿＿＿元,贷款金额＿＿＿＿＿＿元。

搬迁后

20. 家人外出务工情况:＿＿＿＿＿＿。年收入:＿＿＿＿＿＿元。
21. 搬迁后宅基地总面积:＿＿＿＿＿＿亩,耕地面积:＿＿＿＿＿＿亩,播种面积:＿＿＿＿＿＿亩。
22. 种植结构:小麦＿＿＿＿＿＿亩,每亩产量＿＿＿＿＿＿斤;玉米＿＿＿＿＿＿亩,每亩产量＿＿＿＿＿＿斤;谷子＿＿＿＿＿＿亩,每亩产量＿＿＿＿＿＿斤。
23. 种植业生产投入:购买种子＿＿＿＿＿＿元,化肥、农药＿＿＿＿＿＿元。机械(购买/租用):购买＿＿＿＿＿＿元,耕作＿＿＿＿＿＿元,收割＿＿＿＿＿＿元,交通＿＿＿＿＿＿元,其他＿＿＿＿＿＿元。
　　小麦价格＿＿＿＿＿＿元/斤,玉米价格＿＿＿＿＿＿元/斤;谷子价格＿＿＿＿＿＿元/斤。

24. ①食品支出:蔬菜_____元,肉类_____元,水果_____元,米面_____元,其他_____元。②交通运输支出:_____元。③衣着支出:_____元。④教育支出:学杂费_____元,其他_____元。⑤水费:_____元,水源地_____。⑥电费:_____元。⑦取暖:_____元。⑧燃料:_____元。
25. 医疗费用:_____元,医疗保险_____元,标准_____。
26. 养老:_____,国家补助(不同年龄分别)_____。
27. 村/乡镇发放福利:类型_____,数量(金额)_____。
28. 煤炭企业发放福利:类型_____,数量(金额)_____。
29. 搬迁后存款金额_____,贷款金额_____。

温馨提示:您有不懂的问题可随时问调查者,谢谢您的参与!

附件3　土地综合整治项目拟搬迁村庄情况调查问卷

_____村(拟搬迁)基本情况调查(调查对象:村干部)

1. 总人口:_____,户数:_____,搬迁距离:_____千米。
2. 人口的年龄结构:20岁以下_____人,20~50岁_____人,50~60岁_____人,60~70岁_____人,70岁以上_____人。
3. 搬迁事宜协商历时:_____年至_____年,现达成协议户数_____户。
4. 搬迁补偿款总额:_____元。搬迁补偿总面积:_____亩。
5. 承包土地情况:1999年第二轮土地承包协议签订后是否有变动?　□是　□否

旧村情况

6. 旧村距中心镇:_____千米,距最近的公路_____千米,交通条件_____。
7. 旧村土地总面积:_____亩,其中,住宅用地_____亩,农用地_____亩,容积率_____。
8. 有(无)企业:□无　□有
   若有,名称:_____业务范围:_____类型:_____。
9. 人口的劳动结构:务农(种地)_____人,从事副业_____人,打工_____人。打工的工作种类:煤矿_____人,零工_____人,乡镇其他企业_____人。
10. 耕地面积:_____亩。种植结构:小麦_____,玉米_____,谷子_____。
11. 年平均单位面积产量(亩产量):_____千克/亩,年平均单位面积产值(亩产值):_____元。
12. 国家补贴类型:农业补贴_____,标准_____,其他补贴_____。
13. 年人均收入:_____元,其中,种植业收入所占比例_____。
14. 教育设施:小学_____,距离_____千米;中学_____,距离_____千米。
15. 医疗设施:医院名称_____,级别_____,距离_____千米。
16. 医疗保险:_____元,标准_____。
17. 养老:_____,国家补助_____。
18. 村/乡镇发放福利:类型_____,数量(金额)_____。
19. 煤炭企业发放福利:类型_____,数量(金额)_____。
20. 旧村水、暖、电、燃料情况:
    是否交水费:□是　□否,水源(地)_____,水质:□好　□中　□差
    是否交电费:□是　□否,_____
    采暖方式:□自己烧暖气　□火炉　□集中供暖
    燃料:□煤球　□煤炭火　□电　□煤层气　□其他

新址情况

21. 新址距中心镇距离：_____千米,距最近的公路_____千米,交通条件_____。
22. 新址土地总面积：_____亩,其中,住宅用地_____亩,农用地_____亩,容积率____。
23. 有(无)企业：□无　□有
    若有,名称：_____业务范围：_____类型：_____。
24. 人口的劳动结构:务农(种地)_____人,从事副业_____人,打工_____人。打工的工作种类：煤矿_____人,零工____人,乡镇其他企业____人。
25. 耕地面积：_____亩。种植结构：小麦_____,玉米_____,谷子_____。
26. 年平均单位面积产量(亩产量)：____千克/亩,年平均单位面积产值(亩产值)：____元。
27. 国家补贴类型：农业补贴_____,标准_____,其他补贴_____。
28. 年人均收入：_____元,其中,种植业收入所占比例_____。
29. 教育设施：小学_____,距离_____千米；中学_____,距离_____千米。
30. 医疗设施：医院名称_____,级别_____,距离_____千米。
31. 医疗保险：_____元,标准_____。
32. 养老：_____,国家补助_____。
33. 村/乡镇发放福利：类型_____,数量(金额)_____。
34. 煤炭企业发放福利：类型_____,数量(金额)_____。
35. 新址水、暖、电、燃料情况：
    是否交水费：□是　□否,水源(地)_____,水质：□好　□中　□差
    是否交电费：□是　□否,_____
    采暖方式：□自己烧暖气　□火炉　□集中供暖
    燃料：□煤球　□煤炭火　□电　□煤层气　□其他

_____村(拟搬迁)入户调查(调查对象:村民)

1. 户主：_____,年龄：_____,人口：_____。
2. 是否签订协议？
   □是　搬迁事宜协商历时：_____年至_____年。
   □否　(原因)还有什么诉求、意愿未满足：_____。
3. 搬迁模式：□先盖好楼房,后协商搬迁　□先搬迁,再协商,等待盖楼房；
   　　　　　□先协商,签协议后搬迁,等待盖楼房　□其他：_____。
4. 搬迁补偿款总额：_____元。搬迁补偿总面积：_____亩。
5. 承包土地情况：1999年第二轮土地承包协议签订后是否有变动？　□是　　□否
6. 您家实际种植_____亩,分为_____块,最大一块承包耕地面积：_____亩。
7. 近几年有何大事？
   □子女结婚　□子女(孙)上学　□买房　□买车　□其他

8. 家人外出务工情况：_____。家庭年收入：_____元。
9. 搬迁前宅基地总面积：_____亩，耕地面积：_____亩，播种面积：_____亩。
10. 种植结构：小麦_____亩，每亩产量_____斤；玉米_____亩，每亩产量_____斤；谷子_____亩，每亩产量_____斤。
    小麦价格_____元/斤，玉米价格_____元/斤，谷子价格_____元/斤
11. 种植业生产投入：购买种子_____元，化肥、农药_____元。机械（购买/租用）：购买_____元，耕作_____元，收割_____元，交通_____元，其他_____元。
12. ①食品支出：蔬菜_____元，肉类_____元，水果_____元，米面_____元，其他_____元。②交通运输支出：_____元。③衣着支出：_____元。④教育支出：学杂费_____，其他_____元。⑤水费：_____元，水源地_____。⑥电费：_____元。⑦取暖：_____元。⑧燃料：_____元。
13. 医疗费用：_____元，医疗保险_____元，标准_____。
14. 养老：_____，国家补助_____。
15. 村/乡镇发放福利：类型_____，数量（金额）_____。
16. 煤炭企业发放福利：类型_____，数量（金额）_____。
17. 有无存贷款：存款：☐无 ☐有，金额_____元；
    贷款 ☐无 ☐有，金额_____元。
18. 您对本村村庄搬迁的态度：☐赞成 ☐中立 ☐反对
19. 您是否愿意集中居住：☐愿意 ☐不愿意
20. 您认为村庄搬迁后会有哪些好的变化：(可多选，选"其他"的请具体说明)
    ☐打工方便 ☐就近入学 ☐改善居住环境
    ☐改善结婚条件 ☐其他：_____
21. 您认为村庄搬迁后会有哪些坏的变化：(可多选，选"其他"的请具体说明)
    ☐住房面积减小 ☐生活成本提高 ☐不适应新的生活习惯
    ☐不能饲养家畜 ☐不方便种植 ☐历史文化丢失
    ☐其他_____

附件4 土地综合整治项目不搬迁村庄情况调查问卷

_____村(不搬迁)基本情况调查(调查对象:村干部)

1. 总人口:_____,户数:_____,搬迁距离:_____千米。
2. 人口的年龄结构:20 岁以下_____人,20～50 岁_____人,50～60 岁_____人,60～70 岁_____人,70 岁以上_____人。
3. 承包土地情况:1999 年第二轮土地承包协议签订后是否有变动? □是 □否
4. 距中心镇_____千米,距最近的公路_____千米。
   交通条件:□变好 □变差 □没变
5. 本村土地总面积:_____亩,其中,住宅用地_____亩,农用地_____亩,容积率_____。
6. 有(无)企业:□无 □有
   若有,名称_____,业务范围_____,类型_____。
7. 人口的劳动结构:务农(种地)_____人,从事副业_____人,打工_____人。打工的工作种类:煤矿_____人,零工_____人,乡镇其他企业_____人。
8. 耕地面积:_____亩。种植结构:小麦_____,玉米_____,谷子_____。
9. 年平均单位面积产量(亩产量):_____千克/亩,产值(亩产值):_____元。
10. 国家补贴类型:农业补贴_____,标准_____,其他补贴_____。
11. 年人均收入:_____元,其中,种植业收入所占比例_____。
12. 教育设施:小学_____,距离_____千米;中学_____,距离_____千米。
13. 医疗设施:医院名称_____,级别_____,距离_____千米。
14. 医疗保险:_____,标准_____。
15. 养老:_____,国家补助_____。
16. 村/乡镇发放福利:类型_____,数量(金额)_____。
17. 煤炭企业发放福利:类型_____,数量(金额)_____。
18. 水、暖、电、燃料情况:
    是否交水费:□是 □否,水源(地)_____, 水质:□好 □中 □差
    是否交电费:□是 □否
    采暖方式:□自己烧暖气 □火炉 □集中供暖
    燃料:□煤球 □煤炭火 □电 □煤层气 □其他

_____村(不搬迁)入户调查(调查对象:村民)

1. 户主:_____,年龄:_____,人口:_____。
2. 承包土地情况:1999 年第二轮土地承包协议签订后是否有变动? □是 □否

3. 您家实际种植_____亩,分为_____块,最大一块承包耕地面积_____亩。
4. 近几年有何大事?
　　□子女结婚　　□子女(孙子)上学　　□买房　　□买车　　□其他
5. 家人外出务工情况:_____。家庭年收入:_____元。
6. 宅基地总面积:_____亩,耕地面积:_____亩,播种面积:_____亩。
7. 种植结构:小麦_____亩,每亩产量_____斤;玉米_____亩,每亩产量_____斤;谷子_____亩,每亩产量_____斤。
　　小麦价格_____元/斤,玉米价格_____元/斤,谷子价格_____元/斤。
8. 种植业生产投入:购买种子_____元,化肥、农药_____元。机械(购买/租用):购买_____元,耕作_____元,收割_____元,交通_____元,其他_____元。
9. ①食品支出:蔬菜_____元,肉类_____元,水果_____元,米面_____元,其他_____元。②交通运输支出:_____元。③衣着支出:_____元。④教育支出:学杂费_____元,其他_____元。⑤水费:_____元,水源地_____。⑥电费:_____元。⑦取暖:_____元。⑧燃料:_____元。
10. 医疗费用:_____元,医疗保险_____元,标准_____。
11. 养老:_____,国家补助_____。
12. 村/乡镇发放福利:类型_____,数量(金额)_____元。
13. 煤炭企业发放福利:类型_____,数量(金额)_____元。
14. 有无存贷款:存款:□无　□有,金额_____元;
　　贷款:□无　□有,金额_____元。
15. 您家耕地是否受到采煤的影响:□是　□否
16. 您家耕地中因煤炭开采出现哪些类型的耕地破坏:
　　□干旱　□塌陷　□裂缝　□压占　□污染　□其他
17. 耕地损坏是否严重:□非常严重　□不太严重　□不严重
18. 您家房屋损毁是否严重:□非常严重　□不太严重　□不严重
19. 如果搬迁,是否愿意?　□是　□否
20. 如果搬迁,认为对自己有益的改善可能包括:(多选,选"其他"的请具体说明)
　　□居住条件　　□打工便利　　□子女教育资源改善
　　□生活质量　　□医疗水平提高　　□交通条件改善
　　□其他_____

附件5　土地综合整治项目研究区居民支出情况调查问卷

您好！为深入开展农村农民农业相关问题研究，特进行本次问卷调查。本问卷采用匿名调查的方法进行，调查结果仅用于课题研究，请您按真实情况填写。感谢您的关心与支持。

以下支出情况均以年计费

1. 食品支出：
   蔬菜_____元，肉类_____元，水果_____元，米面_____元，其他_____元。

2. 衣着支出：_____元。

3. 交通通信支出：
   交通_____元；通信_____元。

4. 居住支出：
   住房（按年平均分摊费用）_____元；
   水费_____元；
   电费_____元；
   取暖_____元；
   燃料_____元；
   其他_____元。

5. 医疗保健支出：
   医疗费用_____元；
   保健费用_____元；
   医疗保险_____元。

6. 家庭设备用品及服务支出：
   家电购置费_____元；维修费_____元；其他费用_____元；
   农业生产器具购置费_____元；维修费_____元；其他费用_____元；
   农业生产机械购置费_____元；维修费_____元；其他费用_____元；
   交通运输设备购置费_____元；维修费_____元；其他费用_____元；
   其他设备购置费_____元；维修费_____元；其他费用_____元。

7. 公共物品支出：学杂费_____元；
   其他_____元。

8. 文化娱乐服务支出：

　　休闲活动_____元。

　　文化娱乐活动_____元。

温馨提示：您有不懂的问题可随时问调查者，感谢您的参与！

主要参考文献

阿·德芒戎.人文地理问题[M].北京:商务印书馆,1993.

白中科,赵景奎.工矿区土地复垦、生态重建与可持续发展[J].科技导报,2001,19(9):49-52.

薄伟康.土地制度形成中的农户作用:一个村庄调地过程的个案分析[J].调研世界,1999(5):38-41.

薄一波.若干重大决策与事件的回顾:上卷[M].北京:中共中央党校出版社,1991.

蔡基宏.关于农地规模与兼业程度对土地产出率影响争议的一个解答——基于农产模型的讨论[J].数量经济技术经济研究,2005,22(3):28-37.

蔡月祥.土地规模化经营影响因素及政策建议[J].改革与战略,2003(12):41-43.

蔡志宏.基于利益相关者目标的高校绩效指标设计[J].会计之友,2008(3):64-66.

车明诚.中国农地产权制度的变迁及创新研究[D].哈尔滨:东北农业大学,2002.

车裕斌,张安录.中国农地产权的利益集团及其形成[J].农业经济问题,2004(2):22-25.

陈百明."中国土地资源生产能力及人口承载力量"项目研究方法概述[J].自然资源学报,1991,6(3):198.

陈百明.中国土地资源的人口承载力[J].中国科学院院刊,1998(3):260-267.

陈百明.中国土地资源生产能力及人口承载量研究方法论概述[J].自然资源学报,1991,6(3):197-205.

陈槟城.论建设和谐社会利益均衡机制的法治化选择[J].理论研究,2005(2):17-20.

陈芳淼,田亦陈,袁超,等.基于供给生态服务价值的云南土地资源承载力评估方法研究[J].中国生态农业学报,2015,12(23):1 605-1 613.

陈宏辉,贾生华.企业利益相关者的利益协调与公司治理的平衡原理[J].中国工业经济,2005,8(209):114-120.

陈宏辉,贾生华.企业利益相关者三维分类的实证分析[J].经济研究,2004(4):80-90.

陈宏辉.利益相关者管理:企业伦理管理的时代要求[J].经济问题探索,2003(2):67-71.

陈宏辉.企业剩余权的分布:基于利益相关者理论的重新思考[J].当代经济管理,2006,28(4):18-22.

陈吉元,陈家骥,杨勋.中国农村社会经济变迁[M].太原:山西经济出版社,1993.

陈健.农业规模经济质疑[J].农业经济问题,1998,3(1):3-6.

陈珏,雷国平,王元辉.黑龙江省土地综合承载力空间差异研究[J].中国人口·资源与环境,2011,3(21):267-270.

陈昆玉,于吉光.从利益相关者的角度对平衡积分卡的分析[J].云南财经大学学报,2006,21(4):119-120.

陈昆玉.论利益相关者公司治理模式[J].现代经济探讨,2002(1):66-67.

陈丽,曲福田,师学义.土地利用规划中的利益均衡问题[J].中国土地科学,2006,20(5):42-47.

陈志刚,曲福田.农地产权制度变迁的绩效分析:对转型期中国农地制度多样化创新的解释[J].中国农村观察,2003(2):3-10.

程虹,窦梅制度变迁阶段的周期理论[J].武汉大学学报(哲学社会科学版),1999(1):75-79.

程竹汝.利益均衡与权利保障:和谐社会视域中的制度建设[J].江苏社会科学,2007(1):136-141.

邓大才.效率和公平交互替代中国农地产权制度的变迁轨迹[J].山西农经,2000(3):49-58.

邓汉慧,吕勇.企业核心利益相关者的X效率研究[J].财会月刊(理论版),2007(32):94-96.

邓汉慧,张子刚.企业核心利益相关者共同治理模式[J].科研管理,2006,1(27):85-89.

邓汉慧,赵曼.企业核心利益相关者共同治理:公司治理新思维[J].湖北社会科学,2008(7):75-78.

董红刚,方新普,黄文仁,等.结构紧张:体育利益均衡的一个内在焦虑[J].武汉体育学院学报,2012,46(9):12-15.

董红刚,方新普,黄文仁.实现体育利益均衡的条件:基于制度供给与制度需求的分析[J].上海体育学院学报,2011,35(6):10-12.

杜威漩.论中国农地产权制度的变迁:以农地家庭联产承包责任制的建议和变迁为例[J].商业研究,2009(2):217-222.

杜鹰,唐正,张红宇.中国农村人口变动对土地制度改革的影响[M].北京:中国财政经济出版社,2002.

方国华,于凤存,曹永潇.中国水环境容量研究概述[J].安徽农业科学,2007,35(27):8601-8602.

方恺,董德明,林卓,等.基于全球净初级生产力的能源足迹计算方法[J].生态学报,2012,32(9):2900-2909.

房加帅.美国家庭农场经营管理模式的经验研究[J].世界农业,2016(1):46-50,83.

封志明.土地承载力研究的过去、现在与未来[J].中国土地科学,1994,3(8):1-9.

封志明.土地承载力研究的源起与发展[J].资源科学,1993(6):74-78.

冯国民.对利益相关者公司治理模式的思考[J].华东经济管理,2006(8):33-36.

高吉喜.可持续发展理论探索——生态承载力理论、方法与应用[M].北京:中国环境科学出版社,2001.

高冉,高文杰,张兰兰.城中村改造中的博弈关系分析与应对[J].安徽农业科学,2011,39(12):7489-7491.

高圣元,刘守英.集体建设用地进入市场:现实与法律困境[J].管理世界,2007(3):68-78.

龚启圣,刘守英.农民对土地产权的意愿及其对新政策的反应[J].中国农村观察,1998(2):20-27.

顾康康.生态承载力的概念及其研究方法[J].生态环境学报,2012,21(2):389-396.

顾益康,邵峰.全面推进城乡一体化改革新时期解决"三农"问题的根本出路[J].中国农村经济,2003(1):21-27.

郭剑雄.农地规模经营三大目标的背后[J].经济理论与经济管理,1996(4):76-79.

郭晓鸣.农地承包经营权流转中的政府行为[J].农村经济,2010(12):5-8.

郭志伟.土地资源承载力综合评价研究[J].城市发展研究,2005(5):24-30.

韩东平,王明秀,王鑫,等.利益相关者理论条件下对经营者财务监控指标体系的设计研究[J].管理科学,2005,18(3):33-41.

韩俊.小规模均田制走向适度规模经营[J].调研世界,1998(5):8-9.

韩喜平.实现适度规模经营的路径选择[J].税务与经济,2009,2(163):1-5.

郝东恒,丁欣.基于生态足迹分析法的河北省可持续发展研究[J].石家庄经济学院学报,2006,29(5):561-565.

郝桂敏.企业需求,企业实力对利益相关者分类的影响研究[D].长春:吉林大学,2007.

郝军,运向军,段新乔,等.基于生态足迹模型的鄂尔多斯市土地生态承载力研究[J].安徽农业科学,2015,43(34):254-256.

贺延伟.采煤塌陷区土地复垦中利益相关者分析与对策[J].国土资源科技管理,2010,2(27):114-118.

洪朝辉.中国家庭农场与土地制度变迁:关于浙江省家庭农场演变的思考[C]//文贯中.中国当代土地制度论文集.长沙:湖南科学技术出版社,1994.

胡新艳.东南沿海地区耕地资源承载力研究[J].国土与自然资源研究,2001(1):21-24.

胡雨晗,刘邦凡."蝴蝶效应"在微博舆论传播中的影响分析[J].电子商务,2014(10):3-4.

黄季焜,马恒运.差在经营规模上——中国主要农产品生产成本国际比较[J].国际贸易,2000(4):41-44.

黄建欢,尹筑嘉.大规模资产重组与股东利益均衡[M].北京:知识产权出版社,2011.

黄建欢,张亚斌,尹筑嘉.基于EME-E范式的资产重组中股东利益均衡研究[J].中国工业经济,2012(4):89-101.

黄劲松,吴薇,周寅康.温州市粮食生产潜力及土地人口承载力研究[J].农村生态环境,1998,14(3):30-34,39.

黄劲松.温州市粮食生产潜力及土地人口承载力研究[J].农村生态环境,1998(3):30-34.

黄丽萍.路径依赖作用下农地产权制度的变迁方向[J].福建论坛(人文社会科学版),2007(8):38-42.

黄晓峰,施建刚.建国后中国农地产权制度的历史考察和现实启示[J]岳阳职业技术学院学报,2007(6):119-121.

黄志英.河北省作物生产潜力及人口承载力研究[J].农业现代化研究,2005(2):93-96.

黄祖辉,陈欣欣.农户粮田规模经营效率:实证分析与若干结论[J].农业经济问题,1998(11):2-7.

姬艳梅,王小文,梁宝翠,等.陕北地区土地利用与生态承载力动态变化分析[J].中国人口·资源与环境,2011,3(21):271-274.

贾生华,陈宏辉.利益相关者的界定方法评述[J].外国经济与管理,2002,24(5):13-18.

贾伟强.农地规模经营的制约因素及对策[J].山西农业科学,2011,39(6):599-604.

贾雪池,吴次芳.转型时期中俄农地产权制度变迁的比较研究[J].农业经济问题,2008(1):50-55.

江若尘.企业利益相关者问题的实证研究[J].中国工业经济,2006(10):64-67.

姜克隽,胡秀莲,庄幸,等.中国2050年低碳情景和低碳发展之路[J].中外能源,2009,14(6):1-7.

姜忠军.GM(1,1)模型及其残差修正技术在土地承载力研究中的应用[J].系统工程理论与实践,1995(5):72-78.

蒋占峰.论我国农地产权制度创新[J].经济纵横,2002(5):26-29.

敬景程.利益相关者博弈均衡与公司治理绩效[J].四川大学学报(哲学社会科学版),2004(4):125-131.

敬嵩,雷良海.利益相关者参与公司管理的进化博弈分析[J].管理科学学报,2006,9(6):82-86.

瞿商,李彩华.内部人控制和国有企业的所有权改革[J].武汉理工大学学报,2003(3):266-277.

马克思.剩余价值理论(第二册)[M].北京:人民出版社,1975.

康芒斯.制度经济学(上册)[M].北京:商务印书馆,2006.

柯琼,周仁俊.所有权安排企业治理结构与激励机制——基于利益相关者理论的一般分析[J].现代管理科学,2005(8):32-34.

兰虹,冯涛.路径依赖的作用:家庭联产承包责任制的建立与演进[J].当代经济科学,2002(3):12-21.

类淑霞,郝晋珉,杨立,等.煤炭型城市土地生态环境及资源承载力定量研究——基于土地利用总体规划视角[J].国土资源情报,2010(11):49-53.

黎均湛.农业规模经营问题探讨[J].农业现代化研究,1998,2(19):85-88.

李长健,伍文辉.土地资源可持续利用中的利益均衡:土地发展权配置[J].上海交通大学学报(哲学社会科学版),2006,14(2):60-64.

李东升.中国企业治理转型的演进路径研究[J].首都经济贸易大学学报,2010(2):54-58.

李红亮,李文体.水域纳污能力分析方法研究与应用[J].南水北调与水利科技,2006(6):58-60.

李建东,杨晓林,吕红医.多方博弈下的城中村改造利益均衡模式探讨——以郑州市冉屯村改造控制性详细规划为例[J].规划师,2013,29(6):87-90.

李兰图,陈文宽,孙丽娜.江苏省土地综合承载力时空差异分析[J].水土保持研究,2011,1(18):12-23.

李莉.论土地规模经营的内生条件[J].贵州财经学院学报,2007a(2):9.

李莉.土地征用的利益均衡研究[D].长沙:中南大学,2007b.

李宁.从人地关系原理和可持续发展观点论合理开发国土资源[J].国土与自然资源研究,1997(3):6-9.

李天祥.房地产业利益主体的利益均衡研究[D].南京:南京航空航天大学,2011.

李维安,王世权.利益相关者治理理论研究脉络及其进展探析[J].外国经济与管理,2007,29(4):10-17.

李习平.公立医院利益相关者演化博弈均衡研究[J].中国卫生经济,2015,34(2):86-89.

李心合.面向可持续发展的利益相关者管理[J].当代财经,2001(1):66-70.

李心合.利益相关者财务论[J].会计研究,2003(10):10-15.

李心合.儒家伦理与现代企业理财[J].2001(6):26-32.

李新运.山东省土地资源人口承载力预测[J].山东师大学报(自然科学版),1998(2):158-160.

李亚成,赵敏娟.我国农地产权制度变迁中农户与村组织的博弈研究[J].安徽农业科学,2008(25):384-386.

梁留科,曹新向,孙淑英.土地生态分类系统研究[J].水土保持学报,2003,17(5):142-146.

廖洪乐.农村改革试验区的土地制度建设试验[J].管理世界,1998(2):154-163.

林善浪.农户土地规模经营的意愿和行为特征——基于福建省和江西省224个农户问卷调查的分析[J].福建师范大学学报(哲学社会科学版),2005(3):15-20.

林毅夫.制度、技术与中国农业发展[M].上海:上海三联书店,1992.

刘传江,李雪.农业规模经营的决定因素与国际经验[J].中国地质大学学报(社会科学版),2002,2(2):35-39.

刘德文,于卉,王立明.海河流域纳污能力与限制排污总量分析[J].海河水利,2006(6):4-6.

刘凤芹.农业土地规模经营的条件与效果研究:以东北农村为例[J].管理世界,2006(9):71-79.

刘刚,邱云雪,刘海英,等.公平与效率视角下我国农地产权制度探析[J].农村经济与科技,2008(4):59-69.

刘建秋.企业利益相关者财务治理:分类特征与完善[J].商业会计,2005(20):17-18.

刘利.利益相关者利益要求的实证研究[J].山西财经大学学报,2008,30(7):61-68.

刘美玉.企业利益相关者共同治理与相互制衡研究[D].大连:东北财经大学,2007.

刘钦普,林振山.土地资源人口承载力动力学模拟和应用[J].南京师范大学学报(自然科学版),

2005(4):114-118.

刘人怀,叶向阳.公司治理:理论演进与实践发展的分析框架[J].经济体制改革,2003(4):5-8.

刘守英.土地制度与农民权利[J].中国土地科学,2000(3):2-10.

刘书安,林刚,王平."泛珠三角"区域旅游合作模式及其利益均衡机制探讨[J].乐山师范学院学报,2005,20(10):93-96.

陆大道,郭来喜.《地理学的研究核心——人地关系地域系统》——论吴传钧院士的地理学思想与学术贡献[J].地理学报,1993,53(2):97-105.

陆红生,韩桐魁.关于土地科学学科建设若干问题的探讨[J].2002,16(4):10-13.

吕常影.论利益相关者理论对我国企业绩效评价的影响[J].重庆师范大学学报,2006(1):43-44.

罗士喜.我国农村土地制度创新的四种模式研究[J].中州学刊,2008(2):36-40.

罗贞礼.土地承载力研究的回顾与展望[J].国土资源导刊,2005,2(2):27.

骆友生,张红宇.家庭承包责任制后的农地制度创新[J].经济研究,1995(1):71-82.

迈克尔·P.托达罗.经济发展与第三世界[M].印金强,赵荣美,译.北京:中国经济出版社,1993.

毛艳玲.福建省沿海地区土地人口承载力[J].福建农业大学学报,1996(4):467-470.

梅成瑞.土地人口承载量研究中的几个问题[J].自然资源学报,1988(1):86-94.

梅建明.再论农地适度规模经营——兼评当前流行的"土地规模经营危害论"[J].中国农村经济,2002(9):31-35.

孟凡蓉,章磊,吴建南.基于利益相关者理论的财政支出项目绩效评价——以高校某教育项目为例[J].山西财经大学学报,2008,11(2):4-9.

倪超,雷国平.资源枯竭型城市土地综合评价研究[J].水土保持研究,2011,2(18):164-173.

倪维斗,陈贞,李政.我国能源现状及某些重要战略对策[J].中国能源,2008,12(30):5-9.

宁建华.农地产权制度变迁,农村劳动力转移[J].特区经济,2008,228(1):121-123.

欧阳晓光.大气环境容量A-P值法中A值的修正算法[J].环境科学研究,2008,21(1):37-40.

潘朝辉,杨怀宇.农业适度规模经营的前提条件[J].农业经济,2007(1):72-73.

庞松.毛泽东时代的中国[M].北京:中国党史出版社,2003.

齐城.农村劳动力转移与土地适度规模经营实证分析——以河南省信阳市为例[J].农业经济问题,2008,4(5):40-43.

恰亚诺夫 A.农民经济组织[M].萧正洪,译.北京:中央翻译出版社,1996.

钱贵霞,李宁辉.粮食主产区农户最优生产经营规模分析[J].统计研究,2004(10):40-43.

钱忠好,马凯.我国城乡非农建设用地市场:垄断、分割与整合[J].管理世界,2007(6):46-52.

钱忠好,曲福田.土地股份合作制的制度经济解析[J].管理世界,2006(8):53-61.

钱忠好.中国农村土地制度变迁和创新研究[M].北京:中国农业出版社,1999.

钱忠好.中国农村土地制度历史变迁的经济学分析[J].江苏社会科学,2000(3):74-85.

青木昌彦.比较制度分析:起因和一些初步的结论[J].经济社会体制比较,1997(1):1-7.

屈茂辉.农村承包经营权改革问题探析[J].农村经济问题,1998(3):2-8.

任艳梅,张加恭,张争胜.城市产业结构优化与土地资源配置研究——以广州市为例[J].安徽农业科学,2007,35(18):5 640-5 642.

任治君.中国农业规模亥全营的制约[J].经济研究,1995(6):54-58.

阮文彪.论中国农业规模经济中几个问题[J].农业现代化研究,1992(5):278-281.

阮小春,朱红梅,张健,等.土地资源生态承载力研究进展[J].农村经济与科技,2016,17(27):17-19.

尚新明.定西地区气候资源生产潜力及土地人口承载力分析评价[J].农业系统科学与综合研究,1997(4):293-294.

申元村.土地人口承载力研究理论与方法探讨[J].自然资源,1990(1):21-26.

石霞.我国农村土地制度改革思路的评析与思考[J].中共中央党校学报,2003,1(7):82-87.

石晓平,曲福田.经济转型期的政府职能与土地市场发育[J].公共管理学报,2005(1):77-81.

石玉林.中国土地资源的人口承载力研究[M].北京:中国科学技术出版社,1992.

宋伟,陈百明,陈曦炜.东南沿海经济发达区域农户粮食生产函数研究——以江苏省常熟市为例[J].资源科学,2007,29(6):206-211.

苏建军,吕凡,刘卉卉.新型农村合作医疗制度的利益均衡分析[J].医学与社会,2010,23(3):4-6.

孙华,吴瑶,管宁.城中村改造利益相关方的利益均衡分析[J].中国人口·资源与环境,2014,11(24):284-286.

孙璐,刘军琦,罗丁.利益相关者理论与生产绩效的综合测评体系[J].经济体制改革,2001(2):106-108.

孙涛.知识型公司利益相关者共同治理模式探讨[J].科学研究,2005,6(23):831-836.

孙钰,李新刚.基于空间回归分析的城市土地综合承载力研究——以环渤海地区城市群为例[J].地域研究与开发,2013,5(32):128-137.

孙钰,李新刚.山东省土地综合承载力协调发展度分析[J].中国人口·资源与环境,2013,11(23):123-129.

孙钰.天津市辖区土地综合承载力研究[J].城市发展研究,2012(9):206-213.

覃美英,程启智.建国以来我国农地产权制度变迁的经济学分析[J].农村经济与科技,2007(4):25-26.

谭和平,曾益武.和谐社会的利益均衡[J].湖南师范大学社会科学学报,2005,34(6):53-57.

汤惠君.珠江三角洲经济区土地资源的人口承载力研究[J].广东工业大学学报,1997(3):40-45.

汤景辉.基于利益相关者财务治理研究[D].大连:东北财经大学,2006.

田平.农地产权制度变迁中的地方政府行为研究[D].咸阳:西北农林科技大学,2008.

万广华,程恩江.规模经济、土地细碎化与我国的粮食生产[J].中国农村观察,1996(3):31-36,64.

汪雪.基于利益相关者理论的公司治理研究[D].广州:华南师范大学,2007.

王诚德.农地经营规模与经济发展:对中国农业发展基础构造的理论思索[J].经济研究,1989(3):47-53.

王唤明,江若尘.利益相关者理论综述研究[J].经济问题探索,2007(4):11-14.

王家骥,姚小红,李京荣,等.黑河流域生态承载力估测[J].环境科学研究,2000,2(13):44-48.

王建洪,任志远,苏雅丽,等.基于生态足迹的1997—2009年西安市土地生态承载力评价[J].干旱地区农业研究,2012,1(30):224-237.

王建民,刘明达,刘碧寒.城中村改造利益均衡模型构建与检验[J].地域研究与开发,2015,34(6):69-75.

王瑞璞,孙启泰,杨伟欣.共和国经济大决策(第1卷)[M].北京:中国经济出版社,1999.

王书华,毛汉英.土地综合承载力指标体系设计及评价——中国东部沿海地区案例研究[J].自然资源学报,2001,16(3):249.

王西玉.农村改革与农地制度变迁[J].中国农村经济,1998(9):5-11.

王淅琴.以利益相关者理论重构会计等式[J].湖北社会科学,2004(2):84-85.

王小鹏,雒占福,贵立德.兰州市土地综合承载力的空间异化特征及其机理分析[J].国土与自然资源研究,2013(5):14-17.

王运转.利益相关者理论下的会计政策选择研究[J].财经理论与实践,2005(11):64-65.

王治莹,李春发,孙婷婷.生态产业链中企业间动态利益均衡研究[J].中国人口·资源与环境,2013(3):165-170.

韦伯.新教伦理与资本主义精神[M].上海:上海三联书店,1987.

魏倩.中国农村土地产权的结构与演进:制度变迁的分析视角[J].社会科学,2002(7):19-23.

温素彬.基于利益相关者理论的责任会计[J].会计之友,2003(12):8.

温修春,何芳.不同治理模式下的我国农村土地流转利益均衡分配——基于"中介组织"视角[J].软科学,2012,26(9):69-74.

文琪.基于利益相关者理论的会计准则研究[D].天津:天津财经大学,2007.

吴传钧.论地理学的研究核心——人地关系地域系统[J].经济地理,1991,11(3):1-5.

吴九兴,杨钢桥,汪文雄.农村土地整治项目收益分配与投资博弈分析——以农村居民点用地整治为例[J].西北农林科技大学学报(社会科学版),2012,12(5):38-44.

吴玲,贺红梅.基于企业生命周期的利益相关者分类及其实证研究[J].四川大学学报(哲学社会科学版),2005(6):34-38.

吴玲.中国企业利益相关者管理策略实证研究[D].成都:四川大学,2006.

伍崇利.论农业适度规模经营之模式选择[J].特区经济,2011(3):84-86.

伍业兵,甘子东.农地适度规模经营的认识误区、实现条件及其政策选择[J].农村经济,2007(11):42-44.

伍业兵.试论我国农村土地使用权制度变迁的趋势和基本方向[J].三峡大学学报(人文社会科学

版),2005,1(27):99-102.

肖拥军,李必强.国内利益相关者理论应用研究回顾[J].商业研究,2008(7):36-38.

肖元涛.利益相关者共同治理与企业所有权边界研究[J].技术经济与管理研究,2004(3):55-56.

谢俊奇.中国土地资源的食物生产潜力和人口承载潜力研究[J].浙江学刊,1997(2):41-44.

徐传智.体育利益均衡的价值理论及价值判断和价值实现[J].武汉体育学院学报,2014,48(10):14-18.

徐宏峰.基于新农村建设农业规模经营可复制模式探讨[J].安徽农业科,2007,35(12):3 732-3 733.

徐琳.论利益均衡与国家治理现代化[J].学习与实践,2015(6):52-59.

许翠娟.基于利益相关者的企业控制权配置研究[D].济南:山东大学,2007.

许牧,刘国勋,刘福恕.土地人口承载量——农业发展战略研究的一个重要评价指标[J].中国土地,1984(4):1-7.

许维利.民营企业利益相关者治理研究[D].广州:广东工业大学,2007.

许箫迪,王子龙.利益均衡:和谐社会的基本内涵[J].生产力研究,2009(19):6-7.

延伟.采煤塌陷区土地复垦中利益相关者分析与对策[J].国土资源科技管理,2010,2(27):114-118.

杨德才.我国农地制度变迁的历史考察和绩效分析[J].南京大学学报(哲学·人文科学·社会科学版),2002(4):62-69.

杨建顺.土地征收中的利益均衡论[J].浙江社会科学,2013(9):44-54.

杨金廷,张月峰,刘蕾.基于利益相关者的经理人绩效评价研究[J].黑龙江科技信息,2007(1):93-94.

杨林,易可君.从股东赢利到利益相关者共赢——重塑市公司价值观[J].财经理论与实践,2003(1):67-69.

杨瑞龙,周业安.论利益相关者合作逻辑下的企业共同治理机制[J].中国工业经济,1998(1):38-45.

杨瑞龙,周业安.企业的利益相关者理论及其运用[M].北京:经济科学出版社,2000.

杨素群.农业经营适度规模解析[J].唯实,1998(3):25-28.

杨晓鹏,张志良.青海省土地承载力系统动力学研究[J].地理学与国土研究,1992(4):16-22.

杨雍哲.规模经营的关键在于把握条件和提高经营效益[J].农业经济问题,1995(5):15-18.

姚国征,杨婷婷.矿区土地复垦与生态修复研究综述[J].西部资源,2006(3):34-35.

姚伟,黄卓,郭磊.公司治理理论前沿综述[J].经济研究,2003(5):83-90.

姚洋.中国农地制度:一个分析框架[J].中国社会科学,2000(2):54-65.

叶剑平.一样的土地,不一样的生活[M].北京:中国人民大学出版社,2010.

叶琪,涂远宏.农村土地规模经营模式比较与选择探析[J].农村经济与科技,2005(8):6.

殷敏,夏胜林.旅游景区门票定价方格图——相关者利益均衡的路径探索[J].北京第二外国语学院学报,2014,1(225):58-62.

岳东霞,李自珍,惠苍.甘肃省生态足迹和生态承载力发展趋势研究[J].西北植物学报,2004,24(3):454-463.

张安录.湖北大别山区土地人口承载力研究[J].生态农业研究,1994(2):43-51.

张宝林.构建社会主义和谐社会视野中的利益均衡机制[J].江西社会科学,2006(6):116-119.

张斌.利益相关者理论下企业绩效评价指标体系的构建[J].吉林工商学院学报,2007(2):58-62.

张闯.非成员利益相关者联系对渠道权力结构的影响:一个理论分析框架[J].管理现代化,2008(3):16-18.

张红宇.对当前农地制度创新的几点看法与评论[J].农村经济,2005(8):5-9.

张红宇.粮食增长与农业规模经营[J].改革,1996(3):45.

张军连,林培.土地生产潜力评价中土壤修正系数模型的研究——以河北省逐鹿县为例[J].自然资源学报,1994(3):260-270.

张兰,冯淑怡,陆华良,等.农地规模经营影响因素的实证研究——基于江苏省村庄调查数据[J].中国土地科学,2015,11(29):32-39,62.

张立君.企业利益相关者共同治理机制设计[J].中南财经政法大学学报,2002(3):38-41.

张妙玲,李闵,孙玲,等.江苏省土地资源的人口承载潜力探讨[J].江苏农业学报,1994(2):11-16.

张明辉,尹琼,黄飞.新形势下湖南省土地人口承载力研究[J].国土资源科技管理,2006,5(23):57-60.

张笑寒.农户土地入股决策行为及其区域差异:基于江苏省的农户调查[J].中国土地科学,2008(4):69-74.

张永良.水环境容量基本概念的发展[J].环境科学研究,1992,5(3):59-61.

张宇.长春市宽城区土地生态承载力研究[D].长春:东北师范大学,2007.

张月峰.基于利益相关者的公司共同治理机制研究[D].石家庄:河北工程大学,2007.

张志强,孙成权,程国栋,等.可持续发展研究:进展与趋向[J].地球科学进展,1999,14(6):589-595.

赵红.企业利益相关者之间的合作博弈与均衡[J].财经理论与实践,2007,28(4):74-77.

赵先贵,肖玲,兰叶霞,等.陕西省生态足迹和生态承载力动态研究[J].中国农业科学,2005,38(4):746-753.

郑海明.从权利均衡到利益均衡:和谐社会利益表达中的制度建设[J].理论研究,2008(5):24-27.

郑少锋.土地规模经营适度的研究[J].农业经济问题,1998(11):8.

郑振源.中国土地的人口承载潜力研究[J].中国土地科学,1996,10(5):32-35.

中国环境科学研究院.GB/T 3840—1991,制定地方大气污染物排放标准的技术方法[S].北京:中国标准出版社,1992.

中国科学院.中国土地资源生产能力及人口承载量研究[M].北京:中国人民大学出版社,1991.

中央财经领导小组办公室.中国经济发展五十年大事记[M].北京:人民出版社,1999.

周爱珠.土地规模经营的现实选择[J].中国改革,1998(5):57.

周诚.对我国农业实行土地规模经营的几点看法[J].中国农村观察,1995(1):41-43,16.

周诚.应当重视农村社区集体经济中的土地承包权股份制[J].中国农村经济,2000(12):4-6,31.

周大庆.旅游景区治理绩效:政府与利益相关者的博弈[J].经济地理,2013,33(8):188-192.

周鹏,张宏志.利益相关者间的谈判与企业治理结构[J].经济研究,2002(6):55-62.

周其仁.产权与制度变迁——中农过改革的经验研究[M].北京:北京大学出版社,2004.

周其仁.产权制度变迁中国改革的经验究[M].北京:社会科学文献出版社,2002.

周琦,高宽.探究煤炭资源与中国经济发展的关系——基于计量经济模型的分析[J].价值工程,2011,30(9):171-172.

周涛,王云鹏,龚健周,等.生态足迹的模型修正与方法改进[J].生态学报,2015,35(14):4 532-4 603.

周晔.农村"三教统筹"政策之问题研究[D].北京:北京师范大学,2010.

周忠丽,夏英.国外"家庭农场"发展探析[J].广东农业科学,2014,41(5):22-25.

朱德举,朱道林,朱彤.土地学的产生、建设、续分及其建设[J].中国土地科学,1993,7(4):25-28.

朱冬亮.社会变迁中的村级土地制度:闽西北将乐县安仁乡个案研究[M].厦门:厦门大学出版社,2003.

朱海雄.农业适度规模经营是破解"三农"难题的路径[J].中南民族大学学报(人文社会科学版),2006(26):166-168.

朱有志,向国成.中国农地制度变迁的历史启示[J].中国农村经济,1997(9):19-23.

祝秀芝.上海市土地综合承载力的系统动力学研究[J].中国土地科学,2014(2):90-96.

庄荣盛.中国后现代农业经营方式转型研究[J].中共中央党校学报,2012,1(16):89-92.

《中国土地资源生产能力及人口承载量研究》课题组.中国土地资源生产能力及人口承载量研究[M].北京:中国人民大学出版社,1990.

Acemoglu D,Johnson S,Robinson J. The rise of Europe:Atlantic trade, institutional change and economic growth[J]. American Economic Review,2005,95(11):546-579.

Alan W. The African husbandman[M]. Edinburgh:Oliver and Boyd,1965.

Aoki M. Toward a comparative institutional analysis[M]. Massachusetts:MIT Press,2001.

Arthur W B. Competing technologies, increasing returns and lock-in by historical events[J]. The Economic Journal,1989(99):116-131.

Billig M. Institutions and culture:Neo-weberian economic anthology[J]. Journal of Economic Issues,2000,34(4):771-788.

Bliar M M,Stout L A. Team production in business organizations:an introduction[J]. The Journal of Corporation Law,1999,24(4):743-750.

Burgess E W,Park R E. Introduction to the science of sociology[M]. Chicago:University of Chicago Press,1921.

Clarke T. The Stakeholder Corporation: A business philosophy for the information age. Long Range Planning,1998,31(2):182-194.

Charkham J. Corporate governance:lessons from abroad[J]. European Business Journal,1992,4(2):8-16.

Clarkson M. A stakeholder framework for analyzing and evaluating corporate social performance[J]. Academy of Management Review,1995,20(1):92-117.

Commons R. Institutional economics: Its place in political economy[M]. London:Macmillan Publishers Ltd. ,1934.

Demsetz H. Toward a theory of property rights[J]. America Economic Review,1967,57(2):347-359.

Donaldson T,Preston L E. The stakeholder theory of the corporation:Conecpts,evidence,and implications[J]. Academy of Management Review,1995,20(1):65-91.

Frederick W C. Business and society, corporate strategy. Public policy, ethics[M]. New York:Mc Grow Hill Book Co. ,1988.

Freeman R E,Evan W M. Corporate governance: A stakeholder interpretation[J]. Journal of Behavioral Economics,1990(19):337-359.

Freeman R E. Strategic management: A stakeholder approach[M]. Boston:Pitman Press,1984.

Gao J X. Research of sustainable development theory-theory, method and application of ecological carrying capacity[M]. Beijing:China Environmental Science Press,2001.

Greif A. Cultural beliefs and the organization of society: A historical and theoretical reflection on collectivist and individualist societies[J]. Journal of Political Economy, 1994, 102(12):912-950.

Guo X R,Mao X Q,Ran S H. Research progress in environmental carrying capacity in China[J]. China Population Resource Environment,2000,10(3):28-30.

Hayek F. The fatal conceit: The errors of socialism[M]. Chicago:The University of Chicago Press, 1988.

Hong Y,Ye W H. Theoretical analysis of sustainable environmental carrying capacity[J]. China Population Resource and Environment,1998,8(3):54-58.

Lin J Y. An economic theory of institutional change:Induced and imposed change[J]. Cato Journal, 1989,9(1):1-33.

Mitchell A,Wood D. Toward a theory of stakeholder identification and salience: Defining the principle of who and what really counts[J]. Academy of Management Review, 1997, 22(4):853-886.

Mitchell W C. The rationality of economic activity[J]. Journal Political Economy,1910,18(2):

97-113.

North D, Thomas P. The rise of the western world[M]. Cambridge:Cambridge University Press,1973.

North D. Institutions, institutional change and economic performance[M]. Cambridge:Cambridge University Press,1990.

North D. Structure and change in economic history[M]. New York: W W Norton & Company,1981.

North D. Understanding the process of economic change[M]. Princeton:Princeton University Press, 2005.

O'Connor H E,Rayner A J,Ingersent K A,et al. Aggregate measures of support in the Uruguay round: Application to the EC cereals sector[J]. Oxford Development Studies, 1991, 19(2):103.

Park R E,Burgess E W. Introduction to the science of sociology[M]. Chicago:University of Chicago Press, 1921.

Peng Z D,Yang K,Wang Y. The primary exploring of the research method of ASEC[J]. China Environmental Science,1996,16(1):6-10.

Penrose E T. 企业成长理论[M]. 赵晓,译. 上海:上海人民出版社. 2007.

Roland G. Understanding institutional change: First-moving and slow-moving institutions[J]. Studies in ComparativeInternational Development,2004,38(7):109-131.

Rosenbaum E. Culture, cognitive models and the performance of institutions in transformation countries[J]. Journal of Economic Issues,2001,35(6):889-910.

Ruttan V, Hayami Y. Toward a theory of induced institutional innovation[J]. Journal of Development Studies,1984,20(11):203-223.

Saunders P. Budget standards and the costs of children[J]. Family Matters. 1999(53):62-70.

Saunders P. The costs of disability and the incidence of poverty[J]. Australian Journal of Social Issues,2007,42(4):461-480.

Schneider D. The carrying capacity concept as a planning tool[M]. Chicago:American Planning Association,1978.

Schultz T W. Institutions and the rising economic value of man[J]. American Journal of Agricultural Economics,1968,50(8):1113-1122.

Smith A. The Theory of moral sentiments[M]. Oxford:Oxford University Press,1759.

Veblen T. The theory of leisure class: an economic study of institutions[M]. New York:Vanguard Press,1899.

Vogt W. Road to survival[M]. New York:William Sloane Associates,1948.

Wackernagel M,Rees W E. Perceptual and structural barriers to investing in natural capital: economics from an ecological footprint perspective[J]. Ecological Economics. 1997(20):3-24.

Wheeler D, Maria S. Including the stakeholders: the business case[J]. Long Range Palnning, 1998, 31(2):201-210.

Yao Yang. Political process and efficient institutional change[J]. Journal of Institutional and Theoretical Economics, 2004, 160(3):439-453.

Young H P. The Evolution of Conventions[J]. Econometrica, 1993, 61(11):57-84.

Zaidi A, Burchardt T. Comparing incomes when needs differ: Equivalization for the extra costs of disability in the UK[J]. Review of Income and Wealth, 2005, 51(1):89-114.

后 记

北方村庄压煤山丘区是指我国北方低山丘陵地区,即煤炭资源丰富,农业生产条件相对较好,居民点密集且人口聚居,煤炭开采、农业生产、农民生活空间高度重合,煤粮复合生产的区域。其土地综合整治是在该范围内,以土地整理、复垦、开发和城乡建设用地增减挂钩为平台,推动田、水、路、林、村的综合整治,改善农村生产、生活条件和生态环境,促进农业规模经营、人口集中居住、产业聚集发展,推进城乡一体化进程的一项系统工程。北方村庄压煤山丘区土地综合整治管理机制是该项研究的重要组成部分,也是2014年国土资源部公益性行业科研专项"北方村庄压煤山丘区土地综合整治技术研究"项目研究成果之一。

本书是在对北方村庄压煤山丘区土地综合整治的相关理论进行梳理与阐述的基础上,从北方村庄压煤山丘区资源环境管理、农业生产管理、利益分配管理的角度研究区域土地综合整治的管理机制。其目的是以科学分析区域土地资源和生态环境问题为基础,强化土地整治中的资源环境管理,促进区域煤地水资源的协调利用,为有效解决该区域土地综合整治中地方政府—煤炭企业—农民之间的利益冲突提供理论基础。

值此书付梓之际,特别感谢"北方村庄压煤山丘区土地综合整治技术研究"项目组全体同仁的大力帮助,也特别感谢山西省晋城市泽州县国土资源局徐选余局长和侯占芳副局长,以及大东沟镇和川底乡国土资源所的领导及各位同志。同时,对中国地质大学(北京)土地科学技术学院的王金满教授、田毅副教授的辛勤工作,王皓月、孙明义等同学在实地调查、资料收集中给予的帮助,表示衷心的感谢。

本书以"北方村庄压煤山丘区土地综合整治管理机制研究"课题为基础撰写而成。由于作者水平有限,书中不妥之处,敬请广大读者见谅且不吝指教。

师学义
2017年12月22日